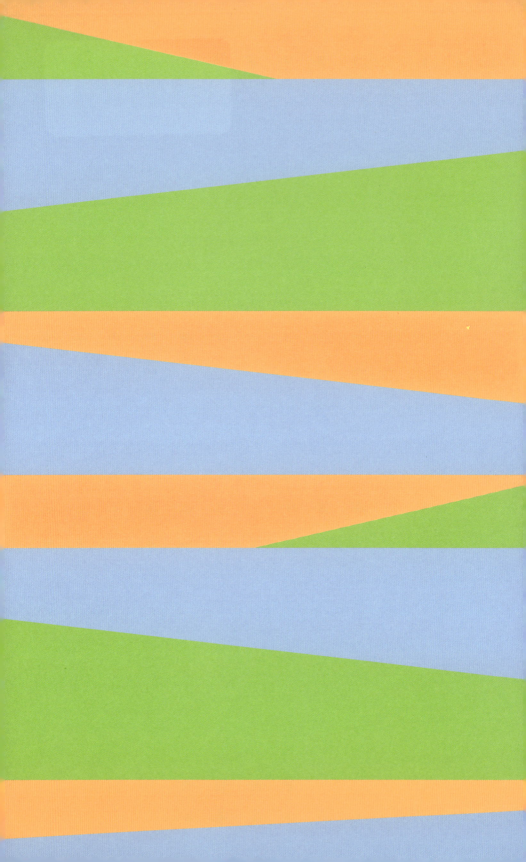

史秋霞／著

# 农民工子女
# 教育过程
# 与分层功能研究

EDUCATIONAL PROCESS
AND FUNCTION OF STRATIFICATION
FOR

**MIGRANT CHILDREN**

社会科学文献出版社
SOCIAL SCIENCES ACADEMIC PRESS (CHINA)

　　本书的出版得到国家社会科学基金青年项目"新型城镇化进程中不同社会群体间社会距离及其弥合机制研究"（项目批准号：15CSH006）、国家社会科学基金项目"农民工随迁子女城市融入研究"（项目批准号：12CSH015）和江苏省高校哲学社会科学基金项目"新型城镇化进程中农民工随迁子女教育公平及保障机制研究"（项目批准号：2016SJB840011）的资助。

# 前　言

　　随着迁移方式由"原子化"向"家庭化"转变，农民工子女逐渐成为外来人口的重要组成部分，且呈现长期定居的趋势。农民工子女教育问题受到社会各界的广泛关注，从最初的没学上到现在的能够在公办学校就读，从与城市儿童享受一样的"同城待遇"到如今"一视同仁"的教育，国家对农民工子女教育公平的认识与举措日渐深化。

　　当这些孩子不再频繁往返于城乡，而打算在出生、生活的城市落地生根，当他们在城市接受义务教育的权利已得到较好的保障时，我们还需要继续关注他们所接受教育的具体过程与结果。当公办学校逐渐成为农民工子女受教育的主要场所时，我们尤其要关注公办学校的教育过程与结果，并进一步探讨当前的学校教育对农民工子女在城市社会生存与发展的意义。本书将以农民工子女初中教育为切入点，在回顾和梳理教育与社会不平等关系的基础上，聚焦关于阶层再生产教育机制的探讨，并以 A 市 M 区指定招收农民工子女的公办学校（飞翔中学）为个案进一步阐释这一机制的形成。

　　本书主要有如下几个主要特点：第一，聚焦广阔视域下的微观生活，综合历史、关系、日常生活维度来解释教育与社会之间的关系，尤其是教育在社会分层中所发挥的作用；第二，以教育过程为切入点，通过全面展示学校空间中的互动图景来说明日常生活的力量；第三，在理解教育过程时，不仅课堂上的师生是行动者，学校、学校的目标与发展规划也源于行动者对自身所处境遇的定义。

学校教育作为阶层再生产链条上的重要环节，既受已有教育与社会结构影响，又有自身的运作逻辑。结构性因素对教育的影响，是经由行动者对自身生活环境的理解并最终作用于行为来实现的，集中体现在学校、教师、学生各种复制策略的较量中。

# 目　录

# 第一章　绪论

## 一　问题缘起

### （一）落地生根：流动花朵不再流动

自 20 世纪 90 年代开始，进城务工的农民迁移模式逐渐由"原子化"向"家庭化"转变，随之而来的是农民工子女的数量逐年增加。据 2000 年"五普"数据显示，0～14 岁的农民工子女为 1409 万，占流动人口总数的 13.78%，其中农业户口占 70.9%（段成荣、梁宏，2004：53～59）。在 2005 年 1% 人口抽样调查中，农民工子女的数量达到 1834.5 万，占外来人口的 12.45%，虽然总体数量上有所下降，但是其中农业户口的比例达到 76.5%（段成荣、杨舸，2008：23～31）。2010 年第六次全国人口普查数据显示，我国流动人口规模达到 2.21 亿人（国家统计局，2011）。据此数据，全国妇联课题组推算，2010 年，我国城乡流动儿童已达 3581 万，比 2005 年增长了 41.37%；其中，农业户口的流动儿童 2877 万，占 80.35%（全国妇联课题组，2013）。跟随父母进城，或者本身就在城市出生的农民工子女逐渐成为流动人口的主力军。这个新生并逐渐壮大的群体在城市也绝非短暂停留。"五普"资料显示，农民工子女至少有一半在流入地居住满 4 年或超过 4 年，有 75% 的人居住 2 年或 2 年以上（段成荣、梁宏，2004：53～59）。从 2005 年 1% 人口的抽样数据也可进一步测算出，在 6～14 周岁农民工子女中，1/3 孩子的流动时间超过了 6 年（段成荣、杨舸，2008：23～31）。

早期的农民工，将自己仅仅视为城市的过客，在城市拼命赚钱，只为有一天能够荣归故里，安享晚年。因此，面对城市"经济性接纳、社会性排斥"的政策取向，其虽感无奈但仍能隐忍。但是，在许多农民工子女眼中，农村只是一个逢年过节需要回去的地方，是父母的家而不是他们的家。在笔者的接触中，很多孩子会将农村称为"老家"，而不是"我家"。可见，农民工子女在城市与农村之间的钟摆式迁移特征已不再明显，农村已成为他们记忆中的"老家"，而且很多孩子甚至已剪断了和"老家"的脐带（段成荣，2008：58~61）。

虽然，父辈也对自己挥洒汗水的城市有一定的认同感与归属感，但其生命的最终归宿还是农村，农民工子女则不然。中国青少年研究中心的一项研究显示，50岁以上的农民工只有15%的人想在城市定居，40~50岁的数据为21%，30~40岁的为37%，20~30岁的为45%，20岁以下的竟高达61%（叶榆，2001）。笔者2007年在A市①所参与的问卷调查结果显示，有50.9%的农民工子女表示想留在城市生活。刘庆、冯兰以此为参照在武汉所进行的调查显示，52.1%的农民工子女愿意留在城市，选择要回老家的只有11.3%（刘庆、冯兰，2014：44~51）。抛开地区、比例上的差异，这反映了一个共同的事实——城市是他们的未来栖息地，承载着他们的梦与希望。在一些新闻报道中"宁肯饿死也要待在沿海城市"的豪言壮语，虽显悲凉，但也印证了有些学者的观点——农民工子女是"回不去的一代"（熊易寒，2012）。这些流动的花朵逐渐在城市生根、发芽，成为长期定居的"流动"居民。

**（二）同城待遇：敞开大门，一视同仁**

20世纪90年代，农民工子女义务教育并没有引起人们太多的重视，相关的报道与学术研究都较少，出台的《中华人民共和国教育法》也没有涉及非户籍人口的义务教育问题，农民工子女教育处于政策空白期。1996年《城镇流动人口中适龄儿童、少年就

---

① 遵循学术惯例，也是出于对受访者隐私的尊重，本书对所涉及的市级及以下的地名、学校及访谈对象均进行了匿名处理。

学办法（试行）》和 1998 年《流动儿童少年就学暂行办法》的制定与实施，使农民工子女义务教育有了政策依据。然而，政策导向以限制为主，致使农民工子女教育仍处在城市正规教育系统的外围。高额的借读费及其他费用将收入较低的农民工子女排斥在公立学校的大门之外，致使一些孩子只能选择收费低廉、设施简陋的打工子弟学校（中央教育科学研究所教育发展研究部课题组，2007：49~55）。进入 21 世纪，随着基础教育改革的不断推进，农民工子女的义务教育也备受关注，"两为主"政策方针，首次从政策层面回答了长期以来流入地、流出地政府谁负责的问题；还明确了农民工子女接受义务教育的主渠道——公办学校（屈智勇、王丽，2008：179）。随着政策取向由被动限制到主动接纳的转变，农民工子女教育已逐步纳入城市教育体系。可以说，绝大多数农民工子女都能够拥有一张城市公办学校的课桌。

2004 年《财政部关于规范收费管理促进农民增加收入的通知》中明确规定"对在城市中小学就学的流动儿童，其负担的学校收费项目和标准要与当地学生一视同仁……一律不得收取借读费、择校费"。2006 年《国务院关于解决农民工问题的若干意见》中进一步指出，将流动儿童教育纳入当地发展规划、列入教育经费预算，并按照学校实际人数拨付学校的公共开支。2007 年实行的中小学学籍统一管理，2008 年秋季学期开始的全国范围内免除义务教育阶段学生学杂费的通知，等等，将农民工子女在城市接受义务教育的障碍一一扫清。近几年，北京、上海、广州、南京等农民工较多的城市，纷纷开始结合当地情况制定并实施农民工子女教育的"同城待遇"措施。借读费、择校费、学杂费的取消，中小学学籍的统一管理，地方的具体化措施，使得户籍身份给农民工子女接受教育所带来的客观阻碍已明显缓解，他们不但能够接受公办学校的正规教育，而且开始享受与城市儿童一样的"同城待遇"。

**（三）全纳入："一视同仁"的教育目标**

截至 2014 年底，全国农民工子女在公办学校就学比例保持在

80%，政府购买的民办学校学位不断增加，2014 年达到 124.6 万个（教育部，2015）。与 20 世纪 90 年代相比，当前农民工子女就学有着更加积极的政策环境支持。2015 年 2 月 28 日，国务院农民工工作领导小组办公室主任杨志明在国务院新闻办公室举行的新闻发布会上表示，将农民工子女"全纳入"城镇义务教育。从"两为主"到"全纳入"，国家推进农民工子女教育公平又进入了另一个里程碑阶段，关注重点也不再仅仅是能否拥有一张公办学校的课桌，而是要保证能够真正获得"一视同仁"的教育。为实现这一目标，政府即将在入学机会、教育过程、财政奖补、教育容量、教育管理等方面采取相应措施（刘利民，2015）。

通过将农民工子女教育纳入财政保障范围，全面建立中小学生学籍管理制度，来确保农民工子女的教育机会不受迁移的影响，使农民工子女有学上。通过免除公办学校就读费用（学杂费、借读费），补贴民工学校就读费用，确保混合编班中的"一视同仁"等措施，确保教育过程中平等对待农民工子女。通过加大财政奖补力度，激励各地政府积极投入农民工子女教育中，而不是将其作为包袱互相推诿。扩大县镇与城市的教育容量，也是满足农民工子女教育需求的有效举措。在县镇，以"全面改薄"为基础，改善贫困地区义务教育薄弱学校基本办学条件，解决大班额问题，从而提高对农民工子女的吸纳能力与教学质量；在城镇，要求不同规模城市对自身教育承载能力进行规划，加快校区配套建设。

从上述多层面的措施中，我们看到的不仅是国家对农民工子女态度的转变，还有其对教育公平理解的变化。在经历了允许民办学校的存在、打开公办学校大门、以城市公办学校接收为主之后，国家也开始关注就读学校、实际教学过程上的差异。可以说，正是对教育公平有了深层次的理解，才会有这样全方位的规划以确保农民工子女能够享受到"一视同仁"的教育。

**（四）喜悦背后的思考**

T. 韦伯伦（T. Veblen）认为"社会科学关注的是探讨社会的

制度——习俗、习惯、传统、行为准则、道德标准、法律和秩序。对这些事项的忠实探讨，都无法避免对制度架构之即成条款的稳定性或定局的怀疑。对于这种制度机制的性质和原因的探究，都会扰动它们奠基其上的那些习以为常的先入之见"（Veblen，1918：202-204）。因此，当看到农民工子女在城市接受教育的通道逐渐打通时，除了喜悦，还需要沉淀下来继续思考，不断追问。

可以肯定，在国家政策指导下，地方具体制定、推行的农民工子女教育取得了巨大的进步。从没学上到在公办学校上学，再到享受和城市儿童一样的"同城待遇"，再到如今的"一视同仁"教育，充分彰显了国家对农民工子女的关注力度。那么，是否需要进一步去追问：学校教育对农民工子女意味着什么？或者说，对于这群在城市出生、生活，打算在此落地生根的农民工子女来说，当前所接受的教育能够为他们带来什么？

J. S. 科尔曼（J. S. Coleman）基于对一个半世纪的教育机会均等观念的剖析，提出了五种类型的教育机会均等观念，大体可分为教育投入资源与教育产出。其中，教育投入资源涉及因学校行政的作用而输入的资源、学生输入的资源及二者交互作用形成无形特点（诸如道德）；教育产出涉及学业成就、学习态度、自我意象或其他变量（张人杰，2009：155）。可见，全面、深入的教育研究，并不仅仅是对教育机会获得的探讨，同时还应包括对教育过程与教育结果的剖析。同时，教育结果只有在与对个人所发挥的作用相联系时才能够凸显出来，也就是科尔曼所认为的学业成就、学习态度、自我意象等教育产出是否有助于学生获得更好的发展。因此，在农民工子女教育问题上也要继续前行，除了继续关注教育机会的获得之外，还要看看他们在什么样的学校上学，接受什么样的教育，学校所习得的成就、态度与认知等，能否为其在城市落地生根的美丽梦想增色。当前，农民工子女教育中实际存在的一些问题，也证实上述思考、追问并非空穴来风。

首先，当前办理入学、转学手续烦琐，办理成本较大，农民工身心俱疲。很多地方需要农民工出具非常多的证件才可以办理入学，如户籍所在地户口簿、身份证、本市暂住证、劳动用工合同或工商营业执照、房屋产权证或租房协议、养老保险凭证、户籍地乡镇出具的计划生育证明和当地监护条件的证明等，使本来文化程度不高、经济收入有限的农民工苦不堪言，有的不得不让孩子回农村上学，有的甚至铤而走险办假证，只为让孩子能够上学（李蕊，2013）。其次，农民工子女进入城市好学校的比例非常小。很多重点学校将农民工子女视为"二等生源"，对其加以各种推诿、拒收（周兴旺，2015），农民工子女的受教育权受到挑战。再次，在九年义务教育之后，初中毕业成为重要的节点，有些学生选择与就业直接挂钩的职业院校，而另一些学生则选择上高中考大学的教育道路。户籍制度对高考的限制以及高中教育的地方性差异，致使很多打算考大学的农民工子女在初中毕业后选择回农村接受高中教育，以提前适应"老家"的教学模式。也有很多孩子选择初中毕业后直接进入劳动力市场。

由此可知，一方面，我们不能只看教育机会获得，还要看教育过程以及教育结果对农民工子女所发挥的作用；另一方面，义务教育结束已成为重要的节点，那么，何不看看在初中教育阶段发生了什么？看看他们接受着怎样的教育？面对初中毕业，哪些农民工子女会选择克服困难继续求学，哪些农民工子女会直接进入社会，成为新生代农民工的一分子？他们所接受的初中教育在其求学或工作中又发挥着怎样的作用？

## 二　学校教育与社会不平等

教育是社会分层的重要标准，同时也是个人与群体实现阶层流动的重要途径。要探讨教育对农民工子女所发挥的作用，则需要系统回顾不同理论视角对教育的解读，尤其是对教育在社会分层、社会流动上所发挥的功能的解读。以下笔者将分别从结构功能主义理论与冲突理论、再生产理论、抵制理论来梳理不同理论流派对学校教育的理解。

## （一）不同理论流派眼中的学校教育

### 1. 结构功能主义理论

结构功能主义的理论前提是：社会和社会中的机构，如教育，是由相互依存的不同部分所构成，它们对整个社会的运作都有其必要的功用（巴兰坦，2005：6）。教育系统是社会存在的组成部分之一。

埃米尔·涂尔干非常强调价值与凝聚力（cohesion）在社会的重要性，教育之目的就是在协助儿童接受社会集体意识所确认的共同价值，并促进社会整合（谭光鼎、王丽云，2008：51）。在他看来，学校教育具有文化、政治、社会及经济功能，旨在教导基本的认知技能，培养学生对当前政治的忠诚态度，协助学生进行社会化以及筛选、训练并分配学生进入社会分工体系（Cookson and Sadovnik, 2002：267-271）。而在现代化的工业社会中，教育的经济功能格外重要，因为现代社会的劳动分工，强调依个人的"功绩"而分配；换言之，现代社会之劳动分工体系的筛选与分配是依据个人的能力而非家世地位（谭光鼎、王丽云，2008：54）。塔尔科特·帕森斯在教育功能、教育改革等方面的观点具有重要意义，他将学校视为"（人的）社会化的代办处"，认为学校班级具有两种社会功能，即社会化的功能（socialization function）和选择的功能（selection function）。其中，社会化功能是指发展个人的承诺（commitments）及培养个人的能力（capacity），以便将来在动机上及技能上均能适应成人的角色（Parsons, 1961：434-455）；选择功能则是指学校班级根据个人的能力将其分配到不同的成人职业当中。他还认为，这两种功能具有密切的联系，选择与分化的过程本身也是社会化的过程，因为成就的价值——借着在"成就的轴"（the axis of achievements）上加以区分之制度——被强化在学生身上（杭特，1987：98）。正是这两种功能之间的密切联系，促使个人相信学校和社会筛选是建立在个人能力的基础上，从而在个人努力获得身份的同时，教育的分工职能也得以实现。此外，帕森斯认为，纵使"教育机会均等极力扩大"，学生成就仍会不可避免地出现差别，其原因在于能力、家庭偏好（family orientations）和个人动机方面的差异。

可见，在结构功能主义理论的世界中，教育成为个体向上流动的重要途径。但是，该视角是从宏观系统的整体发展与目标来考虑教育功能，不关心学校中进行的社会化和筛选的依据，不关心不同专业教学大纲的具体制定。因此，具体的个人虽然参与教育过程，却仍旧是缺席的（杜里－柏拉、让丹，2001：63）。

2. 冲突理论

与结构功能主义理论不同，冲突理论（conflict theory）假设在社会及其组成部分中个体和群体之间的利益竞争存在一种张力（tension）（巴兰坦，2005：8）。因此，社会秩序得以建立并运行并不是来自共同的价值观念，而是来自统治集团的控制，而学校成为进行社会控制和再生产统治关系的场所。C. 保德罗（C. Baudelot）和 R. 埃斯达不莱（R. Establet）认为，学校教育是按社会出身将每一代人分化为加入资产阶级或加入无产阶级的群体。其中，"中等教育—高等教育"网络旨在培养资本主义体制所需要的干部，"初等教育—职业教育"网络则致力于培养将来从事具体工作的人（参见杜里－柏拉、让丹，2001：64）。S. 玻尔斯（S. Bowles）和 H. 金蒂斯（H. Gintis）则认为，学校除了培养个人的知识能力外，还通过塑造学生的个性来达到社会关系结构的维持，如对未来的工人特别要教他们对规则的服从，而对未来的领导人则更看重他们在学习中的自治和创造性（参见杜里－柏拉、让丹，2001：65）。他们认为，只有改变社会经济和政治体制，提供平等权利的学校教育改革才可能实现（巴兰坦，2005：10）。

3. 再生产理论

再生产理论中，布迪厄（P. Bourdieu）的文化再生产理论最为经典，诸多经验研究均以该理论为分析视角。他认为，学校教育具有三种功能。一是"内在"功能，即文化再生产的功能，"学校教育提供的不仅是技术知识与技巧的传播，而且是把人们社会化，以适应特定的文化传统"（参见斯沃茨，2006：219）。二是"外在"功能，即再生产不平等的社会关系，"它强化而不是重新分配文化资本的不平等分布"（参见巴兰坦，2005：219）。不同社会阶层所拥有的文化资本存在差异，学校并非中立机构，其所传递的是统治阶级的文化，因此，学校中的成功人士将是统治阶级的子女。三是"合法化"功能，"通过把它传播的文化遗产神圣化，教育体系使人们的注意力偏离其社会再生产功能并有助于其社会再生产功能的误识"（参见巴兰坦，2005：220）。可见，布迪厄不认为学校教育能够促使底层实现向上流动，而是再生产了原有的社会关系，并重点关注这种再生产发生的文化机制。

然而，当学术成就与社会地位的对应关系发生动摇时，当大学扩招，作为文化资本的表征——文凭不再为少数人所占有时，布迪厄所阐释的再生产的文化机制逐渐受到质疑与挑战。它很难解释尽管在现实生活中从事专业职务的人数不多，但美国黑人仍旧对高等教育抱有很高的期望的问题（巴兰坦，2005：227）。

4. 抵制理论

以保罗·威利斯（Paul Willis）和迈克尔·阿普尔（Michael Apple）为代表的抵制理论，可谓是一种突破性的批判。其试图通过强调行动者的能动性和文化的相对独立性，为教育再生产社会关系的过程及方式另辟蹊径。其中，威利斯通过对英格兰工业区的一所综合中等男子学校中工人阶级家庭孩子组成的"小子"群体进行长期的人类学研究发现，工人阶级再生产的路径是通过塑造"反学校文化"得以实现的，通过对统治阶级文化的抵制、对"车间"文化的追求、对脑力劳动的鄙视、对所谓自由的奋斗，从而实现底层的再造（参见余秀兰，2004：32）。阿普尔认为，学校确实重建了生产中的性别关系以及社会关系，但是在这些关系的背后，他们也再生产了具有历史意义的特定反抗形式（参见 Finn et al.，1978：144），"学生也在创造性地行动着，其行动方式经常与遍及学校和工作场所的预期的规范和控制相矛盾。用更具分析性地术语来说，我们的社会机构不仅具有再生产的特征，而且也具有矛盾性的特征"（Wexler，2000）。A. 麦克罗比（A. McRobbie）认为女性中也存在"反学校"文化，但是表现形式不同于男性。基于对英国劳动阶级女孩的研究，她发现女孩面对学校生活的单调无趣，以及所体验到的现实困境会选择通过爱情、婚姻来注入希望。与"小子"们通过彰显男子气概与学校权威对抗有些类似，女孩们会通过凸显自身的"女性特征"来挑战学校权威（McRobbie, 1991）。可见，抵制理论仍旧否认教育能够促进底层的向上流动，只是通过强调行动者的能动性或者是底层群体特定的反抗方式来丰富教育再生产现有社会关系的解释链条。

**（二）不同层面因素影响下的学校教育**

当我们认可教育的分层功能，而不急于给分层的性质下定论时，就需要了解哪些因素可能会影响这一功能的发挥。在此，笔者将从社会结构与制度变迁、社会阶层、家庭、学校与个人五方面继续对可能影响教育分层功能发挥的因素进行系统梳理。

1. 社会结构与制度变迁

在宏观层面上，社会结构所具有的特征、重大的社会变迁以及由此引起的制度变迁，均会影响教育分层功能的发挥。

洛伊丝·韦斯（Lois Weis）证实了有关性别、种族和阶层认同的社会运动对不同阶层的学校表现有着重要影响。在 20 世纪 80 年代末，女权运动、保守主义以及民族主义的政治运动，深深地影响了学校的意义和可选择性。女孩非常希望摆脱家长控制而接受教育，而男孩则更希望能够恢复传统的秩序以逃避和反抗学校生活和教师的权威（Weis, 1990）。之后韦斯继续对该群体进行跟踪调查发现，只有极少的男性成功地继续进行高等教育；伴随着工业职业的消失，绝大多数男性是依靠低收入的服务行业生活。许多女性则完成了大学教育并获得了白领工作（参见余秀兰，2004：223）。这一发现挑战了以往将家庭背景与教育获得的简单对应，强调社会环境的重大变动也会对教育获得产生重要影响。上述研究发现使笔者深切感受到教育分层功能应具有长期性和过程性特征。我们不能简单地将教育功能的发挥归结为某些将定因素，而应将学校教育放入历史的长河中，看重大的社会结构变动、制度变迁对其功能产生的影响。

在社会学领域内关于中国教育的研究更加无法忽视的结构性因素包括新中国成立以来重大的社会变迁（如改革开放）、教育制度的多次变动（如精英教育、大众教育），以及各项政策长期积累形成的城乡二元社会结构。大多数研究在于解释社会结构与制度变迁对教育机会获得的影响。

1978 年后我国进入市场化改革时期，很多研究都是围绕这一体制转型与教育不平等之间的关系展开。周雪光等认为，在 1977 年以后，干部和专业人员的孩子在升学方面尤其占优势（Zhou et al.，1998）。李春玲也发现，以 1978 年为界我国教育机会不平等呈现两个截然相反的发展态势，即从极度不平等向平等化方向演变。改革开放后，教育不平等程度加剧，家庭背景及制度因素对教育获得的影响逐渐增强（李春玲，2003：86~98）。李煜在尝试提出代际教育不平等传递的理论分析框架后指出，教育不平等产生机制、具体制度设计和社会状况背景三者间具有一定的联系。家庭教育背景成为改革初期教育不平等的主要原因；1992 年后，社会分化、市场化对教育体制产生冲击，教育不平等的产生机制也转变为资源转化与文化再生产双重模式并存（李煜，2006：97~109）。

国家力量也是探讨我国教育问题时的重要维度，在特定的历史时期，政治干预有时会抑制其他因素对教育不平等的影响。其中，白威廉（William L. Parish）通过对 1972~1978 年从内地迁居香港的 132 位移民及其 2865 位邻居的资料分析发现："文化大革命"较为彻底地改变了中国的社会分层结构，在此期间，中国中上阶层对其子女"受教育水平"与"职业地位"的影响消失（Parish，1981）。还有学者对中国第三次人口普查资料进行分析发现，在"文化大革命"期间，高社会地位阶层的后代获得教育方面的优势显著下降，尤其是知识分子阶层的子女（Deng and Treiman，1997）。也有学者认为，政治因素并未从根本上消除不平等。革命胜利后干部阶层的教育特权得到增强，官僚阶层后代在获得教育机会方面具有明显优势（Zhou et al.，1998）。历时 12 年的上山下乡运动从根本上改变了一代青年的生命历程，所有的社会群体都无法避免这种影响，国家力量足以削弱甚至抑制阶层、家庭及个人等因素的影响。然而，当政治影响逐渐消退后，阶层地位的作用又开始显露出来，主要表现在高级干部家庭的孩子能够比其他职业的孩子尽早回到城市，减弱国家政策的不利影响（周雪光、侯立仁，1999：372~407）。

自新中国成立以来，我国的教育制度也经历了多次变动，从新中国成立初期的"精英主义"教育到"文化大革命"时期的上山下乡，从高考制度的恢复到市场化下的大众教育，这一系列的变化均受到政治因素的影响而呈现不同的教育分层功能（Zhou et al.，1998；李春玲，2003：86~98；李煜，2006：97~109；刘精明，1999：19~36）。当然，不同教育阶段的制度本身对人们的教育产生着不同的影响。吴愈晓探讨了重点学校制和学轨制对教育机会不平等的影响。他指出，在1978~2008年，中国城乡居民在初中、高中和大学三个教育层次的升学路径分流情况呈现不同的特征。家庭背景对优质教育机会获得的主要作用表现为：在小学升初中阶段，家庭社会经济地位对获得重点学校的教育机会有显著作用；初中升高中阶段则出现重点学校路径和普通学校路径；高中升大学阶段的路径分流情况显得较为平等一些。值得注意的是，吴愈晓提出了早期优质资源对人们的后续教育有着决定性影响，表现出累积性的优势效应（吴愈晓，2013：179~202）。1999年以来的教育扩展与教育机会之间的关系也成为人们关注的焦点，而且众多经验研究的结果殊途同归，都表明中国教育机会总量的增加并没有带来教育不平等的下降，反而出现升温的局面。郝大海认为，改革开放后，中国教育分层正显现MMI假设的诸多特征，例如高阶层高中入学稳定，专业技术阶层上大学具有优势。他认为，要真正缩小教育分层状况需改变思路，仅凭提高总量是不够的，还需要不断完善社会保障制度，全面缩小各社会阶层间的生活差异（郝大海，2007：94~107）。

除了关注政治力量、体制改革、教育制度等因素的影响以外，已有研究对城乡的关注相对不多，即便有关注也是将其作为一个分析家庭背景对教育机会影响的附加变量。艾米莉·汉纳姆发现小学入学阶段的城乡不平等没有变化，但是小学升初中阶段的城乡不平等在 2000 年之后有所上升。李春玲用三年时间分析数据考察 1940 ~ 2010 年各教育阶段城乡教育机会不平等的变化趋势。她发现，过去几十年，中国教育机会城乡不平等并非存在于考大学这一阶段，而是存在于初等教育和中等教育阶段。因此，中等教育的城乡不平等才是教育分层的关键所在，政策的重点应当在初等教育升入中等教育阶段（李春玲，2014：65 ~ 89）。余秀兰运用文化再生产理论，从城乡教育差异角度，考察了我国教育中存在的文化再生产现象。她发现，我国教育中存在着一定程度的再生产现象，它使大部分农村孩子被教育所淘汰而返回农村，并最终形成两个封闭的循环圈：城市优势文化圈与农村劣势文化圈。教育中的文化再生产是强化我国城乡二元结构更隐蔽的文化因素（余秀兰，2004：223）。

2. 社会阶层之间的差异

不同社会阶层之间在资源占有上存在差异。韦伯认为资本主义社会中存在四类阶层，分别是工人阶级、小资产阶级、知识分子与专业人士阶级以及优势阶级（沃特斯，2000：313），这种划分方式使人们开始关注美国社会中"中产阶级"的发展。大多数的"中产阶级"除了家庭因素外，他们依靠的是成功的学校教育，因为美国学校教育的价值与"中产阶级"的价值类似，高等教育机构似乎也成了生产"中产阶级"的场所。R. 柯林斯（R. Collins）进一步分析了教育是如何受"中产阶级"控制并再造该阶层的，他认为，所谓的文凭已成为"限制角逐社会和经济有利地位的候选人的一种稀缺资源"（参见杭特，1987：417 ~ 420），并与有利的社会地位相联系。布劳也非常关注针对教育，地位结构、先赋性特征所具有的意义，他发现，父辈的社会阶层特征和文化水平与子女的教育获得有着显著的相关性（布劳，1991）。

也有学者从文化的角度探讨不同阶层与教育分层之间的联系。

其中，梅塞尔（Meisel）认为社会存在精英和大众两大群体，而精英群体中群体意识（consciousness）、凝聚力（coherence）以及共谋（conspiracy）（参见沃特斯，2000：351）共同构成的"文化屏障"，阻碍着大众群体向精英群体的流动。布迪厄根据品位（taste）的不同将阶层划分为合法品位（legitimate taste）、中产阶级品位（middle-brow taste）和大众品位（popular taste）（参见沃特斯，2000：320），教育发挥着文化再生产和社会再生产的功能。

在我国计划经济时期，"单位制"对居民生活产生巨大影响，中上阶层更多地依赖制度性因素获得教育中的优势。从单位性质来看，公有制单位控制较多的社会经济资源，从而能向其工作人员提供较多的教育机会（李春玲，2003：86~98）。单位党组织通过推荐或派遣党员接受优质教育而形成单位内部特殊的"赞助式"流动，就业后新的教育机会成为职业发展的结果而非获得职业的原因（Li and Walder，2001）。随着改革开放的不断推进，受教育程度与个人发展的联系日趋紧密。周雪光等认为改革开放之后城市中的教育不平等现象急剧增加了，而高级干部、专家、大城市居民等优势阶层更可能从中获益（Zhou et al.，1998）。郭丛斌、闵维方通过对2000年全国城镇住户调查数据分析发现，诸如机关、企事业负责人以及各类专业技术人员等这些在家庭文化资本和经济资本占有量上存在优势的群体，其子女大多接受了高等教育；相比之下，资本占有量处于劣势的其他阶层子女则主要接受的是初、中等教育（郭丛斌、闵维方，2006：24~31）。吴晓刚认为，在高等教育扩招的背景下，农村孩子虽然获得初中教育的机会增加了，高中教育的升学机会却和城市学生之间的差距拉大了，家庭背景依然在发挥作用（吴晓刚，2009：88~113）。

可见，经济、政治、文化、社会资本性质与占有量上的差异，使得不同阶层有着不同的教育机会与教育成就，其中，中上阶层更可能获得更多、更优质的教育机会并取得突出的教育成就。

3. 家庭教育

通常情况下，人们是将家庭教育作为社会阶层与教育之间关系的重要切入点加以分析的，可谓是社会阶层的延伸变量。家庭不仅是青少年社会化的重要场所，其还以各种方式参与学校的教育活动。在此，笔者将从家庭的教育认知与期望、教育实践等几方面说明家庭教育与学校教育分层功能间的关系。

不同社会阶层所拥有的价值观是不同的。贫民阶层的家长们旨在向子女灌输秩序、整洁、礼貌和服从等价值观，而中产和高产阶层的家长更重视培养子女对他人的尊重、自我控制、独立和创造性等价值观（杜里－柏拉、让丹，2001：169）。与此同时，不同阶层成员对子女的教育期望持有不同的看法，美国社会学家就认为中产阶层有着更高的教育追求，而贫民阶层则更可能选择短期教育或中途弃学（杜里－柏拉、让丹，2001：169）。

在我国，有关教育期望的研究大多呈现两种态势：一方面，随着社会经济的发展，大部分家庭对子女的教育期望逐渐提高（杨春华，2006：71～83），男女差异逐渐走向趋同；另一方面，家庭对子女的教育期望又与家长的文化程度、职业、经济收入有着密切联系（刘崇顺、布劳戴德，1995：101～107；董泽芳、沈百福，1997：72～76；董泽芳、沈白福、王永飞，1996：9～13）。王甫勤、时怡雯分析发现，在早期具有大学教育期望的人们实际获得大学教育的机会明显增加，而个人的大学教育期望又与家庭背景、父母的期望有关。占据优势地位的家庭不仅可以通过自身较高的期望激发子女的教育期望，还可以为子女在实现高教育期望的过程中提供更多的支持性资源（王甫勤、时怡雯，2014：175～195）。还有研究比较了子女性别对家庭基础教育投入的影响，研究发现受家庭传统的价值判断标准和养老思想影响，女孩更可能面临"教育关心程度低、入学年龄大、辍学可能性高"等教育风险（周钦、袁燕，2014：14～24）。

所谓教育实践，主要是指家长针对子女教育所采取的一系列行动，主要包括对教育的投入、对子女的学习陪伴和教导。同样，由于家庭社会归属上的不同，他们对子女的教育投入存在差别，表现为贫民阶层的母亲把对子女学习的帮助理解为监督孩子在某一段时间里做家庭作业，她们强调更多的是作业的整洁度和完整性（杜里－柏拉、让丹，2001：176）。虽然这些家庭也会给子女买大量的学习工具，但是往往由于使用不当而无法产生应有的效果（杜里－柏拉、让丹，2001：177）。安妮特·拉鲁（Annette Lareau）将布迪厄的文化再生产理论应用于美国社会，用以分析家庭与学校关系的阶层差异。研究发现，不同社会阶层的家长拥有不同的资源来应对教师提出的合作要求，诸如社会网络等家庭特征也在干预或调和着家庭和学校间的关系（Lareau，1987）。其中，中产阶层家庭不仅能够形成家长群体内部的互动，还可以利用职业、流动信息、专业知识和权力等影响学校的某些决定。诸如家长见面会这样的制度机制，则为社会阶层影响学校表现提供了渠道（Weininger and Lareau，2003）。

4. 学校教育

学校既是教育系统的有机组成，又是有自身发展目标的组织机构，因此在承担一定社会功能的同时，也要满足自身的发展需求。正是依靠不同层面学校的具体运作，教育的分层功能才得以发挥，因此，学校类型、管理与教学方式、校园文化、师生关系以及同辈群体等都影响并体现着学校在教育分层中的位置与作用。

许多研究表明，公立学校与私立学校在学业成绩、大学升学率和反种族隔离政策的实施上存在差异，私立学校要优于公立学校（卡罗琳，2004：508）。科尔曼在《公立与私立学校》中提出颇有争议的研究发现，即家庭背景一致时，私立学校（大多数是天主教）学生比那些公立学校的学生获得的成就更高；它倾向于小班教学，学生参与程度高；提供更加严格的纪律、安全有序的环境；学校氛围更有利于成就的获得；家庭作业更多，学生有更好的出勤记录（巴兰坦，2005：63）。J. E. 丘伯和 T. M. 牟认为，学校之间这种教育产出的差异，主要归因于学校在价值观与管理手段上的不同（Chubb and Moe，1991）。还有学者指出，学校规模、客户能力与收入来源的的确确影响了学校的运转，并进而影响教育行为，如教学风格、课程设置与专业分流以及课外活动的组织。这种教育行为又会进一步影响教育产出，如学业成绩、毕业率、大学升学率（卡罗琳，2004：530）。

除上述学校差异外，学校内部的文化、对学生进行的能力分组及教师的教育期望，也会影响学生的各种表现。周宗伟认为，学校文化实质最终塑造了两种"卑贱"的群体：一种是学校体制的成功者，他们被表面的因成功而带来的"高贵"感支配，实则获得的是一种投机取巧、顺从迎合的"卑贱"性格；另一种是学校体制的失败者，他们因被学校体制所淘汰而生活在"能力低下"的阴影之中，成为被贴上"卑贱"标签的囚徒（周宗伟，2006：231）。学校对学生所进行的能力分组，也会影响教育的分层功能，与低能力群体中的学生相比，处于高能力群体中的学生所授内容较多，且速度较快，这样导致前者进入后者行列更为困难（巴兰坦，2005：67）。此外，教师期望也会影响学生成绩，因为一旦儿童被教师或其他人分类后，一种"自我实现预言"心理就开始起作用——教师期望儿童有某种行为，儿童就会对教师的期望做出回应（巴兰坦，2005：67）。学生以前的学习和测试成绩，学生的穿着、名字、外貌、吸引力、种族、性别、语言和口音，父母职业，单亲家庭和母亲地位，甚至学生回应教师的方式等，都会不同程度影响教师的教育期待（巴兰坦，2005：71）。

更多学者从学校外部寻找影响学校教育产出的社会性因素。B. 伯恩斯坦（B. Bernstein）认为，应该通过系统中结构的阶层与权力关系（宏观层面分析）和学校中互动的教育过程（微观层面分析）的整合来理解教育系统（参见巴兰坦，2005：70），并通过对语言模式的探究来实现这种整合。他认为不同阶层有着不同的语言编码模式，由于学校常常倾向于使用精致性编码（elaborated language code），而这种模式通常为中产阶层家庭的孩子所用，就会导致使用限制性编码（restricted language code）的下层孩子处于不利地位（参见谢维和，2007：58）。D. E. 弗里（D. E. Foley）通过对在民权运动影响下得克萨斯州南部的高中所进行的调查，展现了学校如何成为习得那些具有固化与再生产社会不平等的文化的场所。通过将阶层与其他不平等的形成机制进行对比分析，弗里发现阶层与种族的固化与再生产发生在许多场合中，重要的是阶层关系优先于其他关系。同时，他认为，中产阶层所拥有的文化在学校空间中非常有用，尤其是在作为"情境表现"（communicative action）的课堂文化上，工人阶级的孩子不能很好地参与课堂"游戏"，或被排斥于课堂互动之外（Foley，1988，1990）。

5. 学生自身

学校的具体运作离不开学生群体在学校空间内的广泛互动。其中，学生对教育或知识的认知、同辈群体及亚文化、应对策略等，均会影响他们的学习表现。

学生关于知识与教育的认知，与他们在学校中的行为表现有着直接关系。那些看重学习活动和学习内容的知识与文化价值的"好奇者"一般都是非常优秀的学生，而那些学习活动与学习内容的"功利主义者"则更多的是成绩中等的学生（杜里-柏拉、让丹，2001：177）。同时，学生对知识与教育的认知差异还与不同阶层的家庭教育有着密切联系。

在青少年群体中，同辈群体是主要的交往、参照对象，群体中他人的穿着、习性、语言方式和喜好等，都会对青少年自身产生影响。与学校文化相比，同辈群体内部形成的文化为学校空间中的非正式文化，其对学生的态度与行为乃至学校运行都有重要影响。通过对中学进行研究，安迪·哈格里夫斯（Andy Hargreaves）发现学校中存在两种亚文化和学生群体，分别是积极倾向的学生群体和消极倾向的学生群体。其中，对学校价值观具有积极倾向的学生最终进入高一级群体，强化了自身的方向，消极倾向的学生则最终进入低一级群体（参见巴兰坦，2005：181）。威利斯所提出的反校园文化，可视为消极倾向同辈群体文化的典型。他认为，"反学校文化提供了强劲的非正规标准和有约束力的经验过程，这引导着工人阶级的青年人'自愿'选择进入工厂，帮助再生产现存的雇佣阶层结构以及作为工人阶层整体文化一部分的'车间文化'"（Willis，1977：53－54）。还有一些经验研究中也体现了同辈群体文化的抵制色彩。安吉拉·麦克罗比（Angela McRob-bie）描述了以工人阶级为主的地区女孩的"特殊生活方式"，如相互传授新的舞蹈、凑在一起吸烟、喜好摇滚等，并最终认可了传统的女性角色及"女性特质"。在英格兰的黑人青年中存在的抵制文化同样存于加勒比的黑人青年中，当意识到在学校文化和正规课程中不会涉及黑人的历史时，很多黑人学生会重新将克里奥尔语译为他们的语言（参见阿普尔，2008：119）。

　　学校是不同群体互动的空间，所以还需注意的是学生所采取的应对策略，这既是对外界因素的一种反应性行为，同时又是自身需求的表达。不同性质的应对策略与学生的学习表现有着复杂的关系。在课堂的师生互动中，那些坚持要求发言，甚至自发发言的一般都是成绩优秀的学生，且他们的口头介入常常越过规定的教育背景，表现出对学校要求的讨价还价；那些成绩较差的学生则在课堂上更可能"开小差"或是聊天，表现为对学校要求的逃避（杜里－柏拉、让丹，2001：199）。这种应对策略的差异性还与学生的社会阶层归属、性别有关。可见，学生从来不是被动地参与到教育活动中，而是可能采用或迎合，或顺从，或抵制的应对策略。

　　宏观社会结构与制度变迁，社会阶层、家庭教育、学校教育，学校空间中家长、教师、学生的互动，都可能影响教育分层功能的发挥。或者说，正是依靠多方面因素的共同作用，教育分层功能才得以实现。

## 三　有关农民工子女教育

　　1995 年 1 月 21 日《中国教育报》上刊登的一篇《流动的孩子哪儿上学——流动人口子女教育探讨》使这群孩子的教育问题开始受到社会各界的关注，但真正开始进行学术研究是在 1998 年。首先引起人们关注并热议的是这群孩子目前的受教育状况如何，没有流入地户籍的他们是否有权利在当地接受教育。对于前者，人们主要是对农民工子女区域内的受教育状况、意愿做描述性研究，对造成的教育问题做初步探讨（周拥平，1998：22~27；黄志法、傅禄建，1998：11~14）。对于后者，许多研究从不同角度论证了农民工子女在流入地享有受教育权的法理基础，并进一步分析了受教育权缺损的原因（陈信勇、蓝邓骏，2007：119~126；董立山，2008：93~96；温辉，2007：74~77）。

在肯定了农民工子女的平等受教育权之后，从不同侧面探寻实现这一平等权的现实障碍与可行路径成为研究重点，而在研究主题与时间上来看这些研究可分为教育制度与政策、民工学校存在意义和公办学校的接纳状况、农民工子女的学业表现及影响因素、与本研究主题相似的研究四个方面。

**（一）教育制度与政策**

人们对相关政策的不断调整有着不同的看法，有研究指出随着政策的调整，"有关农村流动儿童的概念已逐渐清晰"、"政府对流动儿童重视程度逐年加大"、"政府对流动儿童由管制到服务的理念转化"以及"中央对地方政府的工作要求逐步具体、清晰"（吕少蓉，2008：20~22）等，可见这种政策调整不仅取得了一定的社会效果，也体现了国家对农民工子女教育的重视与立场。然而，也有学者指出，如果诸如户籍制度、法律体系（冯帮，2007：97~100；张慧洁、姜晓，2008：6~9）、财政拨款（张慧洁、姜晓，2008：6~9）、政策执行监控（刘成斌，2007：24~28）等更深层次的制度因素没有做出相应改革和调整，那么农民工子女在流入地平等享受义务教育权的问题很难从根本上得以解决。同时，正是这些问题的存在，造成农民工子女入学仍存在很多障碍，如"初中升普通高中难、初中升重点高中更难、高中升大学难上加难"（冯帮，2007：97~100），农民工子女辍学（吕绍青、张守礼，2001：95~108）和童工现象（韩嘉玲，2001：1~7；段成荣、梁宏，2004：53~59）仍很严重。随着"两为主"政策的贯彻落实，农民工子女接受义务教育的问题得到卓有成效的解决后，人们又开始关注高考升学的问题。对异地高考的探讨实质上是对教育资源和教育机会公平的探讨，因此要想制定出合理的异地高考政策并达到预期效果，应该重点解决好教育资源配置和教育机会公平问题（谢宇等，2013：74~80；葛新斌、尹姣容，2014：48~52）。

**（二）民工学校的存在意义与公办学校的接纳状况**

对于民工学校存在的意义，即"合理性"与"合法性"问题，不同研究有着不同的说法。有研究指出，民工学校为农民工子女接受义务教育做出了历史性贡献，因此希望对民工学校提供各方面的支持和帮助，不论是法律政策上，还是资金设备上（闫丽君，2007：38~43；黄卉，2007：87~100；曾恒，2008：119~121）。也有研究认为，这些学校存在办学条件简陋、师资力量薄弱、环境杂乱等问题，因此无法为农民工子女提供良好的教学质量，希望有关部门尽快降低或取消城市公办学校的准入门槛，给农民工子女提供公平的教育环境（韩嘉玲，2001：1~7；曾守锤、李其维，2007：1426~1428）。随着民工学校逐渐退出历史舞台，人们关注的焦点也开始逐渐转移到公办学校身上。

公办学校正日益成为面向市场和社会的、具有独立性和自主性的办学主体，生存和发展已经成为任何一所公办学校面临的首要问题（科尔曼、刘承礼，2006：3~11）。相对于本地生源，农民工子女的学习基础、行为习惯等不仅成为他们适应的巨大困扰，同样也影响公办学校对生源的要求。因此，在不增加财政经费的情况下，公办学校对接纳农民工子女将持被动的态度（刘鸿渊，2007：191~195）。生源的改变也影响公办学校教师的生活，然而现有研究对这个群体关注不够，或者说，还没有足够认识到教师在农民工子女教育中的重要性。虽然公办学校教育有意愿教授农民工子女（曾守锤，2008：24~26），但实际教学中面临的种种困难与压力，以及由此所产生的不平衡感，正打击着教师们的教学意愿与积极性（史秋霞，2013a：19~22）。也有研究发现，流入地初中后阶段教育学校的办学经费、学生管理变化、是否存在政策支持以及对政策的满意程度均会影响它们接纳农民工子女的意愿（魏毅等，2014：120~123）。

**（三）农民工子女的学业表现及影响因素**

大致可以划分为两个面向：一是进行群体比较，结论较为一致，即农民工子女与城市孩子学习状况上的差异较大（高梅书，2004：55；丁小燕、陈洪岩，2005）。二是寻找差异背后的原因。许多研究将这种差距归因为农民工子女资本匮乏的家庭环境，例如家庭文化与经济资本（赵娟，2005：8~13；王涛、李海华，2006：25~29）、家庭教育（郭良春等，2005：22~31；周海玲，2008：23~26；江立华、鲁小彬，2006：44~46），以及流动性（赵娟，2005：8~13），认为农民工子女陷入"双重风险"中，一方面家庭经济地位、父母投资相对较低，另一方面这些较低的家庭资本对他们的促进效应也呈劣势（张云运等，2015：19~26）。具体来说，家庭社会经济水平、家庭子女数量、社会网络质量、家庭教育期望都会影响他们所选择的学校（民工学校、农民工子女较多的公办学校、农民工子女较少的公办学校）。处于底层的家长倾向于选择民工学校，而条件好的则会选择教学质量更好的公办学校，而且在这类学校中农民工子女与户籍学生的学业不存在差异（苑雅玲、侯佳伟，2012：106~112）。家庭收入和父母受教育水平不仅对农民工子女的学业成就有直接影响，还会作用于教育期望和家庭学习资源进而间接影响子女的学业（张云运等，2015：19~26）。"上大学"虽然成为很多农民工子女家庭教育愿望的共同表达，但是其自身缺少实现这一愿望的资源与手段（刘谦，2014）。现有的教育实践模式（干预性教育行为、非干预性教育行为和情境性教育）对子女的影响也不尽相同（刘谦等，2012：22~28）。除了家庭因素之外，农民工子女自身的上进心（郭良春等，2005：22~31；植树广美，2006：21~26）、以前就读学校的教育资源（邹泓等，2008：49~53）也是影响农民工子女学业的重要因素。

**（四）与本研究主题相似的研究**

随着研究的逐渐深入，聚焦教育过程以及教育与社会分层间关系的研究也开始增多。田宝宏从农民工子女教育的法律依据、教育机会、教育过程、教育结果等方面对基础教育进行说明，但是由于研究主题不仅仅针对该群体，因此仅是泛泛之谈（田宝宏，2008）。沈小革在《珠江三角洲流动人口子女教育公平问题的研究——一种文化再生产现象的分析》中，将教育公平的范围由教育机会获得扩展到教育过程与教育结果，并结合再生产理论进行了系统分析（沈小革，2008）。然而，该研究更多地停留在对教育机会与文化资本之间关系的探讨上，就各项资本、教育场域、惯习通过什么方式与途径进行转换却未作进一步探讨。同时，正因为关注点未涉及微观层面的具体教育过程，农民工子女还是被视为机械地、被动地按照外界各类因素形成各类惯习的个人，而不是教育活动的积极参与者。

熊易寒在关于农民工子女政治社会化过程的研究中，将他们视为信息接受者和学习者，以及积极的行动者和观察者；同时，他发现就读于公办学校的农民工子女成长过程中存在显著的"天花板效应"，而农民工子弟学校中则盛行着"反学校文化"，农民工子女在不同学校中的不同表现却殊途同归地导向阶级再生产而非社会流动（熊易寒，2009）。由于身份认同和政治社会化本属于一个过程，其分析更多的是一种经验与理论的相互印证，因而分析逻辑上具有一定的脆弱性。

周潇认为，农民工子女在城市的生活、教育均处于高度边缘状态，这均由"低成本的组织模式"所致。在这样的组织模式下，农民工子女因上升道路受阻而提前离开学校进入收入低、不稳定、无保障的次级劳动力市场。虽然他们和父辈的职业种类不同，但是实质上延续了农民工作为社会底层的阶级地位。值得注意的是，这种"低成本的组织模式"不仅影响他们的阶层地位，还塑造了他们软弱的内心（周潇，2011a）。由于周潇最终目的不在于展示教育与社会分层间的具体关系及形成机制，所以对教育过程的具体剖析仍显不足。

# 四 行动议程与理论诉求的不谋而合

上述有关教育分层、教育分层功能影响因素以及农民工子女教育的相关探讨，对本研究有着重要的启发性；同时，也存在许多不足。结合这些启发与不足，笔者尝试提出本研究的分析路径，以对农民工子女教育进行全面解读。

## （一）教育分层的全面展现

无论是结构功能主义理论、冲突理论，还是文化再生产理论，抑或抵制理论，虽然各有侧重点，但对学校教育的关注仍有诸多共同之处。首先，它们均认为学校教育具有传授知识与技能的功能。其中，结构功能主义理论更多从社会整体的角度来考虑所传授的知识与技能，而冲突理论则认为所传授的是统治阶级的知识与技能，文化再生产理论与抵制理论进一步强调所传授的知识与技能具有再生产社会关系的作用。其次，学校教育具有社会筛选/分层的功能。无论是出于社会整体的发展，还是统治阶级巩固地位的需要，学校教育将会使不同特质的群体进入不同层次的生产体系中，结构功能主义理论更多地认为这种筛选与个人能力相关，而文化再生产理论、抵制理论则明确表示这种筛选是依据社会出身来进行的。最后，教育分层具有再生产性质。在结构功能主义理论和冲突理论中蕴含着共同的再生产价值，而在文化再生产理论与抵制理论中，则重点强调了学校教育如何影响教育的分层功能。

因此，就学生个人而言，通过接受学校教育不仅能够获得知识与技能，还能习得成人社会中的各种社会角色规范，为今后进入不同性质的生产体系做好准备。同时，由于教育与社会结构之间存在不同性质的密切联系，学校教育可能成为个体实现向上流动的有效途径，也可能成为现有社会关系再生产的工具。当然，个人流动的可能性与实现程度，或是再生产社会关系的途径，又是在诸多因素相互作用中得以实现。

### （二）关注点的转变

结合上述理论与经验研究可见，有关教育分层功能的关注点存在一种渐进的转移，即在对教育具有分层/筛选的功能达成共识的前提下，从关注影响教育分层功能发挥的各种因素，开始向关注这种功能的具体发挥过程与机制方面转移。

不同理论流派均认可教育所具有的分层功能，所不同的是对分层性质的理解。在结构功能主义理论眼中，教育的分层与个人能力有关，与除此之外的背景性因素无关。而在冲突理论的世界中，教育的分层功能则与不同群体之间的相互竞争有关，影响其分层功能发挥的重要因素便是社会结构中的不同位置。文化再生产理论对教育分层功能的解读，在一定程度上是冲突理论的延伸，在肯定教育分层功能具有再生产性质的前提下，文化再生产理论重点强调了这种再生产功能得以实现的文化机制。其中，"惯习"、"场域"、"游戏"等概念的出现，足以体现有关教育分层的关注点由影响因素向过程与机制的渐进。在充满洞察、反抗的抵制理论中，这种渐进更为明显。同时，在教育再生产社会关系的实现路径探讨中，则更加关注微观层面行动者的参与和作用。这种关于教育分层功能关注点的转移，可进一步通过图1-1来表示。

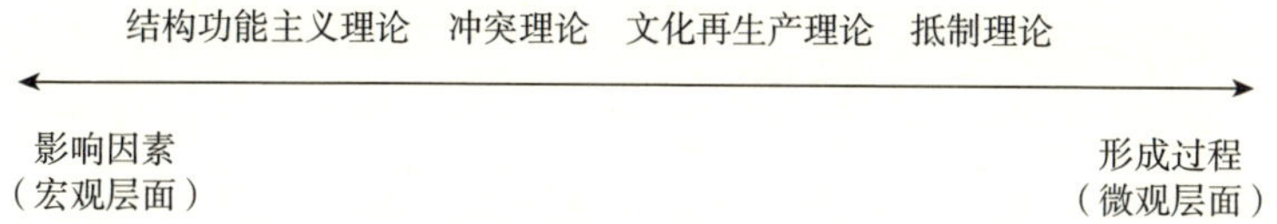

结构功能主义理论　冲突理论　文化再生产理论　抵制理论

影响因素　　　　　　　　　　　　　　　　形成过程
（宏观层面）　　　　　　　　　　　　　　（微观层面）

**图1-1　对教育分层功能关注点的转移**

可见，以上不同理论视角的分歧，更多地表现在对教育分层功能的关注点上，即是更加看重宏观层面上影响因素的探讨，还是强调教育分层功能的形成过程，理论视角上的分歧便成为由影响因素与形成过程所构成的连续谱上的位置差异。

从上述经验研究中，也能够清晰地看到这种转移，即从关注宏观社会结构与制度变迁、社会阶层归属等对教育分层功能的影响，到关注教育分层功能如何在学校的日常运作中得以形成。由此可见，教育分层功能不仅受到不同层面因素的影响，而且这些因素之间又存在复杂的交互关系。例如，社会阶层归属可能作为一个独立的因素对学生的教育机会获得产生影响；同时，也可能经由家庭教育上的差异影响学生的一些自身特征。不同学校在管理方式、校园文化，以及学校内部的教师期待、能力分组上存在诸多差异，这种差异可能对学生的学习表现和学业成就有重要影响。但是，学校的发展与变化又受制于一定的社会结构与自身的发展目标，而教师的期待也将受到学生自身的影响。同样，学生对教育与知识的认知、同辈群体中的亚文化及应对策略，既受到大的社会运动、社会阶层归属的影响，也受到家庭教育、学校教育及师生互动的影响，同时也是学生自我需求的一种充分展现。因此，教育分层功能的发挥不仅受到多方面因素的影响，且这些因素之间也有着错综复杂的关系。

当然，这种关注点的转移也存在诸多不足之处。首先，有关教育功能，尤其是分层功能的探讨，更多来自西方社会，是在西方特定的社会文化环境下对教育功能的解读。我国的研究更多地是在这些既有的理论预设下展开的，如结构性因素对教育机会的影响，再如文化再生产理论对我国城乡教育差异、农民工子女教育的分析，等等。笔者认为，西方有关教育分层功能的探讨确实具有重要的借鉴与指导意义，但还需考虑我国特有的社会文化环境，尤其是当前处于剧烈社会变迁的时期。其次，无论是理论视角还是经验研究中，这种关注点的转移仍旧处于一种相对无序的状态，在教育分层功能的形成过程的探讨中，更多考虑的是某一个或某几个因素的影响，如社会阶层归属、家庭教育或是学校教育，鲜有考虑不同层面因素的交互作用。笔者认为，对教育分层的形成过程进行全面解读，需要考虑这些因素之间的交互作用，因为一些因素既可能是另一些因素发生变化的前提条件，也可能是作用结果。再次，抛开对西方理论视角的借鉴不谈，我国当前对教育分层机制的探讨多为基于定量研究的现象描述，对微观层面上学校教育与社会分层、社会流动之间的关系探讨甚少。最后，在农民工子女教育的研究中，研究对象多为小学阶段，且不少研究报告存在雷同、所提对策缺乏针对性和可行性等问题（任运昌，2007：21～24）。因此在明确的理论指导下，对农民工子女教育进行系统分析具有十分重要的现实意义。

## 五　如何解读学校教育的分层功能：行动者、互动

### （一）理解教育过程中的行动者

既然教育与社会不平等的探讨目的在于阐明学校通过何种方式制造不平等，那么何不直接深入学校教育过程中寻找答案呢？安迪·哈格里夫斯提出的以"复制策略"为基础的理论模式，试图解释社会与课堂之间的相互作用，为笔者提供了重要启示。他认为，所有行动者都按照他们的经历进行有意义的、创造性的活动，但是这种创造性会受到自身体验过的约束因素的限制。人们都服从约束因素并制定出应对它们的"复制策略"，最终在具体运用中根据他人的反应与评价来判断策略是否有效。因此，课堂上，当教师能够成功地复制（曾经）体验过的约束因素时，某种教学方式才能够产生并延续。可见，所谓"复制策略"是"根据一套在战术上被人接受并深信不疑的、有关教育、儿童和学习的假设"制定出来的，而这些假设旨在限制行动者所发展出的"复制策略"的种类（Finn et al.，1978：4）。因此，安迪·哈格里夫斯认为要想绝对地控制教师，就必须影响教师的经历，并且令其深信不疑。

笔者认为，理解教育过程时，不仅要将课堂上下的师生视为行动者，还应包括课堂背后的学校，学校的目标与行为也来源于其依据过去及现在的经历对所处情境的定义。因此，如果要深入探究学校教育的社会意涵，必须去细致分析学校、教师、农民工子女面临哪些外在约束，以及他们如何理解这些约束，又是如何在此基础上发展出应对各自约束的"复制策略"，这些具有创造性的"复制策略"又是如何相互作用并影响他们的后续经历的。

### （二）厘清学校空间中的互动机制

任何社会中，教育与社会分层均有着千丝万缕的联系，教育

不仅是向上流动的阶梯，还是阶层再生产的工具，主要和不同层次、性质因素相互作用构成的教育过程有关，即在不同的教育过程中教育与社会分层有着不同性质的关系。在农民工子女教育研究中，不应简单地以上述任何理论为分析视角而提前预设教育与农民工子女社会流动之间的关系，而应深入学校空间具体的互动中进行解析。其中，既要考虑不同因素自身的存在环境，又要关注不同因素之间的相互影响。

具体来讲，在关注农民工子女的教育过程中，既要关注影响农民工子女教育的各类因素，又要在学校空间中分析这些因素如何相互作用，并进一步探讨农民工子女教育与社会分层之间的关系性质及形成机制。该分析路径主张的是在环境中建构教育现实，如图1-2所示。

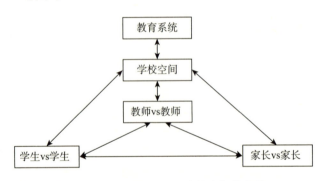

**图1-2　"互动机制"下的教育与社会分层**

教育与社会分层之间的关系不仅受到宏观结构性因素的影响，还依靠微观层面的具体运作得以实现。在上述分析框架中笔者更关注微观层面学校教育的具体运作，及其内部不同群体之间的互动。因为，即便是微观层面的具体互动，仍旧是打上社会烙印的互动，是在由结构性因素塑造的现实背景中进行的互动。在此，笔者将这种分析框架称为"互动机制"，在此视角指导下的农民工子女教育需要关注以下几方面的内容。

第一，国家对基础教育的战略性调整，生源、劳动力市场、大学扩招的变化，以及在这些变化下人们对教育的认知，均在不同程度上影响城市教育系统。同时，随着民工学校的减少、公办学校的开放，农民工子女基础教育已逐步纳入城市教育系统当中，具有一定的地位与特征。

第二，学校作为教育系统的有机组成，不仅承担着相应的社会功能，而且有着自身发展目标，不同类型学校的运作促使教育与社会分层产生必然联系。尤其那些逐渐成为农民工子女接受基础教育重要场所的公办学校，也成为探讨农民工子女教育与社会分层的关键场所，其所面临的处境及特征、自身的发展目标及实现方式无不影响二者的关系。

第三，学校的具体运作离不开教师、家长与学生之间的互动，因此，学校将成为不同行动者的互动空间。其中，教师所面临的变化与挑战，以及农民工子女教育对教师的影响等，均会影响教师与教师、教师与家长、农民工子女之间的互动。

第四，家长不仅是家庭教育的重要实施者，还是学校教育的重要参与者之一。因此，农民工在城市社会的现实处境与自身特征，可能影响自身的教育认知，不同的教育认知必然影响其在学校空间中与教师的互动。

第五，在某种程度上，农民工子女不仅是城市社会中的弱者，同时还是学校空间中的弱者。现实生活中，诸多因素构成他们的生存境遇，进而影响他们对教育的看法，以及对教育与个人发展关系的看法。这些看法又将直接影响他们的教育行为以及与他人的互动。

总之，农民工子女教育正是由上述因素共同参与、相互作用而成。只有全面了解具体教育过程，才可能继续探讨农民工子女教育与社会分层之间的关系以及这种关系的形成机制。

# 第二章　走进校园，融入他们

## 一　因何选择：政策下的大多数

农民工子女年幼时便跟随父母在城市生活，有的本身就在城市出生，然而户籍的限制，使他们生在城市、长在城市，却不被认定为城市居民。边缘化的生存状态尽显社会变迁的烙印。其实，这个群体内部已经出现分化，大体可分为三类：状况比较好，幸运的进入国家正规的学校；状况比较差，在非正式的边缘性的学校上学，这部分人占农民工子女的绝大部分；没有读书，跟随父母到处流浪、干活（曾坚朋，2003：57~62）。

笔者所关注的是第一类，那些在正规的公办学校就读的农民工子女，尤其关注的是那些初中临近毕业的农民工子女，他们的年龄跨度在16~21岁，已超出了一般意义上的儿童范围，或者应该称之为"政策下的大多数"。当前政策调整受惠最大的是他们，如能够享受到"同城待遇"；但是受损最大的也是他们，如在学校受到学生排挤、老师忽视，在流入地参加高考的道路坎坷等。在他们看似平凡的生活中，蕴藏着时代的脉络。

虽然就读学校类型上已出现分化，但是绝大多数的农民工子女主要还是在公办学校就读。截至2012年底，A市接纳义务教育阶段农民工子女7.09万人。其中进入公办学校就读的人数为6.87万人，占全市农民工子女就读总人数的96.90%，比上年提高1.42个百分点。① 因

---

① 资料来源于《A市2012年国民经济和社会发展统计公报》的相关数据。

此，从本研究的主要目的（了解学校教育的意义）来看，定位于就读公办学校的农民工子女是比较合适的。

与户籍学生不同，由于制度性身份的限制，农民工子女在初中毕业时就将面临选择，是留在城市继续上高中、读职校，还是回户籍所在地继续上学，抑或结束学习生涯，步入社会，参加工作。调查过程中很多任课教师也表示从初二开始，农民工子女回农村、辍学的现象比较多，这一时段可谓是农民工子女所面临的第一个重大人生抉择。面对不同的道路，他们会做出什么样的选择？学校教育在这种选择中又扮演着什么样的角色？这个人生选择，也为本研究提供了合适的观察平台，通过了解临近毕业农民工子女的前前后后，能够剖析教育与社会分层间的微观联系。

在接收农民工子女的公办学校中，飞翔中学具有一定的代表性。例如，就全市城市化发展状况来看，M 区聚集着较大规模的流动人口，仅 2005 年就读的农民工子女就达 12443 人，飞翔中学则是 M 区唯一一所指定招收农民工子女的公办学校。因此，从它的身上能够看到更多由于承接农民工子女教育而引起的变化。目前，飞翔中学已将农民工子女教育作为本校的品牌，学校的发展目标、管理方式、校园文化等均具有农民工子女教育的"特色"。

## 二　广阔视域下的微观生活

C. W. 米尔斯（C. W. Mills）曾指出，那种过于迷恋数据收集及研究方法本身，而忽略问题的结构情境和历史背景的研究，是缺乏"社会学想象力"的研究。在探讨教育与社会的关系中，教育社会学的研究范式发生了巨大的变化，极具现象学派特征。在现象学派的世界里，人不仅仅被动地接受着外在世界的影响，同时还有能力通过自己对外在世界的理解来改造这个世界。由此可以看出，新的研究范式开始放弃置身事外的研究者身份，转而关注人们细微生活背后的意义，重视研究者与研究对象之间的互动对所观察的事物、现象产生的影响，等等。总之，无论问题意识还是研究方式，均开始回归到日常生活，回归到日常生活中的人。

当然，解释社会行为的范式，因角度不同，很难分出高低。或者说，任何研究范式都有其自身的优点，也会有不足之处。以找寻日常生活中的意义为特征的研究取向，当然也会遭到诸如"太随意"、"太软"的批评（Ball，2000：xxxviii，xxxix）。因此，不存在一种放之四海而皆准的元理论，任何研究范式都需要时刻进行自我批判，以求能够更加真实、合理地揭示、解释如今的世界和当下的生活。那么，什么样的研究范式合适呢？

古典思想家也都明白掌握历史情境中人类行动者的有意识行动是十分重要的。这些行动者在历史情境中，乃镶嵌于多重的社会关系，无论这些社会关系被界定为社区、群体、复杂的组织、阶级、政党、婚姻，或是宗教或族裔团体。这些范畴所表明的社会关系的独特形式，是行动者建构自身认同的有意义的脉络（Alford，2011：54）。可见，虽然他们都没有当代理论和经验工具的优势，但依然以历史过程、结构关系的模式，以及文化意义，来为他们周遭正在转化的社会创造解释（Alford，2011：54）。米尔斯也认为，"社会学想象力"作为我们最需要的心智品质，可以让我们理解历史和个人的生活历程，以及在社会中两者间的关系（米尔斯，2001：14）。从中我们能够看到很多共同的特征，可以在更广阔的视域中理解教育。

依据这样的思路，再来看本研究的主题，就要求我们在历史的脉络中、在错综复杂的关系中、在人们建构的日常生活中去寻找答案。因此，需要在本研究中做到以下几点。

首先，把握历史痕迹。农民工子女教育并不是突然出现的，而是随着我国社会发展逐渐形成的，是历史的产物，是发展的片段。需要关注不同的时期、不同的社会情境之下农民工子女教育所具有的特征。笔者认为，抛开研究者自身的价值倾向与人文情怀不谈，将视野只盯在当下，只注重在横截面上收集资料，看到的事物特征势必具有绝对性。例如，当看到农民工子女面对烦琐的手续无法就读公办学校，还有很多孩子在条件简陋的民工学校就读时，多数人会认为这是非常不公平的。但是，当我们将所看到的景象加入另外一个观测角度——时间，那么，当前所看到的不足、困难，则成为往日追求的一个目标。从无法在城市上学，到可以在民工学校上学，再到大多数孩子能够在公办学校上学……因此，加入时间维度，体会历史变迁，能够更加全面地了解教育与社会之间的关系。

其次，梳理各层关系。既要加入时间维度，也要加入关系维度。在具体情境下生活的人们，以及发生的事情，同时嵌于各种错综复杂的关系中。从宏观到微观，所在的国家、城市、社区，从事的工作，就读的学校，参加的组织，生活的家庭，等等，都与个体发生着千丝万缕的关系。因此，当试图了解当前农民工子女教育时，也无法逃避对其中各种关系的认识。同时，这些多层关系又在利益上相关，有时一方的行为会影响另一方的利益。例如，在财政分权框架不变的情况下，地方政府缺少为农民工子女提供低成本义务教育的内在激励机制，公办学校往往将提供义务教育的成本转嫁给农民工子女及其家庭（刘鸿渊，2007：191～195）。因此，在厘清农民工子女教育中不同层次的关系时，也能够看到各种关系间的互动模式，以及这些关系与互动最终如何塑造教育与社会的关系。

再次，回归日常生活。日常生活是社会的基石，是由分割的、连续的或者不连续的日常事件构成的个人、小群体及社会（刘云杉，2000：15）。笔者认为，现象学研究范式的可取之处在于，把人、人对环境的理解以及理解之下的行为带回到研究中。历史的纹理形成、各层关系的变动都要依靠细小的、不起眼的日常生活来实现。"不积跬步，无以至千里"也可以用来比喻关注回归日常生活的价值所在。因此，学校日常生活必然成为本研究的关注重点，去看学校生活是如何运转的，其中的教师、学生是如何生活的，他们又是如何理解当前生活的，这种理解又是如何表现在行为上的。

所以，笔者在这里提到的广阔视域下的微观生活，是希望在本研究中能够综合历史、关系、日常生活维度来解释教育与社会之间的关系，尤其是教育在社会分层中所发挥的作用。

# 三 "主体建构"视角下的研究者与研究对象

当明确了综合性的研究维度后，接下来还需要思考的是，在此过程中，研究者和研究对象分别居于何种位置？这涉及价值设定的问题。因此，在开始研究之前，需要想清楚这些问题，并且在研究过程中知晓如何去处理这些问题。笔者赞同"主体建构"视角对研究者与研究对象关系以及研究结果的理解，即将研究者与被研究者均视为有自主能力的行动者，将调查过程视为两个主体之间的人际互动，而调查结果则是由双方建构得出（潘绥铭、黄盈盈，2007：174~193）。

## （一）研究者身份的双向性

研究者具有双向身份，即身为普通人的研究者。作为普通人，个人的经历、情感、价值观等不可能不参与到调查过程中，实证主义理想中的研究者是不存在的。那么，具有双向身份的研究者进入研究后，会产生什么样的影响？面对这些影响又该如何应对？

1. 接纳与非评判：尽量将影响降到最低

当研究者以建立稳固关系为前提进入研究对象的生活世界时，对研究对象会产生影响，这是毋庸置疑的。对于他们（研究对象）的生活来说，研究者是参与者，而非旁观者，是他们平淡生活的闯入者。为了融入他们的世界，笔者要经常出现在教室、操场、办公室，还希望能够参与到学生的校外生活中，参与到教师的非正式活动中。笔者以何种方式出现才能够不打扰他们的正常生活，或者说才能够看到他们的真实生活？

"接纳与非评判"原则在此是极具借鉴意义的行为准则。为了将影响降到最低，笔者尽量不去对周遭的人或事做评判。这也有前车之鉴，同样在职校做调查的同班同学，由于未考虑清楚调查中自己可能产生的影响，将学生之间的矛盾不经意间告诉老师，结果被学生认为是"叛徒"而遭到冷落，使后续的调查难以展开，最终被迫放弃。在学校日常生活的任何场合，研究者应尽量做到自我透明化。

2. 自省：不断反思可能的影响

基于某种身份和保持特定价值的研究者在其研究过程中可能会将有些社会要素"神圣化"，而故意忽略其他社会要素；同时会将某些社会要素"放大"，从而"扼杀"其他的社会要素。所以，任何社会理论都会不可避免地采取特定的道德（或政治）立场（塞德曼，2002：2）。实际上，教育社会学领域中存在着诸如社会公正、弱势群体等一系列价值意涵丰富的社会问题，在此情形下，即便我们努力将价值前设"悬置"起来，或将价值本身视为一种"社会事实"加以研究，可能仍会受到其他研究价值（或意识形态）的影响（胡宗仁，2005：85～89）。研究者特有的价值判断、过往经历均影响其在众多的社会现象中选择某个侧面来研究。同时，收集、整理资料形成研究发现的过程，可谓是研究者在浩瀚海洋中的一次自主航行，带有浓郁的个人特质和感情色彩。因此，在整个研究的过程中，研究者要不断反思自身可能的影响。

研究者身份的双向性对研究产生的影响无法彻底消除。同时，只有通过在整个研究过程中不断的反思、自我询问才能够知晓影响如何发生。简言之，对于研究者身份双向性所带来的影响要做到的是知晓它在哪里，而不是消除。

**（二）研究对象的干扰性**

不同于自然科学，社会科学领域的研究对象是活生生的人，他们有着不同的经历、情感与价值观，因此他们会根据自己的判断、理解参与到调查过程中。有学者认为，中国人的性格深受"表态文化"的影响，即在公开场合凡事都表示一种顺从主流文化的态度（黄盈盈、潘绥铭，2009：149～162）。对于个体来说，这确实是一种自我保护机制。研究对象并不是根据研究者所告知的研究目的去判断对自己可能产生的影响，而是根据自己的观察、理解。因此，当他们觉得环境不够安全时，或者讨论的话题过于敏感或涉及个人隐私时，可能不会将内心的真实想法表达出来。

笔者在 2006 年便开始以支教、课题合作等形式与农民工子女群体接触，深刻感受到调查对象的思考性对研究本身所产生的干扰（史秋霞，2010：26 ~ 29）。无论最初是多么的坦诚，在所接触的农民工子女、家长与教师眼里，笔者都具有潜在威胁。例如，会出现安静的课堂和办公室（可能平常是不安静的）、客气的教师、礼貌的学生等。当然，也出现过另一种排斥的景象，如不搭理的学生、反感的教师、拒绝受访的家长等。在这些情况下，调查对象对研究的干扰性是非常大的，在他们有意或无意制造的"假象"面前，研究结论可能是失实的。

同样，研究对象的思考性对研究的影响也是无法完全消除的，研究者能够做的是了解调查对象的担忧，以及他们对调查的认识和理解。以先前的接触经验来看，真正地了解调查对象的顾虑需要在与之稳固关系建立之后，当平等、尊重、信任的关系得以建立之时，研究者才算是真正融入研究对象的生活，走进了他们的内心。

## 四　信任关系网的建立

虽然笔者将调查过程称为两个主体间的互动，但是这种互动显然是研究者发起的。在初始阶段，研究者便居于主动地位，加之身份上的悬殊，很容易使双方关系建立在不平等的基础上。如果研究者未及时进行反思，任由这种不平等关系存在与发展，那么其对研究的潜在影响也将无法估量。

在本研究中，笔者要分别与教师、农民工子女、家长建立关系，而本身这种关系之间又有着微妙的联系。例如，如果笔者与教师建立了稳定的关系，在学生眼中，可能会将笔者划到教师行列，在与笔者交谈时，他们会将自己对教师的某些想法隐藏起来。又或者当笔者与学校管理人员互动频繁时，普通教师对笔者可能也会启动自我保护机制。所以，对笔者来说，不是处理与单一群体的关系，而是处理相互影响的多种关系。那么，在实际调查中，应该如何做才能够使笔者与这个关系网的距离适中呢？笔者认为有三点需要注意。

第一，注意身份的定位与改变。在调查的关系网中，笔者的身份不是一成不变的，恰到好处的身份可能是中立的，不站在任何一方的立场说话。要做到身份的中立，就要把握好观察、访谈中的度。比如，不在一方发表对其他方的看法时表态（如学生抱怨老师，老师抱怨学生，家长抱怨孩子）；不在对方言行不得当时，坦露个人情绪或看法（如老师体罚学生，学生考试作弊、上课不听讲）。总之，在这个利益相关的网络中，研究者让任何一方觉得是另外一方的群体成员，均将是失败的身份定位。

第二，让时间去验证真诚。虽然信任关系是展开调查的重中之重，但并非心急就能做好事情，调查对象是根据自身体验来回应研究者所发起的互动。此时，信任关系的建立不仅仅取决于研究者的中立存在，同时还取决于长时间的相处，而信任关系一定是建立在长期相处的基础上。作为研究对象日常生活的闯入者，研究者的出现如同扔入水中的石子所泛起的涟漪，要等到波纹褪去，研究对象的生活才可以恢复常态。或者说，研究对象才适应了日常生活中有研究者的存在。在本研究的调查阶段，笔者要做好"长期作战"的心理准备，不急于立刻与教师、学生、家长建立和谐的关系，而是要他们先适应笔者的存在。

第三，用关爱去获得接纳。调查的过程是一种双向互动，建立在平等的、相互交换的基础上。研究者可以为研究对象提供什么样的回馈呢？毕竟有时在他们看来研究者是那样的"无中生有"。研究者所给予的回馈是研究对象真正需要的吗？还是前者一厢情愿强加的？这也是一个需要思考的问题，需要根据与调查对象实际接触不断调整回馈的方式和内容。例如，黄盈盈、潘绥铭在进行调查时除了给予调查对象一定的报酬外，还会关注调查对象生活中的一些琐事，例如一起逛街、聊天、打牌等，在他们看来这些是调查对象真正需要的。只有通过这样的"交换",一种平等的互动关系的建立才能成为可能,深入的研究才能成为可能,一种主体的、移情的理解也才能成为可能(黄盈盈、潘绥铭,2009:149~162)。的确,当研究者用关爱去获得接纳后,信任关系才可能建立,而我们给予的关爱一定是他们生活中所真正需要的。在笔者进入学校之前,也应该去思考农民工子女、教师、家长需要什么?自己又能够给予什么?

# 五　调查过程

研究社会生活最重要的是理解人们赋予自身行为的意义,最好的理解建立在对所研究的生活情境的熟悉与持续参与上。再独创性的理论,再科学化的观察者,无论进行多么细致的研究都无法代替对研究之下正在进行的生活本身的熟悉(Blumer,1986)。本研究遵循这样的方式,熟悉并持续参与农民工子女校内外生活。

## (一) 广泛收集各类文献

通过多种渠道收集国内外有关教育性质与功能(主要是不平等)、第二代移民、农民工子女、基础教育等方面的理论、经验研究,并对其进行系统梳理。笔者还对"流动儿童与城市社会融合"、"农民工随迁子女社会融合研究"课题组成员的调查日志、学位论文进行了细致研读。本研究可视为上述课题的一个延伸,因此课题组成员的各种相关观点,对本研究都有着重要的参考价值。

## (二) 认真研读各种文本

笔者收集了自改革开放以来关于农民工子女基础教育的政策法规,旨在通过历时性的分析,反映国家对农民工子女的态度转变;在此基础上,还收集了针对农民工子女教育的地方性实施方案,了解流入地城市对农民工子女的接纳程度和方式。学校层面上的规章制度、特色活动不仅是校园文化最真实的写照,从中也能够看出其对农民工子女教育的定位。具体教学环节的文本资料,也是非常珍贵的研究素材，能够帮助笔者勾勒出校园生活的全景，笔者将此类型的文本资料分为"前台"和"后台"。"前台"文本主要涉及的是与正式教学活动相关的课本、教案、作业，以及教师的科研论文、学生的作文等，这些文本通常以正式的身份出现，或被赋予了正式的功能；"后台"文本，则主要是在非教学场合下的个体感受，如学生的 QQ 空间日志、QQ 群讨论、微信里关注的热帖等。

**（三）"无干扰"融入校园**

作为"流动儿童与城市社会融合"课题组成员，笔者从 2006 年便先后以"支教"、"大学生实践"、"课题指导"等方式，在民工学校与招收农民工子女的公办学校进行不间断的参与观察，深刻认识到想要融入校园生活就必须学会融入由学校、教师、农民工子女以及农民工编织的关系网中。同时，笔者对不同类型学校中农民工子女的教育状况有了较为全面的把握。

2009 年，笔者选择飞翔中学进行为期一年的实地调查，其间努力按照上述原则与调查对象建立信任关系。前期，笔者经过与学校协商在初二、初三分别选了一个班级进行随班听课。根据学习成绩来划分，初二是好学生班级，初三则是差生班级。笔者也会经常去各年级组办公室、操场。与设想相同，笔者的进入首先触动的是各群体的自我防卫机制，呈现在眼前的多是安静的课堂、规矩的学生。笔者尽量不去打扰眼前正在发生的一切，只是静静地出现，静静地离开。调查前期一方面积累了大量的观察资料，一方面为后续的深入访谈建立了基础。那么，如何在实际中判断与调查对象的关系是否渐入佳境了呢？笔者的切身感受是，当学生、教师、家长能够在笔者面前毫无顾忌地评价其中的任何一方，当农民工子女愿意让笔者加入他们的校外生活，当教师愿意在你面前不只谈教育，都是信任关系建成的信号。

一年的时间里，笔者与教师、农民工子女以及农民工均建立了相对信任的关系。听农民工子女如何调侃校领导、如何讲讽刺老师的段子，体会他们在毕业前的焦虑，和他们一起分析去哪所职校，什么专业有前途（笔者不给建议），和他们一起逛街、溜冰、过生日；听教师如何抱怨校领导的文化霸权、学生的素质差、农民工家长的不可理喻。当学校空间下的人们，不再过多顾忌你的存在时，你的进入就是成功的。笔者有幸通过了这场主体性的较量，获得了调查对象的信任。尤其是与笔者重点跟踪的访谈对象建立了深厚的友谊，一直延续到现在。

### （四）"无评判"倾听心声

笔者分别与教育部门的工作人员、学校各阶层管理人员、老师、农民工子女及家长进行了多次深入访谈，获得了十分丰富的一手资料。与教育部门的工作人员访谈，使笔者能够更好地理解针对农民工子女教育的具体措施的制定与实施缘由；与校长、教务主任等学校管理人员的访谈，使笔者能够深刻体会到学校如何在承担社会功能与谋求自身发展之间寻找平衡；在不同场合与教师或深或浅的交流，使笔者能够认识到生源变化给这些教育实践者所带来的影响；与农民工子女相伴，从课上到课下，从校内到校外，从学习到生活，倾听他们的欢乐与苦恼，使笔者能够更好地把握他们行为背后的真实诉求。

### （五）样本情况

在调查接近尾声时，笔者依据前期对农民工子女教育的积累，参与了 A 市某教科所的相关课题，该课题的调查对象涵盖了飞翔中学的部分教师、学生及家长。该课题在飞翔中学共发放教师问卷 31 份、学生问卷 202 份、家长问卷 378 份，能够较好地反映飞翔中学的群体信息。本研究中，笔者将参考该课题的一些研究结论，以描述当前飞翔中学教师和学生的一些心理状态与需求。若无特殊说明，统计数据均来自本次课题的数据。

# 第三章　变迁中的城市基础教育

布迪厄用"场域"（field）来界定社会背景结构，一个场域是指各种位置之间存在的客观关系的一个网络（network），或一个构型（configuration）（布迪厄、华康德，2004：133），场域中的行动者根据在场域中的位置及自身所掌握的资本，与其他行动者进行互动。其中，教育场域具有相对自主性，"有明显偏离劳动市场或统治阶级的利益，而发展独特的身份文化以及自己的机构化与专业化利益的能力"（斯沃茨，2006：236）。在此，笔者也借用教育场域中的"相对自主性"，探讨我国城市基础教育系统在面对现实处境时的相应变化。这里的城市基础教育系统，主要是指由具有不同社会功能及资源的一系列教育机构所构成的整体，而笔者更为关注的是该系统的结构特征。社会每一层面都是相互联系的，关注教育也不能无视政治、经济、文化等塑造的教育环境。20 世纪 90 年代以来，我国进入了改革深化期，经济、政治、文化等方面均发生着深层次变革。作为社会系统的有机组成，教育系统也受到经济条件、政治制度、意识形态等方面的影响。那么，国家对基础教育的战略性调整、劳动力市场的结构性变化、大学文凭的日趋贬值以及人们当前对教育的认知，对城市基础教育系统有着怎样的影响？当前城市基础教育系统存在哪些特征？我们又该如何理解逐渐纳入其中的农民工子女教育？只有认识到城市基础教育系统的特征及变化，我们才能够更好地理解嵌入其中的农民工子女教育。因为后者不是一个独立的部分，而是前者的有机组成。

# 一 基础教育的地位演变与结构特征

不同时期，社会发展的侧重点也有所不同，从"文化大革命"时期的"以阶级斗争为纲"，到改革开放初期的"以经济建设为中心"，再到现在的"创新和谐社会"，社会系统各部分的组合与功能的发挥也将发生显著的变化。当前，基础教育已经受到国家的重点关注，并居于战略性地位。

## （一）精英化：效率优先

### 1. 基础教育战略地位的凸显

改革开放以来，全国的工作中心由"以阶级斗争为纲"转移到"以经济建设为中心"上，教育逐渐成为社会经济发展、现代化建设主要的推动力量。尤其是随着改革的不断深化，国家重点投入高等教育的局面开始发生变化，基础教育的战略地位得以凸显。

1993 年《中国教育改革和发展纲要》中指出："基础教育是提高民族素质的奠基工程，必须大力加强。各级政府要认真贯彻执行《中华人民共和国义务教育法》及其实施细则，以积极进取的精神，从本地区的实际出发，把普及九年义务教育的目标落到实处。"1995 年，全国人民代表大会通过的《中华人民共和国教育法》以法律的形式确立了新型的教育经费投资体制，即以各级财政拨款为主，以依法征收教育费附加、发展校办产业、社会集资捐资、收取学杂费等多种渠道筹措教育经费为辅的体制，并规定逐步增加对基础教育的投入，保证公办学校教育经费的稳定来源（张秀兰，2008：93）。

在完善的政策体系保障下，我国的基础教育取得了显著成效。2004 年，我国 15 岁以上人口平均受教育年限已达到 8.3 年，劳动力平均受教育水平由小学毕业提高到初中毕业；截至 2005 年底，全国普及九年制义务教育的人口覆盖率在 95% 以上，小学学龄儿童入学率达到 99.15%，初中毛入学率超过了 95%

（张天雪，2006：530）。

2. 精英化发展模式下的"宝塔"结构

基础教育的战略地位虽然逐步凸显并取得了显著成效，然而，注重效率的精英化发展思路必然造成基础教育的失衡发展。1977年颁布的《关于进一步办好重点中小学的几点意见》、1978年颁布的《关于办好一批重点中小学的试行方案》、1980年颁布的《关于分期分批办好重点中学的决定》，明确表示在中小学中建构"宝塔"结构的态度与具体方式。在重点学校制度的影响下，有限的教育资源向重点学校靠拢，"在财政拨款中，重点中学的生均经费普遍比非重点中学的生均经费高出15%～30%"（王世忠，2001：29～33），造成重点学校与非重点学校在经费投入、办学条件、师资力量与生源质量上形成巨大差距。沿着重点学校制度的思路，1995年，国家教委又下发《关于评估验收1000所左右示范性普通高级中学的通知》，其中，对所谓的示范性学校提出了诸如学校占地面积、环形跑道长度等硬性的指标。这种示范校制度成为地方政府追求"政绩工程"的合法政策依据，直接导致近些年各地豪华学校大量涌现。

在基础教育阶段的重点学校政策，一方面促使重点学校与非重点学校在财力、人力资源、办学条件等方面形成巨大差距；另一方面，巨大差距的长久存在，促使重点学校与非重点学校的校长、教师、学生、学生家长在办学思想、追求目标、价值观念、行为方式、心理期望、自我感觉等方面形成了两种迥然不同的文化，甚至形成了两种不同的"话语体系"，这两者之间，没有也不可能有真正的沟通（刘欣，2008：81）。

3. 就近入学基础上的"合法择校"

为普及义务教育，确保学生能够顺利地接受教育，1986年颁布的《中华人民共和国义务教育法》规定：地方各级人民政府应当合理设置小学、初级中学等学校，使儿童、少年就近入学。在此，就近入学不仅成为一种地方政府的义务，更是适龄儿童接受教育的权利。然而，这种就近入学政策也大大地限制了人们选择优质基础教育资源的机会。在美国的许多大城市，教育经费主要来自房产税。富裕学区征收的房产税多，其学校经费充足、质量更好；穷人居住的地区学校质量则通常都会比较差。在此情况下，就近入学导致了美国严重的教育机会分配不均，这已成为美国教育面临的最大难题之一（文东茅，2006：12～23）。在我国，当1997年国家教委允许少数义务教育阶段的公办学校招收"择校生"时，择校具有了合法性。加之基础教育系统本身的"宝塔"结构，使同一地区公办学校之间的择校现象日趋盛行，如2004年的"城镇居民教育与就业情况调查"显示，在公办学校就读的学生中，就近入学者占71.2%，"电脑派位"者占5.3%，择校和借读者分别占17.2%和2.8%，即择校（含借读）生的比例在公办学校已经达到20%，该比例在直辖市和省会城市更高，达到27.8%（文东茅，2006：12～23）。可见，就近入学制度既保证又限制了绝大多数人享受基础教育的机会；同时，为少数人打开了流动的缺口，使校际的差距继续拉大。

**（二）均衡化：消除差距**

进入21世纪，注重效率的精英化发展道路虽取得了显著成效，但造成了基础教育城乡、区域、校际之间的巨大差异。2001年，在《关于基础教育改革与发展的决定》中，"均衡发展"的思想首次被提出，要"促进地区、城乡、学校之间的均衡发展，最终实现基础教育全面健康的发展"。此时，基础教育的发展开始从注重效率的精英化发展道路逐渐转向消除差异的均衡化发展道路。

1997年《关于规范当前义务教育阶段办学行为的若干原则意见》可视为对重点学校制度的一种限制，其中规定：义务教育阶段不设重点校、重点班、快慢班。然而，学校在财力、人力以及深层的校园文化等方面仍然存在巨大的差距。《全国义务教育学生质量抽样调查研究报告》指出：重点学校语文、数学、英语、综合理科、音乐、美术平均成绩均比一般中学高14.61～19.24分，及格率高17.4～35.7个百分点。可见，巨大的校际落差，造成了初中阶段重点学校与非重点学校学生学习质量的较大差异（谢安邦、谈松华，1997）。2005 年教育部在下发的《关于进一步推进义务教育均衡发展的若干意见》中要求，各级教育行政部门应有效遏制城乡、区域和校际之间的教育差距。2006 年，在全国推进义务教育均衡发展经验交流会上，教育部又进一步提出了实现均衡化的具体目标，其中包括：对义务教育资源进行更加合理的配置，在大中城市消灭薄弱学校并缩小学校之间的差距，减少义务教育阶段的择校现象等；同时，还要改善弱势群体受教育的状况。

在注重基础教育均衡发展的同时，免费义务教育制度的制定与实施也有助于减轻贫困地区和弱势群体的负担，可视为均衡发展道路上具有里程碑意义的一步。2006 年，国家开始全部免除西部地区农村义务教育阶段学生的学杂费；2007 年，免除政策扩大到中部和东部地区；2008 年秋季开始，在全国范围内全部免除城市义务教育阶段学生的学杂费。

**（三）公民化：以人为本**

2008 年颁布的《国家教育中长期发展规划》被视为基础教育发展的又一里程碑，国家开始更加关注平等的受教育权，并将教育视为民生之本。因此，笔者将 2008 年之后基础教育的发展道路称为以人为本的公民化发展道路。

在此发展道路上，均衡发展的教育理念得到了进一步贯彻。一方面，地方与教育部纷纷签署教育均衡发展备忘录，制定义务教育均衡发展的路线图和时间表，并建立相应的监督体制，为的是将均衡发展真正落到实处；另一方面，把薄弱学校视为重点帮扶对象，采取诸如结对帮扶、师资交流、加大教育信息技术支持等措施，实现了将优质教学资源输送至偏远、农村地区的薄弱学校，实现了教育资源的均衡流动（李潮海、徐文娜，2014：39～41）。

党的十八大报告指出，要大力促进教育公平，让每个孩子都有学上，让每个孩子都能成为有用之才。习近平主席指出，要始终把教育摆在优先的战略位置上，努力让每个孩子享有更好、更公平的教育（黄锐，2013）。从以上可以看出，对教育公平的定位更加注重人权上的平等，即每个人均享有平等受教育的权利。

2013 年，《中小学生学籍管理办法》正式实施，电子学籍系统也开始全国联网，这实现了对因择校、高考移民而出现的虚假和重复学籍问题的技术性介入，也为农民工子女的跨省就读提供了便利。

在 2013 年全国教育工作会议上，时任教育部部长袁贵仁重点强调教育公平要"突出民生导向"。实际上，在这一年当中，我国已经出台了一系列以惠民为导向的教育政策。例如，启动国家连片特困地区农村义务教育学生营养改善计划和定向招生计划；重点发展农村学前教育计划；中等职业教育免学费范围扩大到所有农村学生、城市涉农专业学生和家庭经济困难学生；中央财政设立研究生国家奖学金。在农民工子女教育上，2012 年教育部等四部门出台的《关于做好进城务工人员随迁子女接受义务教育后在当地参加升学考试的意见》以及 2013 年教育部等五部门出台的《关于加强义务教育阶段农村留守儿童关爱和教育工作的意见》予以保证。可见，基础教育改革与发展充分体现了党和政府高度关注民生的执政理念，把教育扶贫和教育富民作为促进基础教育公平的新起点予以全力推进。从政策、人力、财力和物力上不断加大对困难群体、特殊群体和困难地区的扶持力度，建立随迁子女、留守儿童等新边缘群体的关爱机制，构建覆盖城乡的基本公共教育服务体系，逐步实现基本公共教育服务均衡化（李潮海、徐文娜，2014：39～41）。

通过对基础教育相关政策的梳理，我们可以清楚地看到不同的发展道路对我国基础教育系统所产生的影响。在注重效率的精英化发展道路上，重点学校制度、示范性学校制度将有限的教育资源投入少数学校，形成了基础教育系统在城乡、区域、校际上的巨大差距，如"宝塔"般的结构根深蒂固。就近入学政策在保障适龄儿童接受教育的同时，也限制了其对教育资源的选择，而择校制度的实施，却在这种限制的基础上为少数人打开了"合法择校"的大门。在消除差距的均衡化发展道路上，国家更加重视对基础教育资源的合理配置、对薄弱学校的扶持，以及对弱势群体教育条件与质量的改善，尤其是免费义务教育制度的制定与实施。在以人为本的公民化发展道路上，除进一步推进基础教育的均衡发展以外，国家还将教育视为民生之本，推出一系列惠民教育政策，旨在保证每个孩子都有更加公平的受教育权。然而，精英化道路所造成的城乡、地区、学校之间的巨大差距，并非随着发展道路的转变就即刻发展巨大转变，基础教育"宝塔"型结构仍旧是其显著特征。

## 二 来自社会变迁的挑战

作为宏观社会系统的有机构成，城市教育系统的发展变化也将受到其他组成部分的影响。尤其是当前我国正处于剧烈的社会变迁时期，更加不能忽视政治、经济、文化等方面的变化所带来的影响。当前，生源的逐渐减少、大学文凭的相对贬值以及人们对教育的认知，均对城市基础教育产生了重要影响。

### （一）生源：加剧生存竞争

受实施 30 多年的计划生育政策的影响，依照第六次全国人口普查主要数据，我国 0~14 岁儿童总数为 222459737 人，占总人口的 16.6%，与 2000 年的人口普查相比，下降了 6.29 个百分点（国家统计局人口和就业统计司，2012）。基础教育适龄儿童的减少，从国家与地方政府的角度来看，不仅能够缓解经费不足的困境，还有利于均衡化发展。然而，这对教育系统带来了新的挑战，尤其使"宝塔"中的学校卷入更加激烈的竞争中。与办学经费、师资力量和教学设施一样，生源是学校生存与发展的关键因素，是学校正常运行的"原材料"。优良的生源，不仅有利于学校基础教育质量的提高；同时这种提高又会转变成一种吸引力，使更多的优秀学生慕名前来就读，更有利于学校向"宝塔"顶端前进。然而，学校之间已经存在的巨大差异，造成所有学校在这场更加激烈的竞争中并非势均力敌。其中，重点学校、示范性学校，依靠雄厚的教育实力和师资力量，必然成为这场竞争中的优胜者。它们通过举办与择校招生挂钩的"奥赛"等竞赛活动，还有各类英语班吸引生源的聚集。相比之下，那些薄弱学校则成了潜在的失败者，它们更有可能面临生源不足的问题。

**（二）大学文凭贬值：加剧争夺优质资源**

兰德尔·柯林斯（Randall Collins）认为，当越来越多的工人取得了资格证书，那么资格证书也就贬值了（Collins，1979）。2002 年底，"大学生就业难"已成为有目共睹的社会现象，昔日"天之骄子"的光环已逐渐淡去。2009 年中国社会科学院发布的《中国人口与劳动问题报告 No. 10——提升人力资本的教育改革》将 21 岁和 22 岁的大学毕业生与同龄的青年农民工的工资分布进行对比发现，他们都是"千元档"，青年农民工的平均工资水平甚至略高于大学毕业生（蔡昉，2009）。这一调查结果，引起了社会各界的广泛议论。2014 年 12 月英国的《金融时报》发表了瑞银证券中国证券研究主管侯延琨的文章，从中国劳动力市场格局的变化分析大学生就业难的问题，通过对中国社科院发布的 2009 ~ 2012 年本科毕业生与农民工月工资的复合增速进行分析，作者预测，在未来的两三年里，农民工的工资水准可能会接近甚至超过本科毕业生的工资。究其原因，则与中国劳动力市场的变革与人口老龄化密切相关（吕宁思，2014）。

当笔者以"大学生"和"农民工"为关键词进行新闻报道搜索时，能够看到有关大学生就业难的各种相关报道，而新闻标题也以突出大学生的境遇来吸人眼球，如《脑体倒挂、大学生竞聘厕所所长》、《上学还是打工》、《大学生和农民工"抢饭碗"》、《苦读四年月薪等同农民工》、《大学生沦为农民工的替代品》等。其更多的是强调大学生的失望、困惑与无奈，以及大众的质疑。可见，大学生就业难已不再是新鲜的话题，但是将昔日的"天之骄子"与农民工频繁相比，不仅强调了大学生就业的困境，更显示出大学生社会声望的下降，大学文凭面临整体贬值。在整体贬值面前，人们会有什么反应呢？

一是在大学文凭中寻找含金量相对较高的学校、专业，每年分门别类的本科毕业生就业排行、专业排行就是最好的证明。例如，中国教育在线列出的 2014 年"高考专业选择：文科/理课热门专业"、"最适合男生/女生报考的十大专业"、"最受欢迎的十大新兴专业"、"就业十大高薪资专业排行榜"等。这里，先不去追问这些排行所选择的指标是否合理、科学，而是要说明类似这样的排行将影响众多家长与学生的选择。学生如果上不了好的学校、含金量高的专业该如何呢？答案是"复读"。例如，据戴氏高考中考学校成都总校统计，该校 2013 年的复读生比去年增加了 20%，而在四川省的老牌复读名校，也出现了满额招生和增加招生计划的情况。其中，部分超过一本线的考生放弃了已录取的专业，希望通过复读考一个四年后不愁找工作的专业（江浪莎、崔译丹，2013）。面对大学文凭的贬值，成都的例子绝非冰山一角。

二是加剧了基础教育优质资源的争夺，优质资源包括高品质学校与优质生源。为缓解重点大城市优质教育资源分布不均造成的义务教育择校问题，2014 年教育部先后下发了《关于进一步做好小学升入初中免试就近入学工作的实施意见》、《关于进一步做好重点大城市义务教育免试就近入学工作的通知》，要求合理划定招生范围、有序确定入学对象、规范办理入学手续等。然而，新政策的实施在限制了过往的"共建生"、"条子生"等暗箱操作行为的同时，也让户籍、房产与入学之间的关系更加明确。一方面，学区房房价不断飙升，正在成为家庭一笔巨大的教育支出；另一方面，新政策加剧了各区县的升学率竞争，因为"好的更好，差的更差"的马太效应让很多学校常年招收不到足额的在籍学生（王燕青，2014）。

### （三）教育在人们心中

当基础教育适龄人口逐渐减少、大学文凭日趋贬值时，人们对教育又将持何种看法呢？在"2006 年全国综合社会调查（农村卷）"中，当被问及"穷人之所以会穷，一个重要原因是接受的教育太少了"（如表 3 - 1 所示）时，46.5% 的人同意、16.4% 的人非常同意这种说法，占总样本数的 62.9%。可见，绝大多数人还是将教育视为提高个人社会经济地位的重要且有效的途径。

表3-1 对"穷人之所以会穷，一个重要原因是接受的
教育太少了"的看法

单位：%

| | 频数 | 百分比 | 累计百分比 |
| --- | --- | --- | --- |
| 非常同意 | 1665 | 16.4 | 16.4 |
| 同意 | 4722 | 46.5 | 62.9 |
| 不同意 | 2804 | 27.6 | 90.5 |
| 非常不同意 | 699 | 6.9 | 97.4 |
| 缺失 | 261 | 2.6 | 100.0 |
| 总计 | 10151 | 100.0 | |

　　人们对教育升迁功能的认同，还体现在对教育公平所持有的态度上。在"2005年全国城乡居民生活综合研究（居民户问卷）"中，当被询问"只要孩子够努力、够聪明，都能有同样的升学机会"（如表3-2所示）时，有53.2%的人表示同意、26.0%的人表示非常同意，占总样本数的79.2%。可见，人们大多认为所谓的教育公平应是教育面向所有的适龄儿童，有着公平的升学机会，即升学应该只与学生的个人特征相关，真正成为个人向上流动的有效途径。

表3-2 对"只要孩子够努力、够聪明，都能有同样的
升学机会"的态度

单位：%

| | 频数 | 百分比 | 累计百分比 |
| --- | --- | --- | --- |
| 非常同意 | 2701 | 26.0 | 26.0 |
| 同意 | 5516 | 53.2 | 79.2 |
| 无所谓 | 743 | 7.2 | 86.4 |
| 不同意 | 1136 | 11.0 | 97.4 |
| 非常不同意 | 184 | 1.8 | 99.2 |
| 无法选择 | 92 | 0.9 | 100.0 |
| 总计 | 10372 | 100.0 | |

同时，在这次调查中，大多数居民也表达了对政府在提供优质基础教育方面工作的不满。如表3－3所示，有40.5%的人对政府在提供优质基础教育方面的工作感到一般，有18.0%的表示不满意。由此可见，政府所提供的优质基础教育资源在一定程度上没有满足广大居民的需求。

表3－3　对政府在提供优质基础教育方面工作的满意度

单位：%

| | 频数 | 百分比 | 累计百分比 |
| --- | --- | --- | --- |
| 非常满意 | 423 | 4.1 | 4.1 |
| 满意 | 3397 | 32.8 | 36.9 |
| 一般 | 4196 | 40.5 | 77.4 |
| 不满意 | 1872 | 18.0 | 95.4 |
| 非常不满意 | 342 | 3.3 | 98.7 |
| 无法选择 | 142 | 1.4 | 100.0 |
| 总计 | 10372 | 100.0 | |

当人们认可教育具有提升个人社会经济地位的作用但同时又对当前政府提供的优质基础教育资源感到不满时，追求优质资源的意愿就会被激发，并努力通过各种方式获得优质资源，家庭的教育支出无形增大。条件较差的家庭，可能会选择提前退出这场竞争，对于他们来说，含金量不高的大学，存在更大的"毕业即失业"风险。家庭为追求优质教育资源付出了巨大成本，以往的择校费，如今的户籍、房产成为争夺优质资源时的重要砝码。学校也在进行一场争夺生源的持久战，通过各种方式吸引优质生源的进入。在这场家长与学校共同参与的资源争夺战中，受损的必然是那些缺乏资本的家庭和义务教育薄弱的学校。义务教育薄弱的学校本身办学条件与师资力量就处于劣势，又无法吸引优质生源的注入，劣质生源使其很容易便陷入恶性循环，固化其在基础教育"宝塔"的底层位置。

# 三 "宝塔"中的农民工子女教育

农民工子女数量不断增加并引起社会各界的广泛关注，关注的焦点之一便是农民工子女的教育。在此，笔者将通过农民工子女基础教育政策演变以及民工学校、公办学校的变化，来展现农民工子女基础教育纳入城市教育系统的过程，进一步指出农民工子女教育在城市教育系统中所处的位置和特征。

## （一）从排斥到接纳的政策演变

在 1996 年《城镇流动人口中适龄儿童、少年就学办法（试行）》制定之前，我国并没有一个专门针对农民工子女教育的政策法规。然而，虽然教育部印发的《城镇流动人口中适龄儿童、少年就学办法（试行）》和《中国儿童发展纲要（2001～2010 年）》将农民工子女教育问题纳入其中，但是相关的政策仍具有较明显的排斥性。一方面，规定流出地必须严格控制基础教育阶段适龄儿童的流出；另一方面，并没有明确流入地政府对农民工子女教育应承担的责任。这造成大量农民工子女只能在城市教育系统外徘徊，若想进入则需要面对高额的借读费。

进入 21 世纪，当单纯以经济建设为中心的发展思路造成了众多不平衡现象时，国家的发展战略逐步调整为经济建设与社会建设并重。如前所述，基础教育也由单纯追求效率的精英化发展模式转变为均衡发展。此时，对农民工子女基础教育的关注已不再是以排斥为主，而是保障其受教育的权利。2001 年颁布的《国务院关于基础教育改革与发展的决定》中指出，要重视农民工子女的基础教育，并规定"以流入地区政府管理为主，以全日制公办中小学为主"（简称"两为主"政策），从此城市社会成为农民工子女教育的主要承担方。

此后，针对农民工子女的借读费、择校费的取消，将农民工子女教育纳入当地教育发展规划与经费预算，实行统一的中小学学籍管理以及城市义务教育阶段学生学杂费的取消等政策法规的制定与实施表明，在政策层面，关于农民工子女教育已由排斥走向接纳，并在接纳的同时关注平等。

**（二）逐渐退出历史舞台的民工学校**

在国家未关注农民工子女教育或是实行排斥性政策时期，民工学校发挥着重要的作用，让那些在城市中生活，却无法进入公办学校就读的农民工子女有地方完成自己的学业。随着宏观层面对农民工子女教育态度的转变，民工学校及学生数量也发生了较大的变化。在此，笔者以 M 区近些年来民工学校的数量及就读的农民工子女的人数变化来说明民工学校的逐渐隐退这一现象。

1. 民工学校数量减少

如表 3 - 4 所示，2005 年 M 区民工学校的数量为 11 所，其中小学 10 所、中学 1 所；到 2008 年时，小学只剩下 3 所，中学已消失。

表 3 - 4　2005 ~ 2009 年 M 区民工学校数量的变化

单位：所

| 年　份 | 小　　学 | | 中　　学 | | 合　　计 | |
|---|---|---|---|---|---|---|
| | 民工学校 | 非民工学校 | 民工学校 | 非民工学校 | 民工学校 | 非民工学校 |
| 2005 | 10 | 13 | 1 | 7 | 11 | 20 |
| 2006 | 9 | 14 | 1 | 8 | 10 | 22 |
| 2007 | 7 | 12 | 1 | 10 | 8 | 22 |
| 2008 | 3 | 12 | 0 | 8 | 3 | 20 |
| 2009 | 3 | 12 | 0 | 7 | 3 | 19 |

资料来源：2005 年对 A 市 M 区学校数量的统计。

在 2005 ~ 2007 年，民工学校是承担农民工子女基础教育不容忽视的力量，但这种力量随着学校数量的迅速减少而相应减弱。

2. 就读民工学校的农民工子女数量减少

民工学校学生人数变化，则从另一方面反映出其对农民工子女教育所发挥的重要作用。由表 3 - 5 可见，在 M 区就读的农民工子女数量 2006 年达到顶峰（12413 人），随后呈现递减趋势，这可能与 M 区的发展规划和农村推行的各项优惠政策有关。

表 3 - 5　2005 ~ 2009 年 M 区民工学校农民工子女数量、比例的变化

单位：人，%

| 项　　目 | 2005 年 | 2006 年 | 2007 年 | 2008 年 | 2009 年 |
|---|---|---|---|---|---|
| 农民工子女总数 | 11532 | 12413 | 10065 | 9375 | 87 |
| 就读民工学校的小学生比例 | 58.7 | 58.8 | 44.6 | 37.6 | 27.0 |
| 就读民工学校的中学生比例 | 24.1 | 22.9 | 8.4 | 7.3 | 3.9 |
| 就读于民工学校的人数比例 | 54.2 | 53.9 | 37.6 | 30.0 | 21.8 |

资料来源：笔者对相关报告、资料的汇总。

从就读人数来看，小学阶段，2005 年在民工学校就读的农民工子女占总数的 58.7%；到 2009 年 3 所民工小学也确保了 27.0% 的农民工子女接受基础教育。初中阶段，虽然 2005 年只有 1 所，却有 24.1% 的农民工子女在此就读。

民工学校确实曾对农民工子女基础教育发挥着重要作用。然而，随着国家对农民工子女基础教育的关注，以及"两为主"政策的全面推进，民工学校的数量及就读人数迅速减少，这也预示着民工学校最终将退出历史舞台，将农民工子女基础教育移交给公办学校。

### （三）敞开大门的公办学校

"两为主"政策明确了流入地政府及公办学校对农民工子女基础教育的责任。在城市社会中，子女就读的学校类型与家庭收入之间存在着密切联系，即家庭收入越高，子女就读好学校的比例越高，拥有本地城市户口者比农村户口和外地户口者就读好学校的比例高（文东茅，2006：12 ~ 23），如表 3 - 6 所示。

表 3 - 6　就近入学或电脑派位者家庭与就读学校类型

单位：%

| 户　　籍 | 就读不同学校的比例 | |
|---|---|---|
| | 当地最好或次优学校 | 一般或较差学校 |
| 本地非农户口 | 55.4 | 44.6 |
| 农村户口或外地户口 | 45.1 | 54.9 |

资料来源：文东茅，2006。

因此，虽然人们对教育公平有着较为强烈的诉求，希望教育只与个体特征相关，真正成为个人向上流动的有效途径，但在实际生活中，那些家庭经济条件较好的孩子最易获得优质的教育资源。

同时，随着民工学校逐渐退出历史舞台，公办学校成为农民工子女基础教育的主要承担者，这种承担对于那些指定招收农民工子女的公办学校来说，无疑是一次重大的转变。以 M 区为例，2005～2009 年，民工学校数量迅速减少，但公办学校的数量并未发生相应变化，2005 年为 20 所（小学 13 所、初中 7 所），2009 年为 19 所（小学 12 所、初中 7 所）（见表 3－7）。自 2008 年秋季起，M 区农民工子女一年级新生 100% 进入公办学校就读。M 区指定了包括飞翔中学在内的 6 所公办学校接收农民工子女。2010 年秋季，M 区新接纳了 1432 名农民工子女就读公办学校，总数达到 7189 人。凡提供相应证明的农民工子女均能够享受在公办学校就读的"同城待遇"。

表 3－7　2005～2009 年 M 区招收农民工子女的
公办学校数量及人数的变化

单位：所，人

| 年　份 | 小　　学 | | 中　　学 | | 合　　计 | |
|---|---|---|---|---|---|---|
| | 学校数 | 人数 | 学校数 | 人数 | 学校数 | 人数 |
| 2005 | 13 | 4144 | 7 | 1132 | 20 | 5276 |
| 2006 | 14 | 4404 | 8 | 1347 | 22 | 5751 |
| 2007 | 11 | 4483 | 8 | 1801 | 19 | 6284 |
| 2008 | 12 | 4455 | 8 | 2106 | 20 | 6561 |
| 2009 | 12 | 4943 | 7 | 1892 | 19 | 6835 |

资料来源：笔者对相关文件中的统计数据、学校网站的信息汇总而成。

因此，在公办学校数量维持不变的情况下，民工学校数量的递减将增加原有公办学校吸纳农民工子女的数量，使公办学校逐渐成为农民工子女教育的主要承担者。从生源来看，那些指定招收农民工子女的公办学校可能面临完全"换血"，即学生主体将逐步转为农民工子女，可称之为公办的"民工学校"。

### （四）"同城待遇"的背后

随着民工学校的减少，大量的农民工子女涌入公办学校就读，可视为教育公平上的一大进步。同时，A 市近些年所推行的"同城待遇"又将这种进步推向了一个新的高度。《A 市进城务工就业农民子女接受义务教育暂行办法》中规定：符合 J 省计划生育政策规定和申请入学手续齐全的进城务工就业农民子女，与 A 市同龄儿童一样，在指定学校就读免交借读费、择校费。那么，农民工子女是否从"同城待遇"中受益，在多大程度上受益？那些指定招收且农民工子女比例较大的学校，又具有哪些特征？或者说，这些学校位于城市基础教育"宝塔"的哪一层？

首先，通过对 2009 年春季 M 区公办学校农民工子女人数的统计发现，在 M 区的公办学校中，农民工子女的数量已占 49.3%，近乎一半。进一步分析发现，绝大多数的农民工子女聚集在指定招收农民工子女的学校中，如 JDM 小学、飞翔中学等，还有一小部分农民工子女零星分布在其他学校就读（见表 3 - 8）。可见，在就读学校类型上，农民工子女已出现一定程度的分化，但这种分化不是十分明显。

表 3 - 8　2009 年春季公办学校农民工子女人数统计

单位：人，%

| 学校名称 | 在校生总数 | 农民工子女人数 | | | | 农民工子女所占比例 | 五证齐全农民工子女的比例 |
| --- | --- | --- | --- | --- | --- | --- | --- |
| | | 小　　学 | | 初　　中 | | | |
| | | 合计 | 其中：五证齐全 | 合计 | 其中：五证齐全 | | |
| SXH 中学 | 514 | — | — | 285 | 1 | 55.4 | 0.2 |
| HY 中学 | 652 | — | — | 194 | — | 29.8 | — |
| NH 一中 | 851 | — | — | 96 | — | 11.3 | — |
| NH 二中 | 808 | — | — | 420 | — | 52.0 | — |
| 飞翔中学 | 513 | — | — | 468 | 4 | 91.2 | 0.9 |
| SZA 中学 | 479 | — | — | 219 | 39 | 45.7 | 17.8 |
| JXZ 中学 | 478 | — | — | 210 | 37 | 43.9 | 17.6 |
| NH 二小 | 529 | 181 | 15 | — | — | 34.2 | 8.3 |

| 学校名称 | 在校生总数 | 农民工子女人数 | | | | 农民工子女所占比例 | 五证齐全农民工子女的比例 |
| | | 小　学 | | 初　中 | | | |
| | | 合计 | 其中:五证齐全 | 合计 | 其中:五证齐全 | | |
| NH 三小 | 1195 | 302 | 0 | —— | —— | 25.3 | 0 |
| MCH 小学 | 676 | 189 | 20 | —— | —— | 28.0 | 10.6 |
| XZ 实小 | 695 | 159 | 18 | —— | —— | 22.9 | 11.3 |
| AT 小学 | 738 | 528 | 10 | —— | —— | 71.5 | 1.9 |
| JDM 小学 | 1400 | 1378 | 18 | —— | —— | 98.4 | 1.3 |
| ADHY 小学 | 451 | 279 | —— | —— | —— | 61.9 | —— |
| SZ 小学 | 1174 | 849 | —— | —— | —— | 72.3 | —— |
| SC 实验学校 | 1312 | 358 | —— | —— | —— | 27.3 | —— |
| 其中: SA 分校 | | 428 | 4 | —— | —— | 32.6 | 0.5 |
| JXZ 小学 | 667 | 261 | 1 | —— | —— | 39.1 | 0.4 |
| JZ 实小 | 734 | 31 | —— | —— | —— | 4.2 | —— |
| 总计 | 13866 | 4943 | 86 | 1892 | 81 | 49.3 | 2.5 |

资料来源: 笔者对相关文件中的统计数据、学校网站信息汇总而成。

其次, 在这些就读公办学校的农民工子女当中, 五证齐全的人数仅为 2.4%, 也就是占 M 区近乎一半学生人数的农民工子女当中, 只有不到 200 人能够享受"同城待遇"下择校费、借读费的减免, 而绝大多数的农民工子女还是需要缴纳一定的费用。

现在 A 市有一个规定, 如果符合五证 (暂住证、务工证、独生子女证、户口本和原籍学校出具的学籍证明) 的会享受 A 市市民子女的待遇, 是义务教育, 就是不需要缴纳 1 分钱, 就可以享受义务教育。但是这些孩子当中能够满足五证的很少, 因为农村还是有一种观念, 就是一定要生男孩, 所以农民工子女中独生子女很少, 据我们了解能够占到 5% ~ 6%, 其他的都是不符合计划生育政策的。五证不齐全的孩子在公办学校就读还是需要缴纳一定的费用, 由各个学校自己来定,一个学期低的五六百元，高的七八百元，一学年 1000 多元钱吧。但是，我们 M 区 2008 年发的文件中就有规定，要求对家庭条件特别困难的农民工子女进行适当减免。

——对 M 区教育局相关负责人的

访谈（日志 100914）

如果将所提倡的"同城待遇"视为城市社会向农民工子女教育敞开了大门，在这些孩子进大门之前，却又无形中通过"符合条件"提高了进入的门槛。就 M 区来说，能够享受"同城待遇"费用减免的农民工子女人数仅为 5%～6%，而剩下的还需要缴纳一定的费用，而非真正意义上的义务教育。

最后，M 区基础教育系统内部也具有差异性的结构，既有获得省、市级"实验学校"、"示范学校"称号的优质教育资源，也有随着区域发展规划竞相投资建设、具有雄厚的教育实力和品牌效应的名校分校，当然，也存在一些设施落后、师资匮乏、生源不足的弱势学校。笔者对 M 区中小学校园网上所公布的学校荣誉进行汇总，试图展现那些指定招收农民工子女的公办学校的特征（见表 3-9）。

表 3-9　M 区中小学学校所获荣誉一览

| 学校类别 | | 荣　誉 |
|---|---|---|
| 品牌初中 | SXH 中学 | 省级教育现代化示范学校；列入新城区教育配套重点建设工程项目 |
| | HY 中学 | 小班化示范学校 |
| | NH 一中 | 省级教育现代化示范学校；绩效考核名列前茅 |
| | NH 二中 | 省级教育现代化示范学校 |
| | 飞翔中学 | |
| | SZA 中学 | 省级教育现代化示范学校 |
| | JXZ 中学 | |
| | XC 中学 | 名校分校；全市唯一一所直接申报一类标准的初中校；2008～2009 年连续两年绩效考核第一名 |

| 学校类别 | | 荣　誉 |
|---|---|---|
| 特色小学 | JZ 实小 | 名校分校；"现代化、国际化、特色化"的小学；致力于探索中国传统文化和语言教育与世界优秀国际化课程相交融的创新教育模式，凸显英语、艺术、创造和绿色教育等办学特色 |
| | NH 二小 | 省级实验小学 |
| | NH 三小 | 省级实验小学 |
| | MCH 小学 | 现代化教育技术实验学校 |
| | JDM 小学 | 市示范小学；全国 50 所流动儿童先进家长学校 |
| | XZ 实小 | 首批市实验小学；省级实验小学；全国重点科研课题实验学校 |
| | ADHY 小学 | 市首家小班化实验学校；市级实验学校 |
| | AT 小学 | |
| | SC 实小 | 区域规划发展中的现代化学校 |
| | SZ 小学 | 首批市示范学校；市模范学校；市实验小学；省实验小学 |
| | JXZ 小学 | 市规范学校；市示范学校；市模范学校；省实验小学 |

资料来源：M 区各中小学校园网站信息汇总。

将表 3-9 与表 3-8 进行对比分析可以看到，招收农民工子女的公办学校并非 M 区的示范或实验学校。同时，那些招收农民工子女的公办学校中农民工子女数量也具有显著差异。其中，飞翔中学和 JDM 小学农民工子女占比分别为 91.3% 和 98.4%，可谓完全成为公办的"民工学校"；而 NH 一中和 JZ 实小农民工子女占比仅为 11.3% 和 4.2%。飞翔中学与 JDM 小学不仅设施简陋、师资匮乏，而且均面临 M 区规划所造成的生源不足的问题。而 NH 一中和 JZ 实小则是地处繁华地段，具有较为雄厚的办学能力和师资力量的学校，且 JZ 实小作为名校的分校还具有一定的品牌效应。

《M 区 2014 年小学入学办法》规定："进城务工人员随迁子女到公办小学就读，应在该区暂住地实际居住一年，并由其父母或法定监护人提供相关材料，待 M 区户籍学生义务教育学位派定后，由区教育行政部分统筹安排公办小学就读。"在此，农民工子女教育在城市教育系统中的边缘地位更加清晰明了，需要等户籍人口教育需求充分满足后，才会"统筹安排"农民工子女的教育需求。

# 四　本章小结

## （一）　基础教育的分层特征

在注重效率的精英化发展道路下，重点学校制度、示范性学校制度以及就近入学基础上的"合理"择校制度构建出基础教育系统的"宝塔"结构，致使城乡、区域以及校际之间在教育经费、师资力量以及生源方面存在巨大差异。国家有国家级示范性高中，省有省级重点学校，市有市重点学校，县有县重点学校（尹伟民，2002：32~34）。虽然当前国家已采取措施推进基础教育的均衡发展，并将教育视为民生之本，但是基础教育的分层特征仍旧十分显著。这种分层特征必然造成学生各方面素质的差异，并进一步延伸至教育机构，可能还将影响学生社会流动的方向。

同时，这种分层特征与社会阶层有着密切联系——所居住的辖区内拥有更多重点学校、示范性学校的住户，还有那些经济收入较高、职位较高的家长，更容易运用资源进行"合理的择校"，其子女更可能享受"宝塔"顶端的优质教育。"就近入学"政策实施后，辖区内的户籍人口、买得起房子的人将首先获得辖区内的优质资源。农民工子女不仅需要相应的身份证明（有时十分烦琐，成本也比较大），还要等到户籍需求满足后，"统筹安排"。

## （二）　变迁所带来的冲击

基础教育适龄人口的减少、大学文凭的日趋贬值以及当下人们对教育的态度都给城市教育系统，尤其是"宝塔"底层的学校带来巨大的冲击。

学龄人口的减少，确实能够缓解我国基础教育的现实压力，但也给学校带来了挑战，尤其是那些处于基础教育"宝塔"底层的学校。由于教育经费、设施和师资力量有限，这些学校更可能在学龄人口减少的情况下最早面临生源不足的问题。大学文凭贬值，大学生不再是昔日的"天之骄子"，其声望值下降。在大学文凭含金量整体下降的情况下，人们会不遗余力地争取进入重点学校，学习热门专业，或是将基础教育竞争升级，进而出现"天价学区房"等怪象。虽然大学文凭贬值促使人们对高等教育产生一定困惑，但在大多数人眼中，教育仍是提高个人社会经济地位的重要工具。同时，人们大多认为所有适龄群体拥有同等升学机会时才是教育公平，并对政府提供的优质基础教育资源感到不满。为追求更优质的教育资源，择校现象愈演愈烈，这进一步固化了"宝塔"底层学校的弱势地位。

### （三）拥有"宝塔"底端的课桌

针对农民工子女教育，从原来的无学上到有学上，再到现在的在城市公办学校上学享受"同城待遇"，这无疑是一步步迈向教育公平的最好见证。然而，所谓"同城待遇"却由于"五证"的限制，大大缩小了受益群体的范围，绝大多数的农民工子女还是需要缴纳一定的费用。从就读学校类型来看，农民工子女群体已发生一定程度的分化，有的在师资力量雄厚、设施先进完备、地处繁华地段的优质学校上学，也有的就读于地处城乡接合部、师资及生源均匮乏的弱势学校。目前这种分化程度还很小，只有很小部分农民工子女在优质学校就读，大多数则在较为偏僻、综合办学能力较差的公办学校就读，这些学校往往处于城市基础教育系统底层。沈小革也发现，在珠三角等地区，农民工子女所就读的公办学校主要集中在镇办和村办的中小学；从农民工子女上学的学校类型看，其主要分布在民办学校和一些位置比较偏远、教学质量较差的公办学校；从现状来看，流动儿童基本上无法通过正常途径到名校上学（沈小革，2008：98）。农民工子女教育虽然纳入了城市教育系统，但对于大多数农民工子女来说，其所拥有的是一张在"宝塔"底层的公办学校的课桌。

# 第四章　飞翔中学的生存之道

对社会学家来说，学校首先是一个社会机构，也就是说是一个先于行动者存在的网络，而它如此组织起来是为了通过学校机构实现更加广泛的社会功能，尤其是社会化、为劳动世界做准备和社会整合的功能（杜里-柏拉、让丹，2001）。然而，宏观层面的理论框架虽然看到了学校所承担的社会功能，但是对学校运作的理解过于机械。布迪厄在分析教育场域时，虽然强调了"相对自主性"的特征，但又是不稳定的，这"取决于布迪厄是在讨论教育与社会结构的关系，还是在讨论教育与劳动力市场以及国家的关系"（斯沃茨，2006：237），即讨论前者更倾向于强调教育场域的依附性，讨论后者则倾向于强调自主性。

笔者认为，学校实质上是具有行动者特质的空间，这种特质具有双重性。一方面，作为教育系统的构成要素，学校所具有的社会功能必然依靠其具体日常运作得以发挥。然而，学校并非机械地来实现这些社会功能，学校还是一个自主运行的组织，在完成社会功能的同时，还必须考虑自身的生存与发展。因此，学校内部构成与运行并非单纯发挥社会功能，还是基于自身发展的一种理性行为。另一方面，学校是不同行动者相遇的地方，是不同层面的教育实践者、农民工子女及家长互动的策略空间。本章将重点考察学校前一种行动者特质，即从自身生存与发展来看学校的构成与运行。

# 一 塔底的生存格局

## (一) 外部格局

### 1. 坐落于城郊

飞翔中学位于 XHQ 附近，坐公交车过了 FTNL 的时候，就看到汽修、铝合金塑窗、家具……店面数量的增多，一直延到 XHQ。下了公交车，首先看到的是一条小河，墨绿色河水上漂浮着各种垃圾，这条河去年刚清理过，但是好景不长。河的对岸就是飞翔中学所在乡镇的集贸市场和住宅楼，小小的集贸市场就建在小河边上，道路泥泞，下雨的时候非常难走，不下雨的时候，走路也会带起黄沙。居民住宅楼最高不过 6 层，而且年代久远，楼房的外墙已经严重受损。除了河边的集贸市场外，通往飞翔中学的路上还有很多规模不大的店面，经营的商品主要是满足人们的日常需求，如五金、理发、小吃、杂货，等等。而且店面招牌的颜色大致相同，交错使用黄、蓝、橘黄色。在飞翔中学门口，也有一些简易的小店，有卖暖壶、被子、拖鞋的，还有卖炸串、麻辣烫的。

### 2. 农民工的聚集地

因为地处城郊，大量流动人口选择来此落脚，飞翔中学所在的 Q 镇可以说成为流动人口的集中营，密密麻麻的棚户区在 Q 镇随处可见。低矮的简易房屋连成一片，屋内光线昏暗，空气潮湿。笔者和飞翔中学的老师交谈得知，条件好一些的农民工还会租住附近的住宅楼。

这种集中，不仅仅是生活上的集中，同时还是工作的集中，很多流动人口都在 FT 路延伸至此的道路两边开店、打工。除此之外，上面所提及的日常用品，饮食，定做皮鞋、羽绒服等，均成为他们谋生的手段，这不免让笔者想起项飙在《跨越边界的社区——北京"浙江村"的生活史》中对加工地点的描述。每当中午或下午，放学的孩子、下班的行人、汽车、电动车、街边小商小贩如同熬粥一般挤在一起。看此情景，很难想象这些农民工子女是在城市的公办学校就读。

3. 面临拆迁

飞翔中学再往北，别有一番洞天，一座座已建成或在建的高层建筑拔地而起，与附近的棚户区形成鲜明对比，预计再过几年便将逼近飞翔中学。城市化进程需要大量的流动人口，然而，流动人口进入城市后，生活并未完全稳定下来，而是随着城市化进程的推进，不断变换着居住与工作的空间。如果将城郊视为大多数流动人口集中地的话，那么，随着城市化的不断扩展，当原来的城郊、边缘地带逐渐成为新的开发中心时，农民工将会不断地后退，继续远离城市中心。

**（二）内部格局**

1. 门卫：有限的监控

平时飞翔中学的大门都是紧闭的，进入学校需要通过门卫，与笔者见过的其他学校相比，这里的人员配置与设施条件都非常有限。大约五六平方米的门卫房间里放着一个破旧的课桌，供进出的人员登记，还有几把同样破旧的椅子供来访人员等候、休息时使用。笔者 2008 年进入该学校的时候，担当门卫的是一个 50 多岁的老大爷，操着一口很浓的南方口音，即便仔细倾听，也无法听清他讲些什么。与之熟悉后，笔者进进出出便不再需要登记。2009 年笔者再次进入该学校时，门卫换成 3 个中年男子轮班，但门卫室设施没有任何变化。在甲型 H1N1 流感感染比较严重的时期，虽然学校发了红外线测体温计，但他们并不会使用，所测的体温均在 30 度上下，但为了完成任务，他们每天还是会对进出的人员进行体温测试，然后把明知有问题的体温记录在案。在此，门卫更多的时候起到的是一种象征意义，无法做到对学校生活、安全的全面监控。

2. 狭小的空间

学校现占地面积 19500 平方米，站在学校的门口便能看到尽头。校舍面积为 3400 平方米，没有学生宿舍，只有几间教师宿舍隐藏在教学楼的角落里。四幢二层的楼房（一幢主要用于日常办公，另三幢用于日常教学）、电教室、会议室、食堂构成了学生和老师的主要活动场所。靠近校门的一片绿地、假山、石桌椅是学校唯一的景观，但平常少有学生在这边玩耍，因为这里完全暴露在教师和门卫的视线里。放学的时候，会有一些学生坐在石椅上等同学，或趴在石桌上写作业。

校园北面的尽头是 400 米的环形塑胶跑道，跑道的中央是足球场地，这里是学校最大的空地和学生主要活动场所。由于空间有限，操场承担着多种功能。每天出操、升旗等仪式是在操场上进行，体育课在操场上进行，一些表彰大会、文艺演出等仍然在操场上举行。学生们席地而坐，升旗台变成了领奖台、舞台。除此之外，操场还是对外的表演场，每当学校开展各项重要活动时，学生们便会在操场上列队表演节目。

操场的南边有 4 个水泥乒乓球台，中间整齐地摆放着砖头用来作网；操场的东边有一块小型的水泥篮球场，历经长年的风吹日晒，白色的篮球架已经面目全非；在操场的北边，还有一些单杠、双杠。操场更多的是男孩子们的天下，尤其在体育课或是放学后，乒乓球台、篮球场地、足球场地均是他们争相占领的地方。女生大多留在教室里，或三五成群地在一起聊天，或是奋笔疾书地写着作业。

3. 拥挤的年级组办公室

行政办公楼中，二楼是校长、副校长、德育、人事与教务办公室，一楼是小型会议室、电脑室、教研室等，这里的管理人员和老师的办公条件相对较好，一个办公室只有三四个人。然而，在教学楼中的年级组办公室，则非常拥挤。不大的办公室里容纳着七八个人，办公桌紧紧地排着，办公桌上堆着满满的学生的作业和试卷，唯一能够放私人物品的地方便是办公桌带的小抽屉，老师们会把贵重的物品放入其中。另外，还有一个公用的储物柜，也塞得满满的，有的柜子东西太多都无法关上。每当下课的时候，不断进出的学生更是把办公室堵得严严实实。午休时候，没有午自习的老师，只能趴在桌子上小睡一会，算是休息。

4. 简陋的教室

教学楼的阳台也是走廊，在楼下便能看到阳台上、教室里的状况。教室一般按照年级来划分，低年级的在楼下，高年级的在楼上。每个教室的格局都差不多，水泥讲台上摆着木质的讲桌，讲桌下面有一个暗箱，里面锁着电脑主机，上课需要时由老师打开使用。破旧的双人课桌分四列排开，狭窄的过道，只能容一个人进出。学生的书包均挂在椅子靠背上，与年级组办公室一样，学生的课桌也塞着满满的学习资料，课桌上也垒起了一个个小书堆。教室后面摆着一台饮水机，应该很久没有使用，上面没有水桶。除了饮水机外，地上还散乱地摆放着一些卫生工具。发黄的墙壁贴着名人励志标语，虽然窗户被值日生擦得很明亮，但笔者发现很多窗户上没有窗帘，上课时，靠窗的同学经常被太阳晒得昏昏欲睡。

（三）公办的"民工学校"

坐落在 M 区郊区的飞翔中学，2004 年被区教育局指定为招收农民工子女的公办学校。在校学生 500 多人，农民工子女占 90%以上，有 12 个教学班。学校教职工 56 人，中、高级职称 32 人，占教师总数的 57%，其中 36 名教师拥有本科学历，占教师总数的 64%，2 名老师拥有研究生学历。

1. 当地生源的流失

（1）拆迁流走的学生

随着 M 区创建现代化新城区的发展规划不断推进，Q 镇处于大规模的城市化建设当中，低矮的楼房逐渐被高耸的楼群取代，昔日落后的城郊在不久的将来成为现代化城区的典型代表。大量的拆迁，使得 Q 镇的原居民纷纷搬迁，这造成飞翔中学的本地生源减少。据飞翔中学校长介绍，2004 年以前学校的本地生还很多，但是 2004 年以后就少了很多，同时，Q 镇附近的农民工慢慢增多。

（2）"躲避而走"的学生

2004 年，飞翔中学成为 M 区唯一一所指定招收农民工子女的公办中学，开始向农民工子女全面敞开大门。然而，正是这种开放加快了本地生源的流失：

> 本身学校的生源就不好，来的当地学生都是差的，好的学生
> 都走了，留下来的都是走不了的，或者是家里人觉得他走不走无
> 所谓的。只要学习好的一点的，家里人都会想办法（转学）的。
>
> ——对毛老师的访谈（日志070601）

飞翔中学向农民工子女敞开大门，无形中造成本地学生为避免与农民工子女就读同一所学校而竞相转走，而留下来的本地生大多是"走不了的"、"走不走无所谓的"，致使优质生源大量流失。而本地生"躲避而走"的现象，也并非飞翔中学特有。

## "名校"收不到学区生很郁闷

"我们自己学区里的孩子流失得很厉害，每年至少有三分之二都到别的学校去了。"昨天，南京宁工小学的副校长李佶无奈地说。记者了解到，这所地处南京鼓楼区的公办小学有760名学生，其中有577名都是农民工子女，也就是没有南京户口的外来工子弟。正因为农民工子女多，一些城区家长把自己孩子送到其他学校读书。李佶说，希望有一天，城区的家长们都能用平等的眼光去看待农民工子女，不再有界限。

李佶说，从2003年开始学校最大限度吸纳农民工子女到校就读，对符合政策的学生都是"同城待遇"，农民工子女都是与南京市民的孩子"同班教学"，用统一标准，追求"同等质量"。

虽然学校越办越好，名气也响了，但因为招农民工子女，本学区的孩子来得越来越少。"一些城区的家长认为学校农民工子女多，不喜欢。"

据了解，宁工小学的学区范围很大，包含附近好几个楼盘，一年的学区生至少90个左右，但能招到三分之一就不错了。2008年，只有10多个学区生入学。"开始的时候我们还

问问，时间长了，大家都知道了，也就不问了。"李偌说，一些家长在宁工小学"挂号"之后就不再来了，招呼也不打。以前学校会上门、打电话，家长就找个借口搪塞过去，虽然没有明讲，但大家都知道。（黄艳，2008）

地方社会经济发展与教育规划对具体学校有重要影响。M 区的城市化建设，导致飞翔中学的本地生源流失，而在基础教育均衡发展理念下，将农民工子女教育纳入其中，却使得本地学生"躲避而走"，所剩的大多是家庭所拥有的资源不足以帮助子女追求优质教育，或是子女表现使父母放弃转校的念头。因此，搬迁流走、"躲避而走"后，飞翔中学本地生源的质量明显下降。

2. 农民工子女的大量涌入

2001 年，A 市在省内率先出台了《A 市流动人员子女接受义务教育的暂行办法》，以政策为保证，确保全市农民工子女的基础教育权利，主要采取集中接纳、布点接纳和全面接纳三种主要的公办接纳方式。具体来讲，各区县均有 1~2 所公办学校集中接纳农民工子女，还有些区县根据流动人口的分布情况确定一定数量的公办学校接收农民工子女。

2004 年，飞翔中学被 M 区指定为唯一一所招收农民工子女的公办学校，[①] 农民工子女开始大量涌入。2007 年，该校初一新生中，已有 90% 为农民工子女，初三为 70%，且每个班级农民工子女的比例都超过了 50%。

如第三章所述，M 区民工学校的数量自 2007 年后锐减，且随着民工中学的消失，农民工子女初中教育将完全纳入 M 区的教育系统。飞翔中学农民工子女的数量已攀居至 90% 以上，成了名副其实的公办"民工学校"。

3. 从"底层"到"特殊"

M 区的教育现代化建设中，以"高起点、高标准、高水平"

---

① 2008 年之后，M 区又指定了 5 所公办学校招收农民工子女，总计 6 所。

为主要目标。其中：①在"打造一流的城市必须有一流的教育"理念下，进行基础教育场所的新建或扩建，形成高起点的教育机构；②积极引入优质教育资源，各大名校的分校纷纷进入，"未来的 M 区将成为 A 市优质教育资源最集中、布局最合理、特色最鲜明、品质最优秀的区域之一，为新城居民提供一流教育配套服务"；③通过"示范幼教、特色小学、品牌初中、精品高中和终身职教"的定位，打造现代化的教育品牌，按照均衡发展的原则，公办学校敞开接收农民工子女就读。可见，在这种"高起点、高标准、高水平"的教育现代化建设中，农民工子女基础教育更多地属于边缘领域。在笔者所参加的一次会议上，有老师这样说：

> 现在 M 区在搞高水平的教育建设，不愿我们提太多的农民工子女教育，就是提也要和这种高水平相挂钩。

可以说，M 区教育现代化建设关注的重点是优质资源的规模与质量，因此，对农民工子女基础教育更多地停留在"按照原则"的层面上。

同时，对于这些公办的民工学校，农民工子女在某种程度上俨然已成为一种表征。例如，在科研方面，无论是学校层面的课题，还是教师个人的课题与学术论文，其研究主题均是围绕农民工子女而展开。笔者收集了飞翔中学 2007～2009 年教师个人课题，并对其研究主题进行了归纳，如表 4-1 所示。

表 4-1　飞翔中学教师个人课题的研究主题

| 年　份 | 研究对象 | 研究主题 |
|---|---|---|
| 2007 | 农民工子女 | 厌学情绪、学习有效性、学习衔接、小组合作、本地文化渗透等 |
| 2008 | 农民工子女 | 青春期生理、心理发展与健康教育、教材的"班本化"等 |
| 2009 | 农民工子女 | 情境模拟、数学建模思维、分层教学、校本课程开发、多元材料应用、良好行为习惯的养成、班级文化建设、化学实验失败案例分析、学习障碍的成因及改善等 |

资料来源：笔者对飞翔中学教师研究课题的统计。

如表4-1所示，飞翔中学教师的个人课题皆以农民工子女为研究对象。同时，在研究主题上，既有因农民工子女延伸出的主题，如"学习障碍的成因及改善"、"厌学情绪"、"良好行为习惯的养成"、"学习有效性"、"学习衔接"等，也有常规研究主题，如"班级文化建设"、"小组合作"、"分层教学"等。可以说，从教学与科研方面来看，飞翔中学在城市教育系统中的地位已特殊化；或者说，其已经不单单是原来的底层，由于农民工子女的进入，还增添了些乡土气息。

这种特殊的转变，在主观层面上也形成一种共识：

> 每次我们出去开会，人家问我们是哪里的，我们光说是M区的，不敢说什么学校的，一说，人家就知道你教的是农民工子女了。
>
> ——对毛老师的访谈（日志070901）

从老师的话语中，既透露出他们对当前学校所处状况的无奈，也透露出外界对这种特殊身份的某种认可。至此，公办的"民工学校"实现了从客观教学、科研活动到主观认知上的特殊转变。

生源流失、地位边缘化、教学质量滑坡都是如今飞翔中学所面临的危机与挑战。然而，学校不仅是教育系统的基本元件，也是追求自身发展的组织。因此，在社会职能与自身发展之间寻求生存，成为飞翔中学"复制策略"的主要基调。

## 二 前台策略：建立区域化管理规范

在基础教育均衡发展理念与地方注重扩大并提升优质教育资源的发展目标交互影响下，飞翔中学的生源以及其在城市基础教育系统中的地位已发生重大转变。那么，既是教育系统的组成部分，又是自主运行的组织机构，飞翔中学又是如何面对这种转变的？笔者将从飞翔中学的常规学生管理、师资建设、教学管理三个方面来分析学校层面的应对方式。之所以将这种应对方式称为"前台策略"，主要是因为这种应对方式更多的是学校日常工作的一种延伸，是在学校层面的行为规范之内寻找应对策略。

### （一）注重秩序的常规管理

在常规管理中，最主要的便是有关学生的常规管理。作为社会化的场所，每个学校都会制定详细的行为准则，用以约束学生在学校的行为表现。在此，笔者将以飞翔中学的《一日常规》为例，分析飞翔中学常规学生管理所具有的特征。《一日常规》分为到校、两操（眼保健操和课间操）、上课、课间、午餐、午自习和放学七个方面，可视为对学生在学校不同场合中合理言行的规定。这一类型的常规管理主要具有以下五个方面的特征。

（1）准时。管理条例中，强调学生必须准时到校、离校，准时进入教室上课。校门在上课期间是关闭的，迟到的学生必须通过小门才能够进入，而且必须在门卫处登记；同时，在放学后，门卫会到学校的各个地方进行检查。每当上课铃响起，所有的学生必须坐在教室里，做好上课的准备。在进行实地调查的过程中，笔者经常看到有学生在上课铃响后匆匆跑回教室，这时有些老师就会对其进行批评，有时还会罚站。

（2）规范。着装要统一，校服、校徽不仅是学生的象征，更是学校的象征，红领巾则是少先队员的象征。飞翔中学在常规管理中明确规定，要求学生在校期间要穿校服、佩戴校徽和红领巾，并在两操和午餐时间进行检查。年级不同，学生校服的款式与颜色也各不相同，依照学校管理人员所言，"主要是为了便于管理，不用问你就知道那个学生是哪个年级的"。同时，着装的统一还从校内延伸到了校外，每当学校组织集体活动的时候，都会要求学生统一穿校服。

课堂行为要规范，在短短的《一日常规》中对学生"规范"的课堂行为进行了详细的说明："坐姿端正，做到挺胸直腰，胸口离桌面一拳远，书本与眼睛一尺，专心听课，认真思考，不准伏桌、靠墙、抬脚，眼睛不准东张西望；不准上甲课做乙事；不准看图书，玩把戏，吃零食；不准弄衣服、理头发；不准递眼色，不准传纸条搞小动作。"从规定中可见，在课堂上学生的主要交流对象是教师，并且这种交流更多地强调学生的"听"，而非质疑或讨论。同时，与听课无关的所有行为均被禁止。

（3）安静。在常规管理中，除强调规范外，还注重"静"，且这种对静的要求贯穿于各种场合之中，如"（到校后）不得在教室内外追逐打闹"、"（课间操站队）要做到快、静、齐"、"（下课后）不追逐打闹"、"（午餐）食堂内不得大声讲话"、"（午自习）安静自习"。似乎无论在学校的任何场合，均不需要学生有太多的激情与个性的张扬。

（4）尊师。在学校日常教学当中，主要是师生之间的互动，因此，常规管理中还强调了学生在不同场合中应遵守的常规礼仪：

——在学校中，遇到老师，主动问好；

——上课时，老师走进课堂，班长喊"起立"，学生立正站好，老师还礼后坐下；

——上课因事迟到，要先喊"报告"，经老师许可后，才能进入教室；

——回答问题或向老师发问时，要先举手，回答问题时要立正；

——下课铃响后，老师宣布下课，由班长喊"起立"，学生站好等老师走后，学生方可出教室；

——进老师办公室先"报告"，得到老师允许后方可入内。

尊师礼仪是通过塑造教师的权威来实现的，即何时上课、下课以教师的口令为主，课堂上的发问与回答问题或进入办公室，均要得到教师的许可。在师生互动中，教师有着绝对的主导地位。

（5）管理融入班级、个人生活。所谓的常规管理便是学校通过形塑不同场合中学生的言行而达到秩序的维持；在此，不需要学生太多的个性表现和激情。同时，常规管理变为量化指标融入班级、教师和学生的生活，尤其是与教师、学生的个人利益息息相关，如教师30%的奖励性工资里面班主任津贴与超课时津贴里就涵盖了常规管理的部分；而学生获得的各种荣誉很多也是与常规表现（见表4-2）相联系。

表4-2　飞翔中学的常规检查表（第×周）

| 检查内容 | 班级 | 单项得分（十分制） | 单项排名 | 总得分（十分制） | 总排名 |
|---|---|---|---|---|---|
| 卫生 | | | | | |
| 广播操 | | | | | |
| 眼保健操 | | | | | |
| 礼仪 | | | | | |
| 自行车 | | | | | |
| 午餐 | | | | | |
| 午自习 | | | | | |

飞翔中学每天都会进行常规检查并打分、排名，在每周一的升旗仪式上公布上周常规检查结果，对排名靠前的班级进行表扬，对排名靠后的班级进行批评。

班主任根据班级每周常规检查中的排名情况进行管理，班会课变成了一场总结、表扬、批评大会。在此，保证学校日常生活有序进行的常规管理逐步转化到学生个人的行为表现上。

**（二）注重整合的师资建设**

师资是学校进行社会化的关键，正是通过教师与学生之间的全面交流，知识的传递、意识形态的灌输才得以实现。在师资建设中，飞翔中学采用了整合与分化的方式。整合主要是充分利用校外资源与校内师资的结对组合；分化则是将学校发展目标分化为个人发展目标。

1. 充分利用资源

在校内师资有限的情况下，飞翔中学将校外的诸如教改课大赛、组织公开课、骨干教师示范课等均视为对教师有效的培训方式。

除此之外，学校还依托青蓝工程进行校内资源的整合，通过

"师徒结对"促进青年教师成长，达到学校师资水平提高的目的。其中，蓝方为指导教师，是在工作态度、教学业务、班级管理方面均表现突出的教师，青方则是各方面有待提高的年轻教师。作为师父的蓝方，需要指导青方制订教学计划并审核教案、随堂听课、撰写指导感想；同时，还需指导青方每学期上一次校级以上的公开课。作为徒弟的青方，需要多听蓝方的课，定期做阶段性汇报，撰写教育科学论文，每学期根据班级情况，至少制订出一份合理的单元测试卷。同时，青蓝双方的表现均列入教师个人年度考核及教研组考核当中。

2. 多元的奖励性绩效工资

2009年1月起，国务院常务会议审议并通过的《关于义务教育学校实施绩效工资的指导意见》开始实施。绩效工资包含基础性和奖励性两部分，基础性绩效工资占70%，另外30%为奖励性绩效工资，其中30%的奖励性绩效工资由学校自主进行分配，不得将升学率作为衡量标准。

飞翔中学根据相关指导意见也拟定了详细的绩效工资细则，如表4-3所示。笔者发现，在学校有相对自主权的30%奖励性绩效工资中，其将上级对学校的考核、常规管理、学校特色活动均纳入进来。

表4-3 《飞翔中学绩效工资暂行办法》

| 工资类别 | | | 具体内容 |
|---|---|---|---|
| 基础性绩效工资（70%） | 岗位津贴 | | 与当前的岗位、任职和工作年限有关 |
| | 生活补贴 | | 统一标准 |
| 奖励性绩效工资（30%） | 区级 | | 享受区级优师岗贴的省特级教师、市名校长、市学科带头人 |
| | 校级 | 误餐与交通补贴 | 统一标准 |
| | | 班主任 | 结合星级班主任和班主任考核结果 |
| | | 管理干部 | 副校长、中层正职、中层副职、年级组长、教研组长、备课组长 |
| | | 骨干教师 | 市优秀青年教师、区级学科带头人、优秀青年教师、教坛新秀 |

| 工资类别 | | 具体内容 |
|---|---|---|
| 奖励性绩效工资（30%） | 超课时津贴 | 超额完成其他工作量：早自习、午自习、作业辅导、社团、广播操、广播站管理、大课间 |
| | 教育教学成果奖励 | 根据上级部门对学校的考核定制标准 |
| | 教科研 | 教育科研中有突出成绩的教职员工 |
| | 加班补贴 | 按天计算 |
| | 中考科目补贴 | 按课时计算 |
| | 学校千分制考核 | — |

（注："校级"为奖励性绩效工资的分类，居于"工资类别"列中部）

其中，"教育教学成果奖励"是依据上级部门对学校的考核制订标准，即将针对学校层面的考核继续分配给具体教师。同时，学校虽没有将升学率纳入其中，但将诸如早午自习、作业辅导、广播操等具体教学活动与常规管理均纳入细则。作为飞翔中学校园文化的典型代表——社团活动也成为教师奖励性绩效工资的来源。可见，多元化的奖励性绩效工资，使教师的经济收益与学校发展形成了密切联系。

**（三）注重效率的教学管理**

虽然升学率与教师的经济收入之间不再有直接的关系，但是学校自身的发展仍需要教学质量与升学率的提高，它们如同一面镜子，折射出学校的综合实力。在长期的实地调查中，笔者发现，学校通过重新分班、排名与定期举行家长会的方式来实施教学管理，每一环节无不透露着追求效率的色彩。

1. 重新分班

为使有限的优秀教育资源发挥最大的效用，分班是最常见的手段。通过不同形式的分班，最好的教师能够教授最好的学生，并产生最好的教学成果。在飞翔中学，主要有两种分班方式：一种是针对日常教学所区分出的快、慢班；另一种是针对中考而区分的提优班、提合班。

（1）快班与慢班

在入学的时候，学校会对学生进行测试，根据测试成绩进行分班，将成绩较好、各方面表现较好的学生编在一个班中，让认真负责的教师担任班主任，并配以经验丰富的任课教师。这种分班方式，从学生进入学校的那一刻起，就间接地忽视了那些各方面表现较差的学生。

（2）提优班与提合班

为备战中考，进入初三后，学校会根据初二下半学期的期末考试成绩进行排名，前30名学生组成提优班，之后的30名组成提合班。不同于快、慢班，这种分班方式只针对晚自习。晚自习时，被分到提优班、提合班的学生拿着自己的学习资料在两个教室里听课，而没有进入这两个班的学生则可放学。

> 现在分为提优班和提合班，其他的孩子几乎算是放弃了，因为有考试，所以是没有办法的。如果哪个孩子有想学的，可以和班主任申请，加入提合班。
>
> ——对田教师的访谈（日志090409）

如果说，分快、慢班相对忽视了那些表现较差的学生，那么处于提优班和提合班之外的学生，则在初三的开始就遭到了彻底的"遗弃"，在中考之前已经完全认可了他们的教育失败。

2. 排名

排名是追求效率最常见的管理方式，通过排名可以发现各方面表现出众的学生，可以将有限的资源用于学校教育精英，可以使教师与学生有意识与他人进行比较，进入竞争状态。飞翔中学在教学管理中也经常使用排名的方式，每学期的期中、期末考试都会进行全年级的排名，并对每次班级内、全年级中名次提高的学生予以奖励。对于中考，每次模拟考试M区也会进行排名，飞翔中学从总体排名中也可看到本校的情况，以此为基础不断调整教学方式以提高教学成绩。

3. 定期召开家长会

在每学期的期中、期末考试结束后，学校都会召开家长会，主要目的是结合学生的考试成绩与日常表现，将学生在学校的各方面情况传达给家长，以期通过家庭教育达到学生各方面素质提高的目的。然而，当学生转变为农民工子女以后，教师与家长的互动方式也发生了变化，这在第五章将会谈及。

# 三　隐性策略：营造"蜕变"校园文化

在课程研究领域，校园文化一般被称为"隐性课程"。校园文化作为学校有意倡导的教育氛围，往往是在有意识的设计、精心策划甚至包装的过程中形成的（马和民，2009：169）。因此，本节将要展现的是学校所采取的隐性策略，这种策略更能体现学校的能动性。通过创建"蜕变"的教育哲学，并在此理念下展开一系列活动，飞翔中学试图实现"底层的飞跃"，即从原来的城市教育系统底层转变为农民工子女教育的典范，成为另一维度上的强势。

**（一）"蜕变"的本质：从农村人到城市人**

笔者之所以用"蜕变"涵盖飞翔中学的教学理念，是因为该理念将农民工子女身份的特殊性纳入其中，将身份的转变与学习联系在一起，将学生的学习与农村人转变为城市人的过程紧密地结合在一起。

1. 学习目标：实现"蜕变"

一进飞翔中学的大门，便可以看到教学楼的一面墙上醒目的几个大字："做一个顶天立地的城市人"，这便是飞翔中学的办学目标，最初是郑校长提出的。

> 笔者：我看到学校的一个醒目的标语是"做一个顶天立地的城市人"，您是出于什么考虑用这个标语的？
>
> 郑校长：这些孩子很多出来了都没有打算回去的，是要留在 A 市的，但是学习基础都很差，家庭情况又不好。如果好好地学习，将来有了好工作，再买了房子，他们不就留在 A 市了吗？我们就是让他们成才在 A 市，成功在 A 市。（日志090302）

在此，学校不仅仅是学生社会化的场所，同时还是农民工子女掌握"蜕变"技能的地方；接受教育不单单是知识的灌输与接收，更是农民工子女由农村人向城市人转变的过程。

2. "无障碍"地向上流动

"蜕变"也是实现向上流动，飞翔中学通过在不同场合强调"蜕变"的有利条件，试图营造出农民工子女向上流动时的"无障碍"环境。以下便是在开学的一次表彰会上校长的发言，从中能够充分体会到学校对"无障碍"的塑造：

> 对于农民工子女教育，现在国家非常重视的。去年没有收课本费，今年杂费和借读费都不用收了，原来借读费最高的有1.5万元；去年《××晨报》还举行了"送温暖"活动。我们学校去年也举行了"集体家访"，老师亲手给学生织毛衣，还有党员爱心联系卡的活动。既然现在条件这么好了，你们现在没有任何理由不好好学习。（日志090302）

发言中，校长先通过学杂费、借读费等费用的取消，说明大的社会环境对农民工子女的重视，接着列举了学校举行的各种活动，如集体家访、给学生织毛衣、党员爱心联系卡，用以强调学校对农民工子女的关注。在此，大的社会环境、小的学校环境中都不再存在阻碍农民工子女"蜕变"的因素，而农民工子女也就"没有理由不好好学习"。或者说，农民工子女学业表现欠佳则只是个人不努力造成的。

3. 实现"蜕变"：勤

当接受教育意味着从农村人向城市人的转变，当这条转变道路上已不再存有过多障碍时，飞翔中学继续塑造着实现"蜕变"的方式。

一进飞翔中学，正对的教学楼上写着一个鲜红的大字"勤"，这便是飞翔中学的校训，学生每天进出校门时都会看到。

如果说"做一个顶天立地的城市人"宣扬的是教育实现农民工子女由农村人向城市人转变的话，那么，校训"勤"则是实现这种转变的具体路径——需要"领导勤政"、"老师勤教"、"学生勤学"。农民工子女作为社会化的对象，也是"蜕变"的主体，则有着更为详细的实现路径：

> 进步是有条件的，进步也是有要求的，我在这里提四点要求，第一，要有理想，大到为了国家，小到为了家庭、为了自己；第二，要懂得感恩，社会、学校都这么的关心你们；第三，要守纪，不仅要学习好，还要行为习惯好，《一日常规》上的东西都要做到；第四，讲勤奋，咱们中学毕业出去的人也有好多现在过得很好的，成为真正的城市人的，比方说原来一个女孩子，考上 A 市的一所中专，去了北京最好的一个饭店，钓鱼台宾馆把她招走了，还有很多同学都考上了技校，出路都很好，一个月好几千块钱的工资。
>
> ——来自表彰会上校长的发言（日志090302）

从校长的发言中可见，农民工子女若要转变为真正的城市人，则需要"有理想"、"懂感恩"、"守纪律"、"勤学习"，只有做到这些才能够考上好学校，获得好收入。在此，成为城市人的表现由校长演绎为"一个月好几千块钱的工资"。

除校训外，在学校各处都可以看到"激励"孩子的话语，如"我们是老百姓的孩子，我们的父母天天盼着我们成才，我们拿什么报答他们？争气！"、"进步就是好学生，提高就是一百分，不求完美无缺憾，只求日日在奋进！"这些话语，将农民工子女学习的目标放大，使个体的学习表现附着了更多的价值，即学习不再仅仅是与个人相关，而是与学校、家庭乃至社会息息相关，农民工子女要懂得感恩，懂得报答，努力学习，成为一名"好学生"。

**（二）作为校园品牌的"蜕变"活动**

在"蜕变"理念的指导下，飞翔中学开展了一系列活动且逐渐成为学校的品牌，用以说明"蜕变"理念指导下学校在农民工子女基础教育方面所取得的成效。当"蜕变"的最终目的是促使农民工子女成为真正城市人时，农民工子女则需要接受、内化城市文化，于是飞翔中学通过校本课程与奖励方式来增强农民工子女对城市文化的认可。在第三代课程结构改革①中，地方课程结构提出了校本课程。通过由校长领导、教师做主力，课程专家做指导，包括家长和社区人士共同参与来开发课程，使课程的适应性深入学校层面（王炳照，2009：128）。飞翔中学将"蜕变"理念融入校本课程，对校本课程的学习成为农民工子女不断吸收城市文化，不断"蜕变"的过程。

1. 获得成功体验的民族舞蹈

在飞翔中学大会议室外面的一面墙上画着学生们翩翩起舞的图景，他们脸上洋溢着幸福、自信的微笑，这便是被飞翔中学赋予城市文化意涵的民族舞蹈。

> ……这些农民工子女大多来自河南、江苏、安徽三省比较落后的农村地区，父母文化素质不高，来 A 市打工大多从事各种生产、服务性行业，收入较低。学生的课外生活娱乐内容少。而让家长拿出像城市孩子学习其他才能的费用，这是不现实的。
>
> 每一个人都想获得成功的体验，想得到别人的肯定，更何况是那些正处于青春懵懂、转型期的初中生。我校的农民工子女由于儿时不像城市孩子那样拥有一些得以展示个人才能的机会，加之以往的文化学习基础较差，要他们整日锁在成堆的书本之中，实在是痛苦的煎熬，有什么能唤醒他们的学习兴趣，激发他们学习文化的斗志。我们认为，民间舞蹈是拓宽学生获得自我认同感的一种重要渠道，并且是学生体

---

① 是指 1998 年教育部起草《国家基础教育课程改革指导纲要》以来颁布的课程计划等，参见白月桥，1996：160。

育课程资源的重要补充。

——飞翔中学校园网站资料

在学校看来，由于收入较低，家长对农民工子女学习之外的经济投入较少，加之农民工子女本身学习较差，大部分的时间"锁在书本中"。在此，民间舞蹈不再是单纯的一种技能，而是城市文化的一种象征，也是农民工子女获得成功体验的来源。因而，壁画中翩翩起舞的学生，不仅表示农民工子女对城市文化的接纳，还预示着农民工子女自信的获得。

2. 解读城市文化的《走进城市》

对于在城市生活的农民工子女来说，他们不仅仅需要适应当下的城市生活，同时还需要了解所在城市的过去、现在与将来。飞翔中学通过开设校本课程《走进城市》，使农民工子女了解 A 市的历史。

我校大部分学生都是随同来城市务工的父母而就读于我校，可以说城市是他们学习成长的第二故乡。无论是老 A 市人或是新 A 市人，都要了解 A 市，认识 A 市。由此，我校编写的《走进城市》这本教材，将展现古都 A 市的过去、现在和未来，以激起学生对美丽的第二故乡的热爱之情，让学生更加勤奋地读书学习，为实现"成长在城市，成才在城市，成功在城市，做一个顶天立地的城市人"打下厚实的基础。

——校本教材《走进城市》

学校将所定居的城市视为农民工子女的第二故乡，校本课程则试图使农民工子女了解所居住城市的历史并因了解而开始热爱，实现在了解城市历史基础上对城市的热爱，最终使他们"更加勤奋地读书学习"，成为真正的城市人。《走进城市》共分为 10 讲，分别从 A 市的历史、经济、文化、名胜古迹等方面展开。然而，无论是从语言还是内容上来看，《走进城市》都与普通的历史课本无太大差别，所不同的是其被赋予了农民工子女向"城市人"迈进的象征意义。

3. 奖励方式：将"全家桶"带回家

飞翔中学所理解的城市文化，除民间技艺、城市历史外，还包括消费文化。作为对期中考试表现出色学生的奖励，飞翔中学为学生们准备了肯德基外带"全家桶"的餐券。之所以选择这样的奖励方式，主要是因为学校看到相关报道，看到有的机构组织农民工子女吃肯德基和麦当劳，才有此想法。

> 现在这个年龄段的孩子吃这个（肯德基），实在是不足为奇的事情了，而且如果要成为真正的城市人，也要体现在他们的消费方式上，让他们也能享受到城里孩子一样的待遇。
>
> ——对教研室教师的访谈（日志080605）

在此，肯德基已成为城市消费文化的一种表现，而学校则通过奖励的方式，让农民工子女有机会享受城市人的消费方式，强化了学习与"蜕变"之间的联系。

4. 精英工程：星光灿烂

飞翔中学通过精英工程的开展来塑造好学生，每周对卫生、纪律方面表现良好的班级和学生进行表扬，评比"纪律标兵"、"礼仪之星"、"最佳值日岗"等；每学期对"三好生"、"学习标兵"、"进步之星"进行表彰。除此之外，学校还设置"艺术明星"、"体育明星"、"舞蹈明星"、"编辑明星"、"播报之星"、"文学之星"等六大类、二十八小类的精英头衔，确保每个农民工子女在每学期都有成为精英的机会。学校试图通过多种多样的精英工程来激发农民工子女的成就动机。

5. 献出爱心

在"蜕变"教育理念的指导下，学生的户籍身份必然受到较多关注，"献爱心"也就成为表达对此身份关爱的最好形式。每逢各种节日，飞翔中学通过各种形式，或是中秋节给学生发月饼，或是带着花生油进行"集体家访",或是教师为同学亲手织毛衣,或是组织"师生游",等等,来加强学校与家庭、学校与学生、教师与学生之间的联系。

此外,集体家访所体现的关爱则是通过教师对农民工子女弱势身份的进一步认识来实现的。

> 韩老师是一名新教师,刚刚点燃对教育事业的热情就被学生泼了一盆冷水,学生每次做作业都拖拖拉拉,甚至根本不写不交。当她开始不耐烦、沮丧时,通过一次家访得知,很多学生的家里学习环境非常不好,连桌子都没有,孩子回去要做家务、带弟妹,家中的实际情况根本不允许看书、写作业。这种情况非常普遍,学校于是在下午上完2、3节课后,无偿辅导学生作业,让学生在学校完成作业。
>
> ——飞翔中学校园网站资料

通过家访,教师对农民工子女在学校的诸多不良表现都找到了答案,如"做家务、带弟妹"、"学习环境差"等,并在这种认识的基础上调整自己的心态与行为,能够"无偿辅导学生作业"。同时,各种形式的"师生游",也试图体现学校、教师对农民工子女的关爱。

6. 让学生"说话"

学校一系列的活动需要得到社会化、"蜕变"主体——农民工子女的认可,才可谓达到真正效果。学生作文,不仅可以从学生角度很好展现上述活动的效果,也成为主要的学校品牌活动。飞翔中学通过创办文学社,组织征文的方式,试图用农民工子女自己的话语,发出他们的心声,尤其是那些对"蜕变"活动接纳、认可的声音。

无论是征文,还是文学社,农民工子女心声的表达是有范围的,主要体现的是其对所在城市、学校、家长的热爱,对学习的困惑及进步的欣喜。以下两篇作文能够充分展现农民工子女对所在城市和学校的认可。

## 用爱融入城市

初到 A 市时，我们是一群被遗忘在城市边缘的孩子，我们的父母用辛劳和泪水支撑起都市生活的豪华与辉煌，却因贫穷和无知忍受着城市的排挤和歧视。

我们期盼关心，期待爱护。社会底层的阴影，缤纷城市中的流浪，一己生存的苦苦挣扎，往往迫使我们在人生的起点就重复父辈的命运。巨大的城乡差异、异样的目光常常会伤害我们的心灵，我们惧怕这求学之路会充盈漫漫长路的黑暗。

但事实上是我们杞人忧天了。我们像本地学生一样接受高质量的教育，享受优质的教育资源。我们与本地学生无论是在学校教育方面还是在社会舞台的展示方面都拥有着一样的条件与机会。

今年秋季开学，A 市新增投入 6400 万元，实施城乡一体全面实行义务教育、免收学杂费政策，凡符合有关规定的外来务工人员子女，无论是就读公办、民办学校，都同样享受减免政策。绿色助学通道不会让任何一个孩子因贫困辍学。在实行普惠性免收费的同时，A 市各级教育部门不断拓宽对困难家庭的绿色助学通道。既而，A 市将有超过两万名困难家庭学生走进免费义务教育的春天。

我的母校——飞翔中学是 A 市 M 区唯一一所指定外来务工子女就读的公办初中。这里有我三年初中学习的足迹；这一期间我结交了一些新朋友，我与同学相处和谐融洽；老师对我很是关心，时常鼓励开导我；学校也很关心我们，为了彻底消除我们与本地学生之间的隔膜，经常举行一些互动活动，比如共同的生日 party、母亲节时赠送贺卡、春节互寄明信片，使我们倍感温暖。

作为外来子弟的一员，在 A 市市政府、社会、学校以及

市民的呵护恩惠下，我在潜意识里早已把 A 市默认为自己的
第二故乡。

深冬，雪花飞絮轻舞，不知这是 A 市今年的第几场雪了，
我却未感到丝毫的寒冷。


这篇作文如同一首赞歌，歌颂城市、学校是如何关爱农民工
子女，农民工子女是如何在这种关爱中健康成长的。此外，国家
的减免政策、学校的各种活动无不深深地刻在农民工子女的心中，
使其将 A 市视为第二故乡，体现了他们在心理层面上从农村人向
城市人的转变。

## 美丽的 A 市

我在 A 市已经十几年了，从出生到现在只回过几次老家，
这十几年来，让我觉得我已经离不开它了。

每逢过年过节，我都在这里度过，我已经把这里当成我
的第二个故乡。

A 市，是我美丽的家。虽然没有田野那样广阔，但是，她
有关爱，有爱心美，她不像长江那样长，却有秦淮河一样的
故人情。

A 市，是我的依靠，她为我们外来工子女提供学习场所。

A 市，一个美丽的城市，它包含着悠久的历史。

我希望在 A 市永住，虽然做各种事情都很困难，但是我很
开心，因为我住在一个美丽且和谐的 A 市。

我每天都看 A 市频道，许多媒体报告体现了 A 市的和谐。

大雪连续下了好几天，纷纷扬扬，却抑制不住我爱的
体现。

A 市出动了两千多的民警扫雪，街道工作人员和群众也参
与其中，很多干部也亲自扫雪。

大雪白茫茫一片，却见到几个人影在动，那是人们在扫
雪。雪为我们增添了一些乐趣，但也给我们带来了一些麻烦，

　　但我们并不怕，大家一起扫雪，多和谐啊。

　　我真的希望 A 市变得更美丽！

　　农村似乎只是农民工子女的一个出生地而已，他们现在、将来的生活更多的是与城市发生关联，城市成为农民工子女的一种"依靠"，且处处体现着和谐的氛围。在将学校视为第二故乡的同时，农民工子女还表达了长久的居住意愿和面对各种困难的乐观心态。

　　上述学生作文不仅能够体现出农民工子女对国家政策、学校活动的积极认可，他们还将城市视为自己的第二故乡，愿意长久定居在此，从而呈现心理上的"蜕变"。

### （三）解读"蜕变"教育哲学的背后

　　通过将农民工子女教育与户籍身份转变相联系，飞翔中学建构了"蜕变"教育哲学。在此基础上的各种"蜕变"活动已成为学校的品牌，同时也彰显了"蜕变"的效果和农民工子女对这种教育哲学的认可。然而，这种"蜕变"哲学背后埋藏着深深的空洞性。所谓的"蜕变"，主要是依靠在学校空间内不断强化农民工子女的户籍身份与弱者地位来实现的，与其说是"蜕变"，不如说是对农民工子女弱势身份的强化。

　　1. "蜕变"的艰难道路

　　学校在构建"蜕变"教育哲学时，已经看到农民工子女头顶的天花板，知晓"蜕变"道路中的各种困难，明白学校所倡导的"蜕变"教育哲学在某种程度上所具有的空洞性。

　　校长在说明了学校的办学目标后，以自己的经历与当前的农民工子女进行对比，向笔者说明这条"蜕变"道路是多么狭窄：

　　其实，你说这些孩子就算好好学习，以后就真能很好成就吗？他们不可能像我们那个年代的大学生了，我们那时大学毕业基本上就能够找到比较好的工作，现在呢？你自己也是大学生的，现在的大学生多难就业？光有文凭是没有用的。

但是，作为一个教师你不能将这些负面的想法告诉他们，要给他们一点希望，这样他们学起来也比较用心。

　　　　　　　　　　——对郑校长的访谈（日志090324）

随着大学生包分配的时代一去不复返，加之大学不断扩招，大学文凭已不能为大学毕业生谋求一份很好的工作，或者说，光有大学文凭很难实现学校所构建的"蜕变"目标——成为城市人。即便是选择技校，也并非学校宣传的那样直接与工作挂钩：

他们现在上技校会选择那些与企业联办的那种，比如说浦口那边有一个车辆厂上完以后就可以到公交公司啊什么的地方开车，他们喜欢这个样子的。但是这种的毕竟比较少，而且很多单位，比如说公交公司，人家也有自己的子女都内定了，所以也很难进。

　　　　　　　　　　——对田老师的访谈（日志090310）

上述学校所宣称的"中专找到钓鱼台的工作"、"上技校，出路很好，收入好几千"仅仅是为数很少的特例，在"蜕变"教育哲学的逻辑中，却被标榜为"成为真正的城市人"普适道路。同时，抽象层面上的从农村人到城市人的蜕变，到具体层面化作具体生活实例时，却仅仅是"上技校"、"收入好几千"。美好的理想与现实之间的巨大落差，必然促使农民工子女逐渐洞察到学校所宣称的"蜕变"道路的空洞性，即在认知层面上影响农民工子女对教育的态度，关于这种洞察将在第六章进行详细说明。

2. 户籍身份凸显

在"蜕变"教育哲学下，无论是学习目标还是校训，抑或各种活动，都在不断地告知农民工子女，他们的身份是"农村人"。如果说春晚的"我们的作业工整，我们的成绩不差；别人跟我们比父母，我跟别人比未来"，是通过个体人力资本的比较而成功抹去城乡差异的话，那么，飞翔中学的"蜕变"教育哲学则是通过不断强调这些城乡差异，并将这种差异与学校的社会化功能相联系，以实现农民工子女从农村人向城市人的转变。

周宗伟（2006）认为，学生身份几乎吞噬了"未成年人"的所有社会身份，而成为他们唯一的身份标识，这样的行为相应导致了学生的行为规范也吞噬了所有的社会规范，而成为"未成年人"的唯一行动准则。然而，飞翔中学所倡导的"蜕变"理念和活动，则不断在学校空间内凸显其户籍身份。在此，学生的行为规范成为这些孩子的唯一行动规范，对这些规范的遵守已成为从农村人向城市人转变的重要表现。

### 3. 弱势地位的强化

"农村人"这一户籍身份在学校空间内的凸显，同时还是一种弱势地位的强化。学习基础差、行为习惯差似乎成了这些农村孩子的共有特征，而学习进步快、行为习惯好则成了一种向城市人靠拢的个人表现。农村人身份不但与学生身份相结合，还与"差生"相结合，一切不良表现最后都归结到农民工子女的户籍身份，如"经常搬家"、"父母文化水平不高"、"家里没有学习的地方"、"还要做家务，带弟妹"，等等。同时，学校所开展的形式各样的"献爱心"活动，也将不断强化农民工子女的弱势地位。

## 四 后台策略：多条"暗道"提升竞争力

所谓的后台策略，更多的是一种非正式的、在规范之外的策略行为。如果说前台策略是通过强化学校常规管理，隐性策略是通过校园文化树立学校品牌、提高知名度来实现学校发展的话，那么后台策略则是一场静悄悄的聚焦升学率的革命，通过使用各种非正规手段，将阻碍升学率提高的各种因素排除在外。

虽然在基础教育阶段，升学率已不再是教师考核的重要指标，但其仍旧是学校发展的重要影响因素。较高的升学率是教学质量最直观的表现，能够吸引更加优秀的教师与生源进入，并促使学校升学率进一步提高。因此，高升学率是每个学校为其生存与发展竞相追求的目标。

**（一）差生的隐性淘汰**

学校的高升学率，需要学生的优异成绩作为保证。然而，受各种因素的影响，农民工子女很难保证能够顺利地通过中考并拿到毕业证，因此，他们也就成为学校追求高升学率道路上的障碍。面对这种影响，尤其是差生的影响，学校采取隐性淘汰的方式将这些差生提前排除在中考队伍之外。

> 有些孩子根本就不好毕业，如果按照统一的中考，根本没有办法拿到毕业证书。这部分（学生）就不参加统一的中考了，到时候就开个证明，说这些孩子要回去（农村），然后教育局再出示证明委托我们学校组织这部分学生进行中考测试。试卷就由我们学校自己出了，就会比较简单且能够照顾大多数人了。这部分学生和统一中考的不是一个口径，不参加统一中考的走的是劳动、就业的口径。这样对他们好，对我们也好，都是好事。我们的比例都上去了，现在很多学校都这样做的，没办法。
>
> ……
>
> 他们是不参加中考的，但是有什么办法呢？区里都是这样做的，别的区里也是这样做的，但是市里是不知道的。区里都是默认的。
>
> ——对王老师的访谈（日志0905011）

可见，通过隐性淘汰，在学习成绩上表现较差的农民工子女已不对学校的升学率形成任何影响。由于口径不同，学校通过降低试卷难度，让大部分的农民工子女都能够拿到毕业证，顺利毕业。这种隐性淘汰似乎成为差生的"福音"，如访谈对象所言"对他们好，对我们也好"。通过对差生的隐性淘汰，达到学校与农民工子女的双赢。然而，飞翔中学的这种做法并非独出心裁的特例，而是在区域内，甚至是区域之间达成的一种共识性策略，学校正是通过这种方式降低差生对升学率的影响。

## (二) 精英的内部拦截

当以区域为核心时，学校的升学率又是区域范围内教育质量的重要体现。同时，受教育系统"宝塔"特征的影响，生源趋向于向城市优质区域、优质学校靠拢。为保证区域内生源的稳定，区级教育系统将会采取一定的措施防止优秀生源的流出，以维持内部教育机构的正常运行与发展。

> 这个周五，我们学校前30名的和××高中都签了。（那不要指标生了？）你不知道，区里面卡得很严，A区的一般都在A区，B区的也很难流出B区，都是这样的。而且在××高中的话，会奖励他们一辆自行车的。
>
> ——对王老师的访谈（日志0905011）

对学校来说，采用此种策略既有来自上一级组织系统的压力，也有来自保证学校升学率的内在动力。然而，这种策略却与其所构建的"蜕变"教育哲学相悖，即一边积极地塑造学校精英，一边封堵农民工子女向上流动的道路。

在此，成绩优异的农民工子女，不仅通过考前签约的方式，提前找到了毕业后的归宿，得到了物质上的奖励，同时也放弃了向更加优良的教育资源靠拢的机会。更进一步讲，如果将教育视为个人实现向上流动的有效路径的话，那么，农民工子女所放弃的不仅仅是靠近优质教育资源的机会，同时还放弃了向上流动，实现身份转变的有效途径。

## (三) 弱势联盟

### 1. "生源贫血"后的合作

中职教育所面对的生源群体为初中生，受基础教育适龄人口的减少和大学扩招的双重影响，中职教育面临严重的"生源贫血"。加之，与高校相比，社会对中职教育的认同度较低，众多初中毕业生宁愿挤大学的"独木桥"，也不愿进入中职的大门。

　　每到招生季节，都会出现家长争着交择校费让孩子上名牌高中的情形，职业学校情况就大不一样了，得四处寻找生源，主动"上门推销"学校，这种情况已持续多年。（蒋廷玉，2010）

　　生源危机已成为中职教育不能回避的现实问题，为保持生源，某些中职学校与飞翔中学结成了"弱势联盟"，将飞翔中学通过隐性淘汰排除在中考之外的农民工子女转为本校生源。而飞翔中学则将进入这些中职学校作为农民工子女不参加统一中考获得毕业证的交换条件。

　　青青说这几天班主任总是找她谈话，让她不要参加中考了。说不参加中考，学校会组织一次中考，题目应该比正式中考的简单，而且保证都能及格，之后把他们的卷子再送上去，这样也能拿到毕业证。这个意思就是说，不参加中考，但是初中毕业证是在手里的，有保证的。但是需要青青上学校规定的几所中职学校。（日志090401）

　　由于是在规范之外的后台策略，关于这种弱势联盟的相关信息，笔者更多的是通过与农民工子女的接触获得的。在一次偶然的机会，笔者亲身经历了中职学校来飞翔中学招生的整个过程，并随后陪同几个农民工子女到其中的一所中职学校进行"实地考察"。

　　2. 中职学校的"自我推销"

　　为使那些即将被隐性淘汰的农民工子女对与学校合作的中职学校有更多的了解，飞翔中学专门举行了一场招生宣讲会，参加的人员主要是那些待定的农民工子女及其家长。三所中职学校分别进行了"自我推销"：

**某旅游学校**

　　强调以后可以出国、在大酒店工作；强调国家给每个中专生1500元/年的补助，以及100%就业。并通过投影仪放了大量美轮美奂的菜肴，以展示学校学生较强的能力。介绍完后，强调名额有限，只有30个。

**某烹饪学校**

没有做幻灯片，一位中年妇女对学校的情况做了简要的介绍，主要强调学校的烹饪专业、汽修专业的实力，也强调补助与就业。

**某技工学校**

两个中年男人，一个负责发言，一个负责发传单。主要强调光电、数控、汽修等，表示在第二学期就开始让学生们到车间去实习；强调可以考中级证；强调可以上3＋2，直接上大专。

在整个宣传的过程中，招生代表拿着一个本子和一支笔在学生与家长周围来回走动，并将本子放到家长面前，让他们在上面签字。其实就是一个登记表，只需要填写姓名、手机号、所选专业。

从上述"自我推销"中可见，中职学校通过对补助、就业与继续深造的强调吸引农民工子女。在宣讲完成后，其及时与学生及家长进行沟通，以获得更多的生源。其中，旅游学校更是宣称"名额有限"，而试图促使农民工子女尽快做出选择。

在招生宣讲会上，教务处工作人员和班主任全程陪同，不仅控制着现场的秩序，而且在宣讲结束后，他们不断催促农民工子女及家长尽快做出决定，并到中职学校代表处登记：

想好学什么专业了吗？怎么还没有？你得抓紧了啊？等你想好了再选就来不及了，这个有什么好想的？

……

你要抓紧了，不要在细节上想太多，女孩子学个导游、烹饪什么不都挺好的吗？你看人家青青她们都选了，你就和她们一起选了不就行了吗？想那么多干什么？

在此，教师俨然成为学校的代表，"协助"这些即将被隐性淘汰的农民工子女进入中职学校。在对学校、专业的选择上，农民工子女心中的疑惑和顾虑都不是此时教师关心的主要问题，他们的主要任务是督促农民工子女尽快做决定，促成飞翔中学与中职学校的弱势联盟。

# 五　本章小结

随着城市化进程的不断推进，以及当地生源的迅速减少、农民工子女的大量涌入，位于城郊的飞翔中学，不仅是一所"宝塔"底层的学校，还是公办的"民工学校"。受区域发展总体规划尤其是教育规划的影响，这类公办学校的地位必然发生了转变。具体来讲，在生源上，近乎全部为农民工子女；在学校及教师科研上，农民工子女成为主要研究对象；"农民工子女"俨然成为飞翔中学的代名词，这在 M 区已达成共识。总之，承接农民工子女教育使飞翔中学在"宝塔"中的位置更加边缘化。

学校既是教育系统的构成要素，承担社会功能，又是自主运行的组织，有着自身的目标与利益追求。因此，学校本身也具有行动者的特质，会充分发挥自身的能动性进行策略建构，改变各种不利局面，促进学校发展。因此，在社会职能与自身发展之间寻求生存，成为飞翔中学发展策略的主要基调。根据策略的取向和性质上的差异，笔者分为前台、隐性、后台三类策略，如图 4-1所示。

前台策略是各学校均会运用的常规策略，是一种规范内的能动性发挥。飞翔中学通过将准时、安静、尊师的行为规范纳入班级及学生日常生活，使学校秩序的维持与个体直接相联，从而提高管理效率。在师资方面，通过充分整合校内外资源来提高整体师资水平。将学校的发展目标细化并捆绑在教师身上，使教师在追求自身利益的同时也带动了学校发展。重新分班、排名与定期召开家长会则成为提高成绩和升学率的必要选择。隐性策略通过

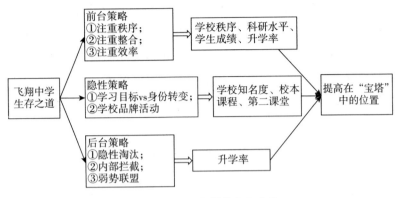

**图 4 - 1　飞翔中学的生存之道**

营造"蜕变"的学校文化以在"宝塔"中开辟另一条生存途径——农民工子女教育品牌。这一策略确实使飞翔中学受到关注，至 2008 年相关的新闻报道已达 108 篇，极大地提高了学校的知名度。独具特色的校本课程和第二课堂使飞翔中学在基础教育改革中化劣势为优势。后台策略是一种非常规策略，是规范之外的能动性发挥，通过打造多条"暗道"提高升学率。差生的隐性淘汰、精英的内部拦截以及与面临"生源危机"的中职学校联盟，不仅提高了升学率，还保证了区域教育水平的稳步发展。

　　学校的生存之道为校园生活搭建了特定的舞台，教师与农民工子女根据对自身处境的感知进行互动，可能会遵从学校规则，服从教师管理，也可能对学校规则"阳奉阴违"，还可能对学校约束发起挑战。多元互动下的复制策略构成了实际的教育过程。

# 第五章　不容忽视的群体：学校空间中的教育实践者

随着通过分析学校职能来探究学校运作的研究范式逐渐式微，微观层面上更为细致的社会学分析成为理论发展的新方向。当然，微观层面的理论视角并不是要否定以往的理论预设，即人们要否认的不是社会再生产这一事实，而是再生产理论产生的"篱笆效应"（杜里－柏拉、让丹，2001：73），这抹杀了学校空间内个体的能动性。笔者认为，学校的日常运作以及功能的发挥，是在外界客观因素影响下，由不同行动者的互动形成的。简言之，学校面前的不平等不是必需的、结构性的，不是一个"为此而存在的"学校运作的产物，而是各个社会群体为了维持自己的利益而发起的斗争产生的结果（杜里－柏拉、让丹，2001：73）。因此，学校本身又是个体行动者实施策略的空间，可谓学校的日常运作、个体的日常生活都是在不断的互动中形成的。

作为社会化的重要场所，学校空间中的教师与学生之间的互动是促使学校运作及功能发挥的关键所在。本章笔者将重点分析社会化的发起者——教育实践者的日常生活。首先，将通过展现随着基础教育改革的推进、学校地位的变化、大量农民工子女的涌入以及随之而来的社会关注度的提高，招收农民工子女的公办学校教师面临何种现实处境；其次，进一步分析农民工子女教育对处于学校组织结构不同位置的教育实践者影响上的差异；最后，重点剖析那些与农民工子女接触最为密切的任课教师的现实处境，以及在此处境下如何发挥行动者的能动性以改善各种不利处境。

# 一 变革中的现实处境

学校教育并非独立于社会情境而自主运转的，而是与政治、经济、文化等构成社会成员的整体生活的，在学校空间中布满了足以形塑或影响学校生活的其他各种生活（常亚慧，2007：1）。外界环境的各方面变化，都将重构学校的日常生活，同时也会对学校空间中的个体产生重要影响。对教师来说，随着基础教育改革的不断推进，以及农民工子女大量涌进后学校地位的转变及社会关注度的提高，其日常生活的现实处境发生了巨大变化。

## （一）基础教育改革引发的角色转变

### 1. 由"教书匠"变为"研究者"

在传统的教师角色中，教师的任务只是教书育人，将知识传递给学生以实现社会化，是单纯的"教书匠"；所谓的"研究者"则是与教师完全不同的身份，其是专家学者，负责进行与教育相关的理论或实践研究，其研究发现与结论将进一步指导"教书匠"的教学活动。然而，在基础教育改革中，则要求教师既是"教书匠"又是"研究者"。教师不再仅仅是按照指定的教学模式和教材完成教学、传递知识，还需要不断地对自己或其他教师的教学方式、过程进行反思。

这种角色的转变，无疑是对教师的巨大挑战，其不仅需要掌握本学科的知识与教学技能，还需具备一定的理论知识，以及通过对教学实践的观察进行理论检验与建构的能力。教师成为研究者意味着教师不再是一个旁观者，等待别的专家、学者去研究与制定改革的方案与方法，而是教师自己在实践中研究（刘兴民，2004：23）。在课程改革中，教师应以研究者的形象出现，把每一间教室都变成新课程的实验室（Stenhouse，1975：14）。

### 2. 由"传授者"变为"参与者"

教师角色发生重大转变还有一个重要的表现，那就是师生关系的变化。传统教学中的师生关系，更多的来自对知识的客观预设，即认为知识是对外部客观世界的被动反映，有关世界的知识是可靠的，因此，教育的目的就是使学生通过教学获得这样的现实映像。因此，教师处于儿童社会化的核心位置，是知识的传授者，是教学活动的组织者，是学生日常表现的评价者。同时，作为被社会化的学生，则完全处于一种被动的状态，其只需按照教师的要求与安排，进行知识的学习，这完全漠视学生作为认识主体的能动性。在基础教育改革中，师生关系由教师单向灌输、学生被动接收，转变为师生共同探讨，共同建构知识的传授过程，而这种转变在很大程度上受到建构主义思想的影响。建构主义认为，知识主要是个人对知识的建构，即个人创造有关世界的意义，而不是发现源于现实的意义。其中，激进建构主义更是认为知识是由认知主体积极建构的，建构是通过新旧经验的互动实现的（莱斯利、盖尔，2004：9）。教师不再居于教学的核心位置，取而代之的是学生，学生成为学习的主体，教师则要根据学生的特点、差异性进行个体化、多元化的教学。

教学已不再是教师的舞台，而是通过师生不断互动交往得以实现的，教师成为重要的参与者。教师不再是过去包办一切的"填鸭人"，而是学习的指导者和促进者，教师再也不能直接掌握学生的学习和其他行为（余清臣，2009：4）。这种身份的转变，一方面加大了教师的教学难度；另一方面消解了教师的权力地位与自主空间。

3. 由"执行者"变为"开发者"

以往教师只需按照国家统一编订的教材进行教学活动即可，随着国家主导型的课程结构被逐步打破，教师"执行者"的角色也发生了变化。一方面，综合实践活动课程的出现，可谓是我国基础教育课程体系的结构性突破，作为从小学至高中设置的必修课程，其内容主要包括信息技术教育、研究性学习、社区服务与社会实践以及劳动与技术教育（王炳照，2009：127）。另一方面，由国家课程、地方课程和校本课程共同组成的多元化的课程结构逐步形成，其重视的是学科间的综合及学生的实践体验。其中，综合实践活动课程和校本课程需要通过校长领导、教师做主力、课程专家做指导、包括家长和社区人士共同参与进行开发。可见教师的角色也发生了转变，成为课程与教材开发的主力军。

### （二）生源的变化

随着农民工子女的大量涌入，公办学校的学生主体逐渐由当地学生转变为农民工子女，这对教师无论从日常教学还是心理上都是巨大的挑战。笔者曾经对飞翔中学和 JDM 小学这两所 M 区指定招收农民工子女的公办学校进行了问卷调查，分析发现，生源的变化对教师产生了较大的影响，如表 5 - 1 所示。

表 5 - 1　教授农民工子女对教师的影响

单位：%

| 教授农民工子女对教师的影响 | 百分比 |
| --- | --- |
| 与其他不招收外来工子女的学校老师相比，觉得低人一等 | 8.7 (11) |
| 与原来教授当地的孩子相比，工作强度和压力大 | 45.2 (57) |
| 下同样的辛苦，得不到原来的教育成就感 | 28.6 (36) |
| 对自己的考核、评职称有影响 | 5.6 (7) |
| 没有影响 | 8.7 (11) |
| 其他 | 3.2 (4) |
| 总计 | 100 (126) |

注：括号中为频数。

资料来源：A 市某教科所的相关课题中涉及的飞翔中学的样本情况统计。

可见，近乎一半的教师认为教授农民工子女的工作强度和压力较大。由于农民工子女来自全国各地，学习基础和进度差别较大，尤其是英语，很多学生是入学的时候才正式接触，加之较差的行为习惯及家长对教育的态度，都加大了教师投入日常教学中的精力。而且，这种生源的变化还大大地挫伤了教师的成就感，他们付出的努力与学生的学习表现并未呈正比。还需注意的是，生源由城市孩子向农民工子女的转变，还影响教师的自我评价。

可见，农民工子女的大量涌入，必将对公办学校教师的日常生活产生极大影响。

### （三）学校发展方向的转变

为扭转以往的底层地位并在农民工子女基础教育中跃居顶层，促进自身发展，学校以校园文化为依托，通过形式多样的综合实践活动课程和校本课程，不断彰显着学校在农民工子女教育方面的优势，这在本书学校部分已经做了详细的分析。在此，作为活动课程和校本课程与教材的主要开发者，教师不仅需要大量查阅课外读物和其他资料，还需在构思、编写课程内容和教材的同时，突出农民工子女教育的特点。同时，此类课程的开发与活动的参与，也通过考核的方式与教师个人形成密切联系，成为与教学一样的日常事务。

### （四）社会关注度提高

正是由于学生主体逐渐转为农民工子女、学校的发展方向转为农民工子女教育，来自社会各界的关注度才逐渐提高，这种关注既有来自新闻媒体，也有来自高校和研究机构。以飞翔中学为例，截止到2008年，在A市日报报业集团、新华日报报业集团和M区教育信息网上，共有108篇新闻报道从不同层面反映飞翔中学所开展的农民工子女教育及成果。主要涉及上级领导的视察、学校为改善农民工子女教育所做的各种努力和教研活动，以及农民工子女在学校的基本状况。除新闻媒体外，很多高校及研究机构，均将农民工子女群体作为主要的研究对象，因此，它们也通过各种方式进入公办学校，将学校作为田野调查的场所，观察农民工子女及教师的日常生活。可见，由于生源的变化，这些指定招收农民工子女的公办学校受到了外界更多的关注，而这种关注更多的是基于对弱势群体的关注。

通过上述分析，可以清晰地看到当前这些招收农民工子女的公办学校中教育实践者的现实处境，作为对下述教师策略性行为的分析背景，笔者在此进一步用图来说明这种处境（见图5-1）。

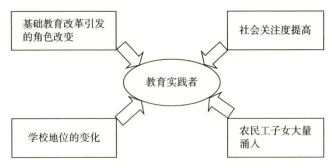

图 5 - 1　教育实践者在变革中的现实处境

## 二　不同层面的教育实践者

上述现实处境是这些学校的教师均会面临的，然而，这种现实处境对教育实践者所造成的实际影响又是有差异的，这种差异主要与教育实践者在学校组织中的地位与角色有关。每一个组织都是由一组相互联系的职位构成，每个职位又与一定的权利、义务与角色期待相联系。具体到飞翔中学，农民工子女的进入及学校发展方向的转变对处于学校不同位置的教师所产生的影响不同，有的可能从中受益，而有的则可能利益受损。正是这种影响的差异，造成学校不同层面的教育实践者对农民工子女教育存有不同的认知与态度；也正是这种差异，影响教师与农民工子女的互动。

在此，笔者通过结构图的形式对飞翔中学的学校内部结构进行简要说明（见图 5 - 2），从中可以看到，学校内部主要可分为三个层面：领导层——校长、日常事务管理——行政管理人员、日常教学——教师。

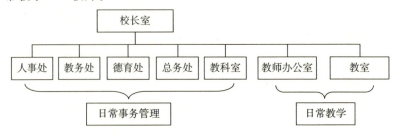

图 5 - 2　飞翔中学组织空间结构图

**（一）校长：创造学校品牌**

校长作为学校的领导层，不仅代表学校与上一级管理机构、专业人士进行接触，同时作为学校的管理者与协调者，还需要与教师、学生及家长进行沟通。更多情况下，校长的个人利益与发展是与学校的综合发展联系在一起的。当学校发展滞后时，人们也倾向于将主要的责任归咎于校长，这与其所扮演的角色是紧密相联的。在飞翔中学，随着学校被指定为 M 区唯一一所招收农民工子女教育的公办中学，学校的发展方向发生转变，而这种转变的主要推动者便是校长。在"蜕变"教育哲学理念下开展的各种活动，可谓是这种推动的集中体现。将农民工子女教育创造为学校品牌，可以从学校层面给领导层带来各种收益。飞翔中学校长，先后被评为"M 区素质教育先进个人"、"'四五'普法先进个人"、"M 区优秀共产党示范岗"、"全国科教先进校长"，而且其就农民工子女教育还多次接受新闻媒体的专访。同时，其围绕学校的农民工子女教育工作在各类学术刊物上发表论文多篇。可见，学校的总体发展与领导层的个人收益紧密相联，促使领导层充分投入农民工子女教育的特色建构当中。

**（二）行政管理人员：双重身份下的复杂态度**

处于第二层的便是各科室的行政管理人员，在飞翔中学没有纯粹的行政人员，除校长外，所有的行政人员同时也是任课教师，用老师的话说就是"学校里，只有校长是个闲人，什么都不干（指上课）"。因此，行政管理人员均具有双重身份，既作为学校管理层的一员，同时又是教师群体的一分子，农民工子女教育对这些教育实践者也有着复杂的影响。

从行政职务上来说，行政管理人员所代表的是学校，学校所倡导的教育理念需要他们的积极参与并推行，这是他们分内的责任；同时，他们也可以从中受益。从教学职务来看，他们又与其他教师一样，需要面对生源转变所带来的一切变化。但是，他们的态度更加温和、委婉。在这种复杂身份下他们对农民工子女的复杂态度，在笔者长期的田野调查中深有体会。他们一方面会跟笔者列举学校做过的各种有助于农民工子女教育的活动；另一方面，也会抱怨这些孩子是多么难教，需要付出很大心血。同时，行政管理人员并不是对领导层的各种想法均是"言听计从"，也有许多不满：

> 你说我们做的这些有什么意思？都是骗人的，都是校长一个人在那里瞎搞，都有人说过了，这种提法（指学校的办学目标）是文化霸权，人家农民工子女为什么非得变成城市人的？跟他说他根本不听，我是不管了，反正我现在职称评上了，以后我是不会搞这些课题了。
>
> ——对毛老师的访谈（日志090315）

从行政管理人员的不满中可见，在领导层极力塑造学校品牌时，并未考虑太多行政管理层的意见，使得他们虽是学校的代表，但自主活动的空间十分有限，更多情况下只是执行领导层布置的任务。

### （三）任课教师：日常生活的改变

任课教师是学校日常生活的核心人物，生源及学校发展方向的变化对他们的生活有着最直接的影响。如果说那些同时身为行政管理层的教师还能够从其行政职务中获得某种收益，以消解农民工子女教育所带来的负面影响的话，那么，对于单纯任课的教师来说，他们只能直面这种转变对日常生活所带来的各种影响。当然，这种影响在经历过生源变化的老教师和刚进校门的年轻教师中，也存在一定的差异。

#### 1. 意料之中

对于那些刚进入校门的年轻教师来说，由于没有经历过生源的变化，因此他们对农民工子女各方面"不良表现"的抱怨要少许多。

> 我家是在 YH 区，本科毕业以后就开始找工作，一开始没有投这个地方，SZ、NSFZ 的都投过。去 NSFZ 的时候，直接

在门卫那里就把我们拦住了，说：你们还有约啊？我们说没有。门卫直接说：那你们把简历放在这里就行了。其实，在门卫那里就已经被淘汰掉了，进 NSFZ 的都是研究生，这些人就都把名额占住了，我们根本就不可能进去的。最后没办法就到处投简历呗，这里要人才过来的。

进这里也不是很容易的，首先参加的是 A 市六城区考试，考过了以后才看哪里要人的，当时 M 区好像是要 7 个老师，就到这边试试了。当时来应聘的人也不少，我有个同学和我一起过来的，最后还是要了我。主要是那个同学家是 S 区的，家比较远，应聘的时候会问你：你在 A 市还有房子啊？因为学校没有条件给老师提供住宿，所以愿意要一个近一点的，所以最后就要了我。户口还是管一些用的。

——对曾老师的访谈（日志090403）

可见，当前教育系统中的分层、筛选，不仅是针对学生，教师也在竞争中完成了相应的分层。条件好的学校通过雄厚的财力，吸引了众多教师，而条件差的学校则成为竞争者最后的保底选择。曾老师觉得能够进入这个学校已经是非常不容易的事情，不仅要参加"六城区考试"，而且户口也发挥了一定的作用。正因为没有对比的教学经验，加之坎坷求职，年轻的教师虽然对农民工子女教育也比较头疼，但抱怨相对较少。

2. 深受打击

与年轻教师相比，在飞翔中学任教多年的教师，经历了学生从本地生源向农民工子女的转变，这种转变对他们有着直接影响。甘老师是学校的元老级教师，在谈到农民工子女教学时，很是无奈：

现在这些孩子质量差得很，尤其是英语。原来我带的班在 M 区考前几名没问题的，就说我教的学生吧，有现在在香港中文大学上学的，还有考上浙江大学现在在美国的。那会

103

带学生真的是觉得非常好，有成就感，也有动力。40多个毕业班，光英语单科我还带过全区第一，根本不成问题的。现在倒好，年年垫底，教得一点劲都没有。上课根本就没有个上课的样子，东倒西歪的，我都不知道他们来学校是干什么的。尤其是我们英语，英语老师个个灰头土脸的。

——对甘老师的访谈（SZ日志090324）

教师作为一种职业不仅能够给个人带来物质收益，职业成就感同样对其个人发展发挥重要作用。原来的学生"考前几名都没问题"，现在"年年垫底"，原来"觉得学生真的非常好，有成就感，也有动力"，现在"教得一点劲"都没有，整天"灰头土脸"。可见，一方面，农民工子女的进入，加大了教师的工作强度；另一方面，这种强度的加大并没有带来以往的成就感。同时，学校之间的排名仍旧是教师自我定位的重要参照。

3. 认同危机

在农民工子女未进入之前，飞翔中学所教授的虽不是多么优秀的城市生源学生，但其教学活动仍在城市教育体系之内。农民工子女的进入，将教师逐渐拉向城市原有教育系统之外。高老师在笔者进入的时候，就表现出强烈的反感：

他看了我一眼继续对着电脑玩游戏，说："有什么事？"在我表达了来意以后，他还是继续对着电脑打游戏，说："行，没问题！听吧，还有别的事吗？"看到他这样的态度，我尴尬地笑了笑，这时他的话更让我想不到："你能不能别老'您'、'您'的，没有必要，我们哪里是什么老师？我们就是农民工，是吧，李老师（坐他后边的老师）？教农民工子女的不就是农民工嘛！"

农民工子女的进入，以及学校层面的品牌效应，必然吸引外界许多关注的目光。飞翔中学如同一个大的试验室，农民工子女包括教师成了受人观察、研究的"小白鼠"，他们的日常教学活动与生活频频受到关注，而且这种关注多是出于对弱势群体的关注。因农民工子女的户籍身份，飞翔中学的教学也被归到一个特殊领域，有些教师的职业认同发生变化，他们不再认为自己是教师，而是因为"教农民工的孩子"变成了农民工。

4. 对领导层的不满

任课教师的主要职责在于教学，个人得失也更多与具体教学而非学校发展密切相关。当领导层所采取的某些方式影响到日常教学时，教师更多地是站在自身的立场上表达对领导层的不满：

> 你不知道，我们学校现在是面对全市招生，到处打着广告，校长到了开学的时候就要现在学校里的学生回老家去找人来上。还搞什么爱心班，你刚才看的那些试卷就是什么爱心班的学生做的，这就是校长找来的品学兼优的学生写的，都是什么啊？说是好学生呢，有的可能都是造假的成绩，有的说什么获了个什么奖，那就来了。
>
> ——对甘老师的访谈（日志090324）

充足、优良的生源是学校得以正常运行的关键因素，校长"让学生回老家找人"、"搞爱心班"，更多地是为了保证学校的生源。然而，招来的所谓"品学兼优"的学生却给教师日常教学带来了巨大的困扰，领导层的措施不但没有继续惠及教师层面，反而成为教师开展日常工作与提高个人收益的阻碍。

经上述分析可见，一方面，农民工子女的进入对学校不同层面的教育实践者有着不同影响，单纯任课的教师受到的负面影响最大；另一方面，针对农民工子女教育，领导层在制定措施的过程中并未给予行政管理层太多自由发挥的空间，有些还间接影响教师层的日常教学与收益。接下来，笔者将以受负面影响最大、与农民工子女接触最密切的任课教师为主体，分析他们通过哪些策略来改善自身的不利处境。

# 三 教师权威：回归"凡人"

"教师"在人类的文化之中已发展为一种形象符号，即一种不同于常人的"圣人"的象征（周宗伟，2006：179），多以"园丁"、"蜡烛"、"灵魂工程师"来形容这种神圣性。同时这种神圣性也塑造了教师作为"圣人"的行为规范，那便是无私的奉献、教书育人、不求回报。然而，随着基础教育改革对教师核心地位的消解，以及农民工子女的进入给公办学校教师所带来的身份危机，教师正在既被动又主动地脱去"圣人"的外衣，而以"凡人"的样貌投入实际教学当中。

## （一）由抽象的"圣人"到具体的普通人

### 1. 教师权威的来源

涂尔干在《教育与社会学》一书中指出："在本质上说，教育必须是一种权威性的活动……于是教育工作者的关键品质就是道德权威……教师的权威不是来自外部，而是来自教师自身，只能归结于教师自身对道德的内在忠诚。"（参见厉以贤，1992：22～23）这里，涂尔干强调的是教师的道德权威，可见权威既来源于外部，也来源于教师个人。W. 沃勒（W. Waller）曾以"社会的指导"、"个人的指导"为标准将教师的权威分解为制度层面和个人层面。然而，真正对教师权威进行系统研究的当属 R. A. 克里夫顿（R. A. Clifton）和 L. W. 罗伯茨（L. W. Roberts）。在《教师权威：一种社会学观点》中，他们基于韦伯对权威的划分，将教师权威分为源于教育制度的法定权威、传统权威及源于教师个人因素的感召权威、专业权威；同时，不同的教师权威类型与对学生所施加的影响效果之间存在一定的对应关系（参见吴康宁，1998：209～211）。综上可见，教师权威来源于两条路径，一条是制度所赋予的，另一条来源于个人。这里的个人，指的是个人的品格、知识等方面，而有别于日常生活中的普通人。无论是制度权威还是个人权威，都将教师定位于"抽象"层面。

2. 脱去神圣的外衣

正是这种抽象化的教师形象，使得社会对教师表现出较高的期望，形成了社会对教师的刻板印象。一方面，教师乃"人之模范"，他们就应该是"真、善、美"的化身；另一方面，把教师定位于高层次的道德追求，相对忽视了教师作为普通人的物质需求（马和民，2009：69）。

在基础教育改革中，强调了学生的独立地位，要"适应他们（学生）的情况、条件、要求和思想认识的发展规律"进行教学，教育者要认识到"学生是学习的主体"和"学生是权责主体"（朱慕菊，2002：121～122）。基础教育改革是一个给学生赋权的过程，教师的"神圣"色彩有所减退。同时，对于招收农民工子女的公办学校教师来说，农民工子女的大量涌入，致使其经常要与仍遭受偏见与歧视的农民工群体联系在一起，并被外界与民工学校的教师进行比较。在个人认知上，教师的"神圣性"也随之下滑，甚至有教师认为自己并非教师而是农民工。在制度与个人认知上，罩在教师身上的神圣光环在逐渐消退，在这样的空间下，教师越来越能够回归普通人的行列。

（1）穿着

作为普通人，教师在穿着上就无须刻意塑造那种"神圣性"，尤其是对于那些年轻的女教师来说，教师身份并没有阻碍其在学校空间下彰显对时尚的追求。

> 我（笔者）低着头看书，小青突然抓了我一把，说：看，穿得多性感。我抬头看，原来是韩老师，确实，对于一个老师来说，穿得有些太突出。灰色的丝袜，深灰色的连衣裙，袖子是蕾丝的，超大的领口，加之她漂染的头发，俨然一位摩登女郎，与炎热天气下依然穿着厚重校服的学生形成了鲜明的对比。（日志090508）

> 冯老师，今天下午上课穿着一件非常个性的白色T恤，T

恤上的图案是一个身穿比基尼的少女，在冯老师走进教室到上课后的一阵子，下面的学生都在一边偷偷笑，一边窃窃私语，谈论着冯老师的个性 T 恤。（日志 090522）

即便是站在讲台上，面对学生，教师也没有刻意通过庄重、严肃的着装来凸显教师的独特地位。教师的个性化着装，在另一个层面上显示了教师在学校空间中的相对自主性。

（2）语言

教师作为知识的传授者，不仅向学生们传达着课本中的知识，还将一些时尚的用语融入日常教学当中。以下是笔者在课堂上听到的教师的时尚用语：

a. 这个 us，就是我们这两天讲得很恶的一个词。（指很多遍）

b. 你在干什么，在秀你的身材吗？（展示）

c. 果真是没有最差，只有更差！（流行广告台词的改编）

d. 连××都能考这么高分，一定是脑子被雷劈了。（表示对差生获得高分的夸张）

在此，教师所使用的"很恶"、"秀"、"没有……只有……"、"脑子被雷劈"都是大众文化中较为流行的用语，而教师则拿来在课堂上作为对学生各种表现的评价。这种现象在笔者的实地调查中比较常见，除了几个年纪稍大的教师以外，其他教师均会或多或少地将源于大众文化的时尚用语带到课堂中。

（3）私人空间的开放

当教师还是抽象的"圣人"时，课堂与办公室相当于扮演教师角色的前台与后台，前台用于尽职尽责地扮演"圣人"的角色，后台则是为前台做准备的地方，是教师作为普通人的私人空间。随着教师神圣性的消逝，这种前台、后台的界限也模糊起来，更多情况下，教师的办公室生活对学生开放。在学生在场的时候，女教师仍旧谈论着化妆品、衣服或是家里的一些事情，男教师则可能一边打着电脑游戏一边教训着学生，教师办公室生活并不因为学生的进入而有太多改变。

3. 权威来自最直接的控制关系

布迪厄认为，教师经常创造自身的卡里斯玛，使得知识看起来成为教师个人的天赋，而不是靠努力与方法的结果。教师通常将辛苦学来的能力和技巧隐藏起来，将自己的知识呈现为一种个人天赋，进而正当化了自己的精英位置（常亚慧，2007：45）。笔者认为，当教师逐渐脱去神圣的外衣，以近乎普通人的身份投入学校日常生活时，教师的权威来源必然也将发生变化。在此，教师的权威更多地源于制度所赋予的合法权威，即作为教育者实施教育的权威，而来自个人的品格与知识的权威，则由于教师身份的回归被忽视。同时，这种来源于合法的制度性权威更多表现为赤裸裸的树立权威与抵御权威、控制与被控制的关系。

**（二）来自"凡人"的威慑**

教师权威的运用在于使学生的行动处于一种有序状态，或协调起来合作实现某一目标，这是达成有序教学活动或教学秩序的主要机制之一（马和民，2009：79）。当教师回归"凡人"，当教师权威更多来自赤裸裸的控制关系，教师反而能够更好地发挥个人的能动性，通过各种方式保证日常教学的顺利进行。

1. "一日常规"下的班规

在飞翔中学，除校规外，对于班级中还有"一日常规"约束着学生的日常行为，而班主任又通过建立班规将日常行为规范进一步细化，使其与学生个人的得失紧密相联。

## 飞翔中学初二（3）班班级管理奖惩制度

**奖励：**

1. 为班级做出贡献的（加 2 分）

2. 两件好事（加 1 分）

**惩罚：**

1. 早晨7：30开始早读，不准抄作业，不在教室补作业（扣2分）

2. 迟到、旷课（扣1分）

3. 不按时做两操，又不请假（扣1分：办公室补做）

4. 自习课、午自习有声音（扣1分：抄班规10遍）

5. 室内吃零食（扣1分：打扫教室1周）

6. 值日生不按要求完成卫生任务（扣1分：中午补扫，买劳动工具）

7. 桌椅板凳不齐，抽屉有杂物（扣1分：每人必须有一块抹布、一个垃圾袋）

8. 校内骑车（扣1分：整理车棚）

9. 课堂随意插嘴，干与课堂无关的事（扣1分：打扫办公室）

10. 课间窜班、窜年级，哄闹（扣1分：写1000字检查并让家长查阅）

11. 破坏公物（扣1分：赔偿）

12. 破坏室内外墙壁卫生（扣1分：义务打扫1周）

13. 不按规定穿校服、佩戴红领巾（扣1分）

14. 集体活动不积极参加（扣1分）

15. 乱翻别人东西或教师书籍（扣1分）

16. 不服从班委管理（扣1分）

17. 就餐不文明、不按规定排队、大声说话（扣1分）

18. 不许带手机、MP3、电子词典等娱乐工具（扣2分：凡查到一律没收，家长请拿）

19. 考试作弊（扣5分：试卷0分）

20. 抽烟喝酒（扣5分：另写检查，请家长，情节严重者校记处理）

**注：一学期学分低于80分，不参加任何荣誉评比。**

虽然是班级的奖惩制度，但是班规涉及奖励的只有两条——"做贡献"、"做好事"，涉及惩罚的却有20条，涵盖日常生活的各个方面。在简单、模糊的奖励条款中，并未说明贡献、好事的性质，因此虽然有奖励条款，评价的标准与权力仍旧掌握在班主任手中。与之相对，惩罚条款中不仅详细说明了惩罚的行为，还明确了惩罚的方式，最终的得分还要与学习成绩相结合，低于80分将无法参与学校的各种荣誉评比。这样的"一日常规"，与其说是班级奖惩制度，不如说是通过班规的形式将"一日常规"与学生个人利益紧密联系在一起，实现更为有效的管理，进而也与班主任的个人利益联系在一起。

2. 周记中了解私人生活

除班规外，周记也是一种教师惯常使用的方式，笔者在上小学期间，教师为了锻炼学生的写作能力，也经常布置日记、周记之类的作业。飞翔中学中，有些教师还通过周记来监控学生的校内外生活，金老师作为初二某班班主任，就采取这种方式：

> 我每周都要求他们写周记，从他们的周记中你能够了解到很多东西，比方说老师不在的情况下他们都在做些什么？在学校外面都做些什么？（他们难道不会应付吗？）那是当然的，很多孩子，每次周记都写一句话，吃饭、写作业、睡觉，但是还是有些情况是能够反映出来的。而且有的时候，我会给他们布置固定的题目让他们写，主要是自己也想通过这种方式看看能够发现什么可以申请课题的。（日志091030）

在此，周记锻炼了学生的写作能力，同时教师也赋予它更多的功能，如监控学生日常生活、为科研积累材料。教师不但是管理者，还是研究者，但在某种程度上都是指向教师自身，而非农民工子女群体。与班会结合，周记的功能得到了充分发挥。

在班会课上，金老师将上周周记拿出来进行点评，大致是上周谈到了分班的事情，如果本班还是目前的表现现状，很有可能在初三的时候被拆班。金老师将这个问题抛给了全班的学生，让他们反思，问大家是否愿意分班。

接着金老师提到了有些学生的周记"写得比较好"，之所以比较好，是因为说出了自己的心声：

1. 不想分班；2. 自己做得不够好；3. 表示自己以后要怎么样做。

金老师将表现比较好的学生的周记一边念，一边分析问题。同时，又批评了学生在周记中表现出对扣分的不屑态度——'扣就扣吧'。金老师要求说过这种话的人站起来，有几个学生很自觉地站了起来，金老师一一问了他们为什么要说这种话，大多说人都说不出个所以然来，但都表示自己做错了。

本来只对教师开放的周记，成了班会课的重头戏，金老师对周记中所体现出的"集体感"进行表扬，对各种懈怠情绪进行批评。常规分主要是争取年底学校的各种荣誉称号之用，因此扣分本身是关乎个人利益的事情，但是金老师将此与分班联系在一起，并将学生所表现出的无所谓态度扣上了缺乏集体感的帽子。可见，周记如同一个监视器，不仅掌握着在教师缺场时学生的各种表现，教师还会据此对学生所流露出的各种消极态度进行矫正。

3. 无处不在的监视与惩罚

（1）做眼保健操时的"捉拿"

每当眼保健操的音乐响起，班主任便会放下手中的一切事情，到教室观察学生的情况，这是班主任的分内工作。

韩老师、高老师都向自己的教室走去，韩老师一边走一边还说："冲啊，去捉我们班××（对农民工子女贬义的称呼）。"回到办公室的时候，韩老师手里拿着好几个空袋子，放在桌子上，说："下了课就让他们把这个顶在头上。"（日志090327）

班主任对眼保健操进行例行检查，似乎重点不在于保证学生做并保护眼睛，而在于发现违反行为规范的学生，并进行惩罚。"将没收来的空袋子顶在头上"的惩罚方式，也是韩老师突然的想法而已，全无规定可循。

（2）"举报"后的批评

在学校范围内，学生所受到的监视并非仅来自和自己有直接关系的班主任和任课教师，而是来自全校所有教师。学校空间内，只要有教师存在的地方，就存在监视。

> 金老师一进教室便说："今天我听其他教师说，我们班的学生午自习的时候在打篮球，都是谁？"阿勇和另外五个男生都站了起来，表示自己中午和初三的男生在一起打篮球。金老师批评了这几个男生，说来学校就是来学习的，体育课为什么安排在副课和上午的最后一节就是因为怕影响主课的听课状况，所以要求男生中午不能打篮球。（日志091214）

虽然没有班主任在场，但来自其他教师的"举报"，还是让这些没有按照学校规定上午自习的学生受到了直接批评。只要在学校范围内，学生便难以逃脱无处不在的监视。

（3）惩罚的随意性

学校空间内，如果说诸如班规、周记和监视等形式的控制，在一定程度上已经融入了较多的"凡人"特质，那么，惩罚方式的随意性则能看到更多来自普通人的身影。

> 韩老师走到小石身边，用自己高高的高跟鞋跟在小石的脚上使劲地踩了下去，旁边的学生都很过瘾地看着这一幕，小石也在默默地承受着。韩老师踩完后就回到讲台上开始对练习题，课堂也渐渐安静下来。（日志090505）

> 在做眼保健操的时候，班主任过来了，叫起一个学生说

他没有做眼保健操，而是在玩。然后将这个学生叫到走廊里训斥一番后，还让这个同学在地上做俯卧撑以示惩罚。在门口进行的这场惩罚，我可以看得非常清楚，可见老师的惩罚并不打算回避我这个外人。（日志090320）

上课铃响了，才有几个男生急匆匆地跑到教室门口，大声喊："报告"，冯老师皱起眉头，看了看说："没听到上课是不是？拿着书到后面站着去！"一节课的时间，几个迟到的男生就在后面站着。（日志090403）

体育课马上就结束了，按照习惯，学生要绕着操场跑一圈，然后解散。但是有几个男生说自己身体不好，从队伍中出来，没有跑步，体育老师却让这几个"偷懒"的男生在升旗台（三个台阶）不停地蹦上蹦下，直到她满意为止。而跑步的队伍则和放羊一样，根本看不到队形，老师非常生气，要求整整齐齐再跑五圈。（日志091020）

以上，是笔者在飞翔中学实地调查中所看到的惩罚场景，"高跟鞋踩"、"做俯卧撑"、"罚站"、"罚跳"、"罚跑"都是教师临场发挥的惩罚方式。在这样的师生关系中，教师占有绝对的控制权，并通过这种控制关系实施惩罚，采取什么形式、在什么时候惩罚，都由教师一人掌控。

（三）教师眼中的好学生与坏学生

除上述无处不在的控制与充满随意性的惩罚以外，教师对于好、坏学生的区分标准也同样渗透着个人因素。在此，师生互动中学生的行为表现可归纳为对教师权威的遵从或挑战，而当教师权威是建立在赤裸裸的控制关系之上时，学生或遵从或挑战的行为也就更多地指向教师个人。

首先，在教师群体里，农民工子女的形象已经被刻板化，即他们是一群从农村来的学习差、行为习惯差的孩子。即便有时这些孩子认真遵守着"一日常规"，在某些教师眼中，还是难以摘掉差生的帽子。

　　笔者：孩子们做眼保健操的时候，还是比较安静的，一个一个都认认真真地做着。

　　夏老师很不以为然地笑了笑，说：不行，他们都不会做，都是在装样子的，没几个会做的。

　　夏老师是初三某班的班主任，是快班，学生各方面表现都非常优秀，但在他眼中，这些孩子仍旧是"差生"。即便学生确实是"认认真真地做着"，夏老师还是把这种遵守常规的行为视为"装样子"。

　　其次，成绩好的学生固然在任何情况下均是教师的宠儿，但是这种成绩好也是相对而言的，与以往的当地生源相比，农民工子女的成绩对教师的成就感已产生了较大的打击。"听话"相对而言成为教师认定好学生的首选表现，而这里的"听话"更多的是指对教师权威的一种服从。

　　最后，坏学生更多的是那些"自甘堕落"的学生，这种堕落无形中挑战了教师的权威。

　　韩老师表示，最讨厌木木，因为他别的科目学得都很好，但是就是不学英语，"你说，他是不是和我有仇啊？"有一次课上，很多人都说话了，但是韩老师都没有指责，唯独将怒火指向了木木："你那么多废话，要说去办公室说去！"但是木木并没有买韩老师的账，还在课堂上表示不公平，因为其他同学也说了。韩老师自知不公平，但还是坚持自己的立场："你还想让我把全班人都叫到办公室去？你要不现在就去办公室，要不拿着书站在后面去。"面对韩老师盛怒之下的惩罚，木木还是站在原地，不作声。韩老师生气地拿起书，再次对着木木说道："好，你走，和我到办公室去！"这次木木配合着走了。（日志090508）

在很多人都违反课堂纪律的情况下，韩老师选中了其他科目都考得很好，但英语每次只考 20 多分的木木进行批评，且只是因为其不配合，就剥夺了木木上课的权利，并在对方认为不公且不接受惩罚时，断然中止了还未开始的教学。在此，木木不但没有学好韩老师的英语课，而且在老师批评、惩罚的时候认为不公，在众目睽睽下向其发出挑战，而这是绝对不允许的。随后的课堂上，韩老师再也没有和木木说过一句话，上课提问直接跳过他，通过这种在场如缺场的方式，韩老师继续维持着自己的权威。

可见，教师将对农民工子女的刻板印象带入学校日常生活之中，因此即使学生表现得再好，也难逃农民工子女身上所具有的各种"陋习"。学生对教师权威的态度及行为成为衡量其好与坏的重要标准。

## 四 共谋之下的游戏空间

农民工子女的进入打破了公办学校教师稳定的日常生活，孩子们在学习、行为与态度上的巨大差异，挑战着教师原有的知识结构与教学方式。同时，工作强度的加大却未能得到往日的成就感，使教师产生了巨大的认同危机。作为具有能动性的行动者，教师在学校日常生活中将采取一定的策略以应对这种不利处境。在此，笔者根据教师学校日常生活的主要场所与事件，分别从课堂之上、课堂之下以及教学与科研三个方面展开论述。之所以称之为"共谋"，主要是因为有的策略是建立在"心照不宣"的基础之上，而有的则是通过教师之间、师生之间的互动得以完成的。

### （一）课堂之上

在课堂上，不但能清楚地观察到教师运用的各种教学方式及教学内容，还能观察到作为学生的农民工子女对教师教学的态度与反应。

#### 1. 高效、准确

笔者经常以旁听生的身份出现在教室里，深切体会到在短短的 40 分钟课堂上，教师通过各种方式试图营造出高效、准确的教学模式。

（1）一背到底

虽然基础教育改革要求放弃传统的"填鸭式"教学模式，但是当教学目的最终还是指向升学率时，以背为主依旧是最直接、有效的教学方式。不同科目的教师均要求学生进行背诵，如数学公式、语文文章、政治知识结构图、英语单词与句型……尤其是在初三冲刺阶段，各科教师还要求学生对试卷进行背诵。与背诵相对的就是多遍数的默写，一旦发现错误，就需要学生进行抄写，用老师的话说就是"直到抄会为止"。

（2）真知来自课本

如果说基础教学改革要求教师在教学中要不断培养学生发散思维的话，那么在实际教学中，笔者所看到的则是对标准答案的强调，似乎所有的真知均来自课本。这非但没有使学生思维变得活跃，反而压制了其可能的想象空间。以下是笔者所旁听的政治课片段，从中能够深切体会到教师对学生思维的遏制。

　　　政治课上，老师以一道思考题"在日常生活中，我们该如何孝敬父母"开始进行提问。这个问题与现实生活联系紧密，比较好回答，很多同学开始说自己的答案。此时，老师又强调了两点，首先要求学生们用书本知识回答，其次就是不要用大白话。刚才七嘴八舌的学生们有部分就安静下来，另外一部分貌似用课本上的语言继续喧闹着。（日志091104）

从题型上来看，思考题本身是为了促进学生思考，提高其发散思维能力的，且面对与生活如此贴近的题目，学生确实表现出极大的积极性。但是，教师要求"用书本知识"、"不用大白话"，顷刻间扼杀了大部分学生的回答意愿，让原本可以多元化的思考，变成了单纯的应试回答。笔者突然想起了伯恩斯坦谈到的不同阶层所存在的不同的语言编码，上流社会的孩子一般使用的是精密型编码，底层社会的孩子一般使用的是限制型编码，而学习的教学语言则是与精密型编码一致，因此底层社会的孩子会处于劣势。但是，在以应试为主的教育模式中，为了完成一定的教学任务，学校会有一套自己的话语体系——一套高效率地完成教育任务的话语，有可能不是单纯的靠近上层社会的话语，也不是远离底层的话语，而是一种"固定的语言"。然而，高效地掌握这种"固定的语言"，更多的情况下能够给孩子带来应试教育下的高分，但限制了他们的思考与表达能力。

（3）"差别对待"

在课堂上，教师对学生的关注也有所不同。总的来说，在讲课过程中，教师会更加关注前排学生的反应。如果这些学生表示理解，则开始继续下一个环节的内容；如果这些学生没有多少人附和，教师就会适当放慢节奏。毛老师也曾经提到过："班里面也就前几排的学生有点希望（中考），其他人能不能拿到毕业证都是问题。"在信息课上也能看到相同的情景，课上老师会来回走动检查学生的演练情况，但他并非对每个学生都十分关注，只将重点放在那几个会做的学生身上。不会做的学生，即便老师看到他们在那边抓耳挠腮也会视而不见。在这样的环境中，不会做的学生占到大多数。在教师精力有限的情况下，便会出现这样的差别对待。

在临近中考的最后一个学期，那些即将被隐性淘汰的学生，更是在教师的视线范围之外。这些学生完全可以做自己的事情，只要不扰乱课堂秩序，教师提问经常是到这些学生就停止了，讲解试卷的时候，这些学生经常没有试卷：

上化学课，这节课是讲上节课布置的试卷，李老师问："所有的人都有卷子了吧?"老蒋举手吆喝道："老师，我们（不参加统一中考的学生）没有。"李老师顿了顿（不排除因为我在场的影响）说道："你们这些人，不早就告诉你们去我办公室拿卷子吗? 没人去拿的。下了课派个代表去拿吧。"（日志090505）

其实那时才刚上课，教室离办公室只有百米，完全可以让这些不参加中考的学生现在去办公室拿试卷，可以更有效率的听课，而不是让其无所事事地坐一节课。但是，正因为这些学生不参加统一中考，不会对升学率造成任何影响，所以他们学习与否便不是教师关注的主要问题，教师更不会花费时间和精力在他们身上。

2. "人性化"教学

相对而言，书本知识是固定的，而教师的教学内容与过程却是灵活多变的，尤其是在副课上。因为与中考的关系不大，副课教师对课程的进度、内容有更大的自主性，而这种自主性的发挥更多以非正式的方式出现，使副课成为教师与学生共同营造的"人性化"课堂。

（1）符合学生口味的音乐课

音乐课是比较典型的副课，与主课之间几乎没有任何的连带关系。飞翔中学音乐课上课的地点是在电教室，关上教室门便隔出了一个只有教师与学生在场的独立空间。在此，教师可以完全抛开教学计划进行教学。

> 课上，闻老师先放了一段曲子《memory》，让大家听有几个主旋律，之后找人回答。之后又放了音乐剧《猫》的片段，是一只脏兮兮的流浪猫，在唱《memory》。学生们看到后哄堂大笑，有的笑这只猫长得丑，有的说这也叫做猫，根本没有在意表演者通过歌声和表情所要传达的含义。之后，闻老师把从新浪网上节选下来的歌曲、歌手介绍通过投影仪向大家呈现了出来。接着找同学把英文的歌词读了一遍，然后自己又逐字逐句地将歌词解释了一遍并进行了示范演唱。其实，闻老师对歌曲也不熟，唱得一会高一会低，有的地方还跑了调，但是由于是英文歌曲，学生们都没有听出来。或者说，很多学生也并不在意老师在做些什么。原来初一的时候，另一个音乐老师都是按照课本来讲的，大家都不喜欢上，之后，闻老师给上，之前的两节课将课本上该讲的东西很快地过一

遍，随后就开始给学生放流行歌曲了，所以学生都很喜欢他。（日志091214）

以前我就是按着教材上的讲，很多同学都不愿意来上课，有的上课也是睡觉。现在我不这样教了，我教一些他们喜欢的歌曲，大部分是流行歌曲，上课气氛就不一样了，有的学生下课了都不愿意走。我用多媒体，就像在KTV一样，下面还有字幕呢。

——与闻老师的交谈（日志090308）

从音乐课的教学过程及学生和闻老师的看法中，似乎可以发现大家都很认可这种抛开课本的教学方式。在学校到处是"一日常规"、班规及监视的环境中，这样的音乐课堂给了学生莫大的自由空间，尤其是课堂上的"流行元素"更是与学校层面、教学层面所倡导的内容不一致。副课的教师正是通过将教学内容投向学生，不仅得到了学生的认可，还减轻了自己的教学压力；同时，借助发达的网络，准备如此"人性化"的一堂课，所花费的时间与精力都相对减少。

（2）人防课：电影欣赏

人防课旨在开阔学生的视野、了解我国现阶段的人防情况，大到国家层面的军事装备，小到个人层面的防护知识都会有所涉及。飞翔中学的人防课也有固定教材，由J省民防局、J省教育厅编写的《民防知识》，共分为9个章节，如表5－2所示。

表5－2　《民防知识》目录

| 1. 民防与防控心理素质 |
| --- |
| 2. 战争灾害与平时灾害 |
| 3. 现代常规空袭时的防护 |
| 4. 对核武器袭击、核事故的防护 |
| 5. 对化学武器袭击、化学事故的防护 |

| 6. 对生化武器袭击、传染病的防护 |
| --- |
| 7. 民防工程与个人防护器材 |
| 8. 应急生存技能与外伤救护 |
| 9. 防护技能综合训练 |

但是，在实际教学当中，课本也仅仅发挥某种象征意义，人防课实质上成了电影欣赏课。用教室的电脑可以很轻松地在"土豆网"、"优酷网"等视频网页上打开各种电影，教师所要做的就是站在一旁，一边观看一边维持课堂秩序。

　　上课铃响了，这节是人防课，学生们并没有像往常一样拿出相应的课本或教材，而是非常兴奋地谈论着什么。原来人防课并非按照课本进行授课，而是放电影，大家在谈论这节课放什么电影，有的说《2012》，有的说《变形金刚》。人防课老师并没有理会下面学生的呼声，打开网页播放了《栖霞寺》，底下立刻"嘘"声一片，非常失望。有的学生便开始写作业，有的睡觉，有的好奇地看着。听身边的学生说上节课放的是《地道战》。

一方面，将人防课转变为电影欣赏，教师几乎不需要花费太多的时间与精力钻研教学；另一方面，学校所承担的政治社会化功能，在教师的具体教学过程中被逐渐消解。

3. 移交

如果说通过高效、标准的教学方式，以及"人性化"的教学内容，教师相对压缩了自己投入日常教学中的时间与精力的话，那么，将常规工作"移交"给学生，则绝对缩减了教师的这种投入。

在调查中，笔者时常会看到学生出现在办公室或教室批改作业或试卷。在讲课过程中，学生所拿到的修改过的试卷，有的教师甚至根本就未曾过目，更多的是班干部的劳动成果。

李老师拿着卷子就开始讲，中间的一段小插曲就是卷子判错了，因为卷子是学生判的，所以这个地方改错了，学生们都开始语言攻击这个学生（不知道是谁）。之后是一个漏判的学生表示自己有个地方气体符号加了，却没有给分，张老师笑着说："反正你现在的成绩已经达到64分，及格了，还在乎那么多干吗？"（日志090401）

当教师不再重视批改作业、试卷这种日常工作，并将其移交给学生时，其对学生的错判也能够"包容"，反而觉得其他学生不应该在分数上斤斤计较。在此，仿佛做试卷、判试卷、讲试卷仅仅是老师与学生之间进行的一场游戏，分数高低已没有太大意义。

有时，教师还将课堂上的部分工作移交给学生，而自己只承担讲解部分，时常会看到教师点名让学生到黑板上做题、写单词、填空等，待学生做完就会再点一个学生担当教师，对刚才的填答情况进行批改。此时会看到这样一番情景，教师站在教室的一角，指挥着学生如何进行评阅，即教师怎么说，学生在黑板上就怎么改。通过将部分工作移交给学生，教师将自己所花费的精力降到了最低。

4. 烘托课堂气氛

混乱的课堂秩序，有时并不是学生有意造成的，而是教师发起，学生积极附和形成的。有的学生因为上课时有气无力地喊"老师好"而被罚站；有的学生因为迟到而被"发配边疆"；有的学生因为上课说话而被训斥。有的教师却成为混乱的发起者：

阿磊老看旁边一个男生，李老师就把阿磊叫了起来："阿磊，你老看人家干什么？人家又不理你，你还眼巴巴地看着，有什么意思啊？人家又不知道。"说话的那种口气，不像是在训斥，倒像是在开玩笑。小石立刻领略到这种玩笑口吻，大声说："阿磊，原来你好这口，"课堂上立刻哄堂大笑。老蒋

忙着抄作业，不知道发生了什么事情，立刻抓着同桌的衣服问发生了什么事情。（日志 090401）

在此，同样是对上课不专心的学生的批评，但是带有明显的调侃口吻，加之领会意思学生的渲染，原本安静的课堂反而因教师的一句话而喧闹了起来。

**（二）课堂之下**

对于教师，办公室是"一个私人领地与私人领地、私人领地与公共领地之间结合部位，同时，它还是生产空间与生活空间的过渡地带"（张柠，2005：59）。办公室既是教师工作的地方，也是其闲暇时的私人空间，在此，工作与娱乐不时发生碰撞。办公室成为任课教师之间，任课教师与行政管理人员、学生之间共同建构的游戏空间。

1. "赶工"、抄袭

批改作业、试卷是教师日常教学工作中的基本环节，但多数教师只是将其作为一项需要完成的任务，并没有试图通过对作业、试卷的批改发现学生需要改进的地方。笔者在不同时间进出过不同的办公室，看到过很多次教师批改作业、试卷的场景，机械的动作、飞快的速度，有时还是在教师们互相聊天的情况下，一边聊、一边批改完成的。矛盾的是，在笔者与教师交谈的过程中，大多数教师又都会拿起手中批改的作业本给笔者看，以表示农民工子女的字有多么难认、写得多么差。然而，在批改的过程中，教师并没有因为这些字难认而放慢速度。

抄袭不再是学生的专利，也成为教师加快速度的选择，然而有些抄袭行为却将学校层面的各种特色活动悬置起来。飞翔中学为切实做好在"五严"背景下的教学工作，进一步推进新课程改革，提高教师教学水平，深化有效的课堂教学改革，在初二数学组的教师中开展了"平行四边形"的"同课异构"教学活动。飞翔中学学校网站上所公布的该教学活动的过程为：课前准备、融入本班实际情况的课堂展示、课下对自己使用方式的展示、组长点评。然而，笔者所看到的却是组员之间对教案的抄袭，形式上所宣扬的差异性教学，在实际运行中却是抄袭后相同的教学方式与思路。

2. 最大限度地享乐

与课堂不同，在办公室里，很难区分教学与休息的时间，笔者所观察到的现象可以说在每个时间段均有发生，具有一定的普遍性。

（1）网络游戏

笔者在此所指的网络游戏包括两种：一种是单机的打斗游戏，一般是男教师玩；还有一种是新近在各个群体中广泛流行的游戏，简称为"开心农场"，这种游戏不分群体，几乎所有的教师都在玩。"开心农场"如同虚拟社区，需要一直在线，很多教师要上课时才匆匆离开电脑，但是并不关闭网页，每当下课回到办公室时，第一件事情就是打开网页，看看自己"农场"的菜是否被偷，或者是否可以偷别人的菜。老师之间还不停地交换着心得，例如如何能够很快升级，如何赚很多的钱。

（2）网上购物

网上购物是女教师喜爱的消遣方式。笔者曾见到有女教师刚接到包裹，同一个年级组的其他老师都过来看，而这个女老师还会给其他办公室的女教师打电话，让她们过来欣赏所购买的物品。

以往没有网络，在学校空间内，教师即便尽力压缩常规工作时间，仍可能被禁锢在原地，办公室间的溜达、聊天也许是其主要的消遣、沟通方式。当下，现代化的教学设施，不仅给教师教学提供了便利条件，而且有利于教师在学校空间内开辟自主空间。

3. 形式化的出勤查询、对领导层的调侃

在此，作为行政管理人员的教师也会主动维持任课教师的自主空间。例如，来查教师出勤情况的教务处人员，进入办公室，面对8个人却仅有两人在场的情况下，只是问了一句：都来了吧？然后和相熟的教师聊几句便离开了，算是完成了检查任务。可见，在领导层不在场的情况下，具有双重身份的行政管理人员更多地是基于教师身份与任课教师一同维护这种自主空间。

同时，在某种程度上，教师与学生那种控制关系，却在针对领导层的态度上达成了共识：

> 上次去××山玩，你说有什么意思？上午9点多才到那里，校长站在大太阳底下，讲了一个小时，我们就那样顶着大太阳站着。校长说（学着校长的口气）："同学们，一定要注意安全，要把垃圾带走了。"逛了没多久，就坐上车回家了，无聊死了。其实我看，我们到那里的目的就是在那里把午饭解决了。
>
> ——师生游路上来自学生的抱怨（日志090308）

在学生通过实例绘声绘色地表达对校长的不满时，在场的教师（包括德育主任）并未制止，也未参与，他们的这种默许从侧面表达了对学生态度的认可。面对学生的调侃，他们并没有积极维护校长的形象，而是通过不表态的倾听纵容学生对领导层的调侃。

### （三）分裂：教学与科研的分离

基础教育改革要求教师不单单做以往的"教书匠"，还需要对自己或他人的教学行为与过程进行反思，成为"研究者"。教学与科研应是一个辩证统一体，一方面，教学是科研问题意识的来源，并为进一步的研究提供素材；另一方面，科研成果又为解决教学问题提供有效的认知框架。正是教学与科研的不断互动，才能确保教育改革目标的实现。然而，实际生活中，教师的教学与科研往往是分裂的，二者毫不相干。

飞翔中学的"蜕变"教育哲学理念，也奠定了学校及教师个人科研的基本视角，那就是寻找农民工子女与城市孩子之间的差异，或者说与城市孩子相比，农民工子女的劣势。从这种差异与劣势入手，通过各种干预与活动，实现农民工子女从农村人向城市人的蜕变。但正是这种寻找并改变差异性的研究给教师带来了诸多困扰：

> 我觉得，如果在一些好一点的学校里，城市小孩比较多的学校，谈什么农民工子女与城市孩子的不同，但是在这里的学生大多数都是我看你，你看我一个样。本身原来学校的生源就不好，和农民工子女的差别不是很大，像×××中这样的学校差别就比较大，还可能会形成帮派。
>
> ——对田老师的访谈（日志090917）

对地处城郊的飞翔中学来说，即便在农民工子女没有踏入校门之前，其所招收的也多为城郊地区的学生，在某种程度上也携带着一定的乡土气息，与农民工子女的差异并非十分显著。但是，在生源群体客观上不存在很大差异的情况下，迫于科研和突出学校教育特色的需要，必须从农民工子女差异性入手，则无异于在鸡蛋里挑骨头。即便教师有着对科研的热情，也将束手无策，所谓的科研便成了一种应付差事。

作为一种妥协的方式，教师可能会在明知没有显著差异的情况下，进一步放大自身认知结构中对农民工子女的刻板印象。因此，每当笔者与不同教师交谈的时候，学习差、行为习惯差、家长素质差等，几乎成为众多教师的一致看法。可见，在学校空间中，农民工子女的负面形象，有时也是教师出于自我利益的一种主观建构。为了科研的需要，教师除了会在经验层面上有意扩大差异性之外，还会在理论上寻找创新性，但这种寻找带有某种盲目性，是一种完全脱离实践的刻意寻找。在这种盲目的追求中，网络又为教师提供了极大的便利，很多教师都承认所谓的课题与论文都是在网上复制、粘贴而成，根本没有任何意义。

## 五　本章小结

吴康宁认为，"当教育者首先乃至仅仅以其自身利益为尺度来选择行为时，受教育者实际上便已不再被视为未来一代或受法律保护者，而只是其实现自身利益的一种工具而已。此时，受教育者个体价值与社会价值均已被异化，而教育者在其作用对象被异化的同时，也异化了他自己，此时的教育者也已不成为社会代表者，而是非社会代表者乃至反社会代表者，而是非社会代表者乃至反社会代表者"（吴康宁，1998：245）。基础教育改革的不断推进，农民工子女大量涌入后生源及学校发展方向的变化，以及随之而来的社会关注度的提高，都使招收农民工子女的公办学校教师的现实处境发生巨大的变化。其中，基础教育改革要求教师实现由"教书匠"、传授者、执行者向研究者、参与者和开发者的身份转变，这种转变对教师原有的教育理念、知识结构以及教师权威均构成了挑战。农民工子女的大量涌入不仅在客观上加大了教师的工作强度，还影响教师主观上的自我评价。当学校试图通过创办农民工子女品牌教育而提升自身的弱势地位时，势必会更加关注校本课程、活动实践课堂以及校园活动等的开发，而这些重担往往又落在了教师身上。农民工子女的户籍身份所导致的社会关注度提高，使公办学校教师经常与这种户籍身份相联系，与民工学校教师进行比较，职业认同受到困扰。

然而，上述现实处境对学校不同层面的教育实践者的影响存在差异。作为学校代表的领导层，由于个人收益与学校总体发展密切相关，其更加倾向于通过创造品牌来扭转学校的弱势。既是管理层又是任课教师的行政管理人员，则既有正面的收益，也有负面的影响。单纯代课、与农民工子女互动最为频繁的教师更可能处于不利境地，尤其是那些经历过生源变化的教师。

随着教师由抽象的"圣人"逐渐转为"凡人"（且这种转变既是客观现实，也是教师的心理认知），教师权威的来源发生了变化，师生关系变成了赤裸裸的控制关系，教师通过"凡人"的威慑对学生进行控制，并扩大了个人的自主性。所谓的教学与科研，则通过教师之间"心照不宣"的共识以及与学生间的互动，变成了一场游戏。但是，这种游戏空间的建构对学校所承担的社会功能及自身的发展造成某种消解，也影响了农民工子女对教育的认知及行为。

# 第六章  学校空间中的流动家庭

对于学生的学业命运而言，家庭教育实践似乎比社会出身更具有预言性，即使这两个变量之间存在强相关（杜里－柏拉、让丹，2001：167），学校教育的成效离不开家庭教育的配合及家长的参与。对于农民工子女来说，家长的教育期望，以及在他们学业和毕业抉择中能够提供的帮助都是至关重要的，会直接或间接影响他们对教育的态度及行为。对于教师来说，家校合作是非常重要的教育手段，如果家庭教育的目标与手段与学校教育是一致的，那么两者之间是相互影响、相得益彰的。倘若，两者是相背离，甚至是相对立的，那么农民工子女将处在混乱的教育当中，无所适从。本章主要探讨的是"举家迁移"所带来的农民工子女家庭及亲子关系的变化，在这种变化之下家庭教育实践所具有的特征，以及作为农民工子女的家长又是以什么样的方式参与学校教育的。农民工将子女接入城市，在便于照顾的同时，希望子女能够享受到城市优质的教育资源，通过教育改变命运。然而，他们在城市社会的现实处境与生活体验，可能限制其对教育的认知及投入。需要说明的是，本章的分析主体虽然是家长，但笔者更多地是通过教师对农民工的认知与态度、农民工子女对父母的理解等方面去收集资料，从他人的眼光与感受中，能够更清晰地看到家长在学校空间中所发挥的作用和产生的影响。

## 一  资源匮乏

举家迁移的流动模式使进城的农民工子女拥有完整的家庭，

他们似乎比留守子女要幸福许多。但是，迁移也给流动家庭带来了许多变化，尤其是赖以生存的社会网络的变化。个人与家庭的生存与发展都需要得到相应资源的支持，而这些资源又由一定的社会网络承载。通过社会网络人们可以解决日常生活中的问题和危机，维持日常生活的正常运行。良好的社会支持网有益于减缓生活压力、增进身心健康和个人幸福；反之，则会使个人生活面临困难（张文宏，2006）。流动家庭面临乡土网络逐渐疏远、城市网络资源尚未建立及资源有限的困境。

**（一）乡土网络的疏远**

乡土社会是由地缘、血缘为主的熟人构成，大家彼此之间非常了解，对每个人，每个家庭，甚至每个家族的情况都非常熟悉。同时，朝夕相处、共同协作的生活方式，也使得乡土社会网络中承载着个人与家庭赖以生存的支持与资源。在此，本研究只关注与子女教育有关的支持与资源。首先，乡土网络提供照看子女的功能。如果谁家有事，孩子完全可以托付给同村的亲戚或邻居。即便父母离开一阵子，孩子的基本生活节奏也不会被打乱。其次，乡土网络具有安全性支持。孩子可以离开家，随便到处玩，有时父母只在睡觉的时候才会去找孩子，完全不用担心遇到危险。最后，乡土网络还能提供情感支持，无论是来自一起玩耍的同伴的，还是来自一起生活的父母的。同伴之间可以一同做游戏，互相倾诉，与父母相处出现问题还可以互相开导。虽然受传统文化的影响，父母与子女之间的界限比较清晰，但是共同生活、共同劳动的经历，使他们成为彼此的强大支柱。

进入城市后，与乡土网络的联系也逐渐疏远甚至中断，原有的支持与资源也不再存在。与乡土社会相比，城市社会是由陌生人组成的社会，人们彼此之间相对陌生，建立信任关系的时间较长、成本较大。因此，如同周敏研究美国移民第二代所提到的"钥匙孩子"一样，当父母不在家时，很多农民工子女都是自己待在家里，甚至还要为父母做饭，照顾家人。由于缺乏同伴玩耍，大多数孩子放学或周末都是在家里和电视机度过。在调查过程中，当问及周末都在做什么时，很多孩子的回答都是在家看电视，或者打游戏。可见，举家进入城市的流动家庭，在背井离乡后面临乡土网络缺失的问题。

**（二）城市网络的脆弱**

信任是一种社会资本，低信任文化的社会，信任只存在于血缘、亲缘关系上，中国就属于这样的社会（福山，2001：148～156）。大多数的流动家庭都居住在城郊地区，与本地居民来往较少，更多地是与同为进城打工的家庭来往。然而，即使有着相似的流动经历，这些来自各地方的流动家庭聚居形成的社区，由于缺乏血缘、亲缘的纽带，很难发挥原有农村社会乡土网络的功能。由于流动性较大，缺乏长期互助协作的基础，因此流动家庭在城市的社会网络非常脆弱。

> 今天一大早，我就早早地起来收拾房间、洗衣服了。等我快要把衣服洗好之时，大家也都起来了。浩楠阿姨刚刷好牙，刘祥阿姨就也来洗衣服了，由于刘祥阿姨提着个盆，浩楠阿姨为了让她把头低了下去，谁知不小心撞到了窗户，疼得阿姨直叫。可阿姨并没有说什么，谁知她到家门口跟人聊着聊着却说是因为我占的地方大才撞到的。正好被我听见，当时我真想跟她大吵一架，谁叫她冤枉了我。可我转念一想，如果我和她吵又有什么用，只不过一时的冲动罢了。要是真的和她吵，我们毕竟是邻居，以后该怎样面对彼此呢？为了以后着想，我忍了。生活中有许多琐事，如果不忍让一点的话，就会应了那句老话：小不忍，则乱大谋。
>
> ——学生周记

在与其他农民工子女的交流过程中，类似争抢洗澡、做饭、洗衣服场所的内容并非特例。同住一个屋檐下，例如水电、厕所、厨房等资源与场所很多都是共享的，也就会因此产生一些矛盾。周记中，学生"小不忍，则乱大谋"的心得，既体现出日常生活中摩擦较多，也说明了其对邻里关系的重视。

在美国，华人社区中有对子女教育有利的特定族裔环境，具体体现在其服务于华人和子女的各种营利性和非营利性的华人在团组织（周敏，2012：25～33）。新加坡各类的华人会馆、社团也为华人新移民提供很多的服务，例如，华助会主要帮助在新加坡低收入的华人家庭，提供相应的子女上学资助、学习辅导、工作培训等服务，使这些家庭能够更好地在当地生存与发展。然而，中国的流动家庭缺乏这样的资源，聚居的社区资源甚是匮乏，子女看护、小饭桌、作业辅导等社区服务几乎没有。

脆弱的城市网络承载的资源与支持不足以使面临困难的家庭顺利度过危机。当遇到较大的变故时，流动家庭还是需要再次回到乡土网络中需求支持与帮助。

> 我原来教的班的一个孩子，还是历史课代表呢，上到半中腰，说是爸爸得了非常严重的病，就回老家了，学习还挺好的。（090324 日志）

虽是举家迁移进入城市，但是流动家庭如同浮萍一般，并未真正扎根在城市，当需要经济、生活、精神支持时，他们就会回到原点。随之中断的是整个家庭的生活节奏，以及其中每个人的生命轨迹。对于流动家庭子女来说，即便"学习挺好"，其在城市的教育也会中断，要回到家乡适应新的环境、学校。

### （三）信息有限、政策盲视

较低的文化程度是限制农民工就业的主要因素之一，从表 6-1 可见，绝大多数的农民工只接受过初中及以下的教育，接受过大专、本科及以上教育的人寥寥无几。

异质群体能够带来更多的社会资源，异质性网络纽带沟通不同职业、不同地位的群体，信息渠道多样而丰富（杨善华、谢立中，2006）。然而，即便进入城市，流动家庭所建立的城市网络的同质性也较高，相同的经历、文化程度、职业使得信息渠道单一、

## 表 6 - 1　家长的文化程度

单位：%

| 文化程度 | 父亲 | | 母亲 | |
|---|---|---|---|---|
| | 频数 | 百分比 | 频数 | 百分比 |
| 小学及以上 | 162 | 21.7 | 150 | 32.1 |
| 初中 | 436 | 58.5 | 251 | 53.7 |
| 高中（含中专、职业学校等） | 138 | 18.5 | 59 | 12.6 |
| 大专 | 6 | 0.8 | 3 | 0.6 |
| 本科及以上 | 3 | 0.5 | 4 | 1 |
| 合计 | 745 | 100 | 467 | 100 |

资料来源：国家社会科学基金项目"流动儿童与城市社会的融合"调查中涉及的飞翔中学家长样本情况。

有限。简言之，要知道的信息，大家都知道，不知道的信息，也没人知道是怎么回事，城市网络无法提供更多的额外信息。

流动家庭对于与子女紧密相关的教育政策了解有限，有时连基本的转学手续都不知道如何办理。

> 赵老师：那你必须拿一个接收申请过来。
>
> 家长：那是什么啊？
>
> 赵老师：就是说，你们家不是安徽的。他回去去那里上了，让那个学校开个证明，表示你孩子在那边上学啦，这边才能交差给你办退学的，要不然不行。上面一个月、三个月、一个月、三个月的来查学籍，要是一看这个孩子一个月没来上学了，这个人呢？就不好办了，所以你先去办这个吧，办完了再说。（日志20090303）

农民工子女家庭不熟悉地方的相关教育政策，在整个升学过程中，因为不了解确切的信息，所以显得非常被动（李琴，2012）。转学手续对农民工来说，一方面其原来的生活中缺乏这方面的经验；另一方面其文化程度不高，理解起来比较困难。因此，除非面临无法在流入地上学、无法在流入地继续升学等问题，否则很少有家长主动去了解当前子女教育的政策环境。但是，当基本的教育权利被满足后，如"两为主"政策下可能在公办学校就读，他们很少再去考虑如何优化子女教育的政策环境。因此，在基本教育权利满足后，即便有进一步了解教育政策的机会，许多家长也不会主动去获得信息。

## 致初三家长书

尊敬的家长：

离中考还有90天时间，我校初三复习迎考及报名工作正有序进行。为了让您的孩子能考上理想的学校，请您关注中考信息，并协助学校做好学生的学习和生活教育。为了帮助您了解我市有关中考招生政策和招生办法，帮助您正确选择志愿，现将有关事项通知如下：

1. 征订《中考指南》和《中考试题及评分标准》

《中考指南》分为政策、志愿、考试、录取、学校介绍、招生计划等，介绍招生各项政策和办法，解答中考过程中各种问题，公布各类学校招生计划和2008年录取情况等信息，对毕业升学有很大帮助。

《中考试题及评分标准》这本书能为您的孩子提供选择学校和正确估分的重要帮助，自愿订购，希望家长都能订阅。

2. 体检通知

由于3月24日考生参加体检工作，希望家长督促孩子在体检前搞好个人卫生，如洗澡、洗发、剪指甲。注意饮食，调整好心态。

如有报考卫生、幼教及烹饪专业的考生，须进行肝功能和乙肝肝炎表面抗原检查，有此类体检考生另请上报班主任。

3. 个人信息采集

各位学生准备3张户口簿复印件，2张上交，1张留在身边方便自己核对信息。

《中考指南》12元；

《中考试题及评分标准》3.5 元；

体检费 15 元；体育考试费 10 元；

英语口语等级考试费 8 元；文化考试费 54 元；合计 102.5 元。

另初三新转入学生和初二休学学生须补交报名费 12 元和生物、地理考试费 9 元

……

5. 相关工作时间安排

3 月 24 日下午体检；

4 月 25、26 日英语听力口语自动化考试；

4 月下旬体育考试；

6 月 16～18 日文化考试；

6 月 19 日生物、地理考试。（日志 090310）

《中考指南》和《中考试题及评分标准》是了解中考政策、招生办法以及选择学校的重要信息汇总。但是，调查显示很少有家长去认真阅读并真正理解上面的信息。

# 二 亲子隔阂

流动家庭进入城市，地理位置上的变化，乡村与城市之间的文化差异、繁忙的生活，以及适应城市生活的过程中父母权威的下降，都使得亲子间的隔阂加深。

## （一）城乡文化下的亲子关系

有学者关注农民工子女教育愿望中的城乡文化机理，认为在乡土文明与城市文明的并置中，面对缺乏足够的社会资本和文化资本，教育愿望展现着特定的中国传统与社会现实（刘谦，2014）。笔者认为，需要并置于城乡文化下理解的不仅是教育愿望，还有亲子关系。在双文化夹击下，亲子关系必将发生变化。

乡村文化仍旧借鉴费孝通先生在《乡土中国》中的表述，是

以依附在土地生产基础上，一套以差序格局为人伦色彩的人际关系与行为模式（费孝通，2007：133～135）。在家庭关系中，父子轴是核心，秉承"父慈子孝"式理想的相处模式，或称角色规范。身为父母理应为子女的教育、婚姻、照看孙辈等无私付出；身为子女理应"孝"字当头，服从父母的安排，为父母养老送终。因此，在乡土文化中，亲子关系强调的是等级性、父辈的付出和子辈的服从。同时，亲子互动较为含蓄，尤其是父辈，即便关爱子女也需保持家长的身份，不过分喜形于色。与之相对，城市文化中人与人之间的关系充斥着契约精神。计划生育政策的实施使得子女在家庭中的地位发生了变化，亲子关系呈现明显的协作特征，父母提出的建议，子女可以听从，也可以自己做出决定。子女需要尊重父母，但无需对父母之命绝对服从。可见，与乡土文化相比，城市文化的亲子关系强调更多的是平等性，甚至子女更加处于优势地位，成为家庭重大决策的首要考虑因素。

　　　　每当爸妈吵架的时候，就轮到我这个和事佬来调结（解）。最近上了中学，肩上的书包重了，压力大了，渐渐感到肩上的担子重了，每当我遇到困难而停止不前，爸爸不会在（再）帮助我，因为他知道我长大了。这时他就走过来，拍拍我的肩膀：儿子，以后可别像你爸这样，要好好念书，做个有用的人。也许有一天我会成为这个家的顶梁柱，到那时候我也许就能明白爸爸的话是对的。

　　　　　　　　　　　　　　　　　　　　——学生周记

　　中国人的复杂性在于，个体在自家人之外表现为自我主义是说得通的，但在自家人内非但不能自我主义，而必须是利他主义，"中国人的利他性不表现为道德高尚，而是互相依赖的需要"（翟学伟，2013：70～76）。父母帮助子女，子女日后成为家里的顶梁柱，便是互相依赖的需要，这也是城乡文化的共通之处。但是，父母并非强烈要求子女认可，子女也不一定完全遵从父辈的要求，又体现出城乡文化的共同影响。农民工子女进入城市后，受城市家庭亲子关系平等化的影响，对父母在家庭中的权威地位的认同感慢慢减弱，这使得家庭教育的难度大大增加（糜薇，2008：282~283）。

## （二）繁忙的生活

在农村，人们习惯于"日出而作，日落而息"的生活，虽然表达方式含蓄，但是父辈与子女有更多的相处时间，尤其是农闲时。进入城市的流动家庭，希望能够在经济或子女教育上有所提高，其生活节奏必定是加快的。

有研究认为农民工子女的父母忙于生计，绝大部分农民工子女没有接受良好的家庭教育，有的甚至没有获得基本的家庭关怀（李龙福，2007）。对于农民工来说，虽然工作、生活在城市社会，但是这种生活状态又是十分不稳定的，城市规划的不断推进及个人工作的变化，使他们在城市内部、城市之间频繁迁移、流动。农民工大多属于"非正规就业"状态，这类工作不但辛苦耗时、不稳定，而且社会声望较低。表 6-2 是笔者对参与观察班级学生家长职业的汇总，虽缺乏一定的代表性，但还是能够大体反映出农民工职业存在三种状态：一是从事食品、钢材、果蔬等个体经营；二是从事收购、驾驶、电焊等雇工、散工；三是无业。

表 6-2 飞翔中学初三某班学生家长职业汇总

| 家长 | | 工作类别 |
| --- | --- | --- |
| 父亲 | 个体经营 | 窗帘、五金、钢材、小吃、面点、水果、蔬菜 |
| | 散工、雇工 | 收废品、收货、收铜、收泡沫、地板厂工人、电焊、驾驶员、拆迁、水电工、机床厂工人 |
| | 无业 | — |
| 母亲 | 个体经营 | 五金店、洗车、卖蔬菜、卖水果、卖鞋、卖服装 |
| | 散工、雇工 | 拆迁、玩具厂职工、清洁工、保洁员 |
| | 无业 | — |

有相关研究发现，农民工多为雇工、散工，也有个体经营，有的至今无业（王毅杰、高燕，2010：86）。虽说有的从事个体经营，但类别比较单一，大致可分为两类：建筑材料和食品，相比

之下，建筑材料的成本较大，收入也较多，而食品大多是小本生意，收入微薄，但是二者又十分辛苦、耗时。雇工中也多以纯体力的废品、泡沫为主，即便有电焊、驾驶等技术工种，但仍旧占用着农民工大多数的时间和精力。与父亲相比，母亲无业的人数较多。因此，农民工这种以个体经营、雇工为主的就业方式，易受到外界影响而经常变动。低技术为主的职业使得父母的工作时间较长、不固定，即便回到家里也是一身疲惫。父母很难有时间和精力去了解子女的世界，连乡土社会中含蓄的陪伴都很难做到。在传统的农村生活中，子女们能够与父母在共同劳作中体会到合家协作的亲情。但来到城市后，由于生活环境与父母职业的改变，亲子情感的培养也面临困境（縻薇，2008：282~283）。也有学者认为农民工子女不在父母身边，即使在身边父母忙于生计无暇照管，使其处于"一个人玩"的生活状态，加之无法强化学校教育的客观事实，这种缺失的家庭教育成为农民工子女阶层再生产的帮凶（吴世友，2010：61~65）。

农民工子女的绝大多数时间用来完成各种作业、试卷，与家长交流的时间也少，"没时间"阻碍着亲子本来有限的交流。有时，这种"没时间"使同辈之间的交流少之又少。

笔者：那要是家里有很多兄弟姐妹，而有的在 A 市有的在老家的时候，会不会感情上会有疏远？

小黄：会的，不过像我这样哥哥在身边也不会有太多的时间和他聊天，他每个星期回来一次，就算周一到周五他都在，我学习很忙，也没时间和他玩的。

在农村，大带小的养育方式并非特例，模仿父母照看弟妹使年长的孩子很快能够理解成人角色中的责任。同时，同辈之间的陪伴也是非常重要的社会化资源。然而，进城求学不但使农民工子女与在老家的同辈疏远，即便在身边的亲戚也由于繁重的学业而没有时间交流。

### （三）权威下降

在城乡之间、地域之间，均有不同的生活方式与价值观念。初到异域的人们，总会由于陌生的环境存在某种不适，因此再社会化成为家长与子女同样面临的课程。在城市生活时间越长，越可能将在乡村积累、学校教育获得的人力资本转化为城市社会生活所需要的人力资本，越可能积累城市生活所需要的劳动经验、语言、技能等人力资本，也越可能适应城市生活（英格尔斯、史密斯，1992）。然而，父母与子女对新环境的适应速度与程度是不一样的。对于父母来说，乡土经验下形成的观念更加深厚，他们对新事物的接受速度要慢一些。然而，虽然也会有流动经历，但农民工子女的主要生活空间在城市，对新生事物的接纳能力高于父母。因此，亲子关系的等级性不但受到城市文化的冲击，而且地位可能发生反转，即父母有时需要依靠子女的帮助。很多调查对象都表示，会帮助父母算账。依赖的转变，影响到父母的权威，在农民工子女眼中，父母如今的生活状况都是"反面教材"，因为没有文化、知识，所以找不到好工作。

> 看着爸爸辛苦的背影，我突然想起了他说的一句话：'人不能没有文化，要不然就没有出息'。他还说：'如果你将来走上社会，你要是没有文化的话，别人跟你谈生意，你要是不懂的话，别人可能蒙你、骗你，你都不知道。'所以现在为了自己，也为我的家人，我要在这三年里好好学习，然后考上一所高中，也算不辜负他们对我的期望。在这三年里我不管遇到任何困难，都会坚持下去，并战胜它。
>
> ——学生周记

家庭的城市生活适应状况、态度与意愿，影响或反映着家庭处理与城里人之间关系的方式，进一步影响他们对子女的教育内容（王毅杰、刘海健，2008：38~44）。父亲的艰辛工作可谓是对日常教导的现身说法，"人不能没有文化，要不然没有出息"，"可能被人蒙、被人骗",接受教育直接与未来的生活质量紧密联系在一起。说过这样话语的父母不是少数,"不要和爸妈一样,受一辈子罪"、"不学习你将来能干什么?还当苦力?"父母的"反面教材"为的是鼓励子女通过教育实现向上的流动,然而其间也折损了家长权威。农民工子女普遍认可父母的不易、付出,但是对父母提出的具体要求,则会以"你不懂"、"落伍"、"该管的不管,不管的瞎管"等表示质疑。父母权威的下降还表现在对学校教育的参与上,将在后面进行分析。

## 三　"高压锅"中的教育实践

周敏在研究美国华人代际关系时指出,华人移民家庭有点像"高压锅":锅内的代际冲突,日积月累,有时平静,有时沸腾,偶尔爆发。为何称之为"高压锅"?因为家庭中的隔阂较多,冲突也较多(周敏,2012:25~33)。流动家庭也具有"高压锅"的特征,所不同的是,这里存在较多的解压装置。其一,家长承认自身乡土经验的贬值,按照城市人来塑造自己的孩子,为了达到理想的目标,他们为孩子付出了极大的努力(关颖,2002:8~14)。因此在有些方面他们会选择让步,或者让子女自己做决定,例如下面要谈到的学业及毕业后的选择。其二,子女大多能够体会父母的不易,在"不辜负父母"、"我是父母的希望"之下蕴含着对父母的敬仰,即便在日常生活中有冲突,也会选择较为温和的方式解决。当然,解压装置的作用力是有限的,当涉及自身或家庭的重大决策时,又能看到父母与子女之间的较量。

### (一) 高教育期望下的控制与忽视

我国教育资源存在明显的城乡差异,相对而言,在城市能够受到更优质的教育。因此,农民工将子女接入城市大多也是基于此种愿望。

从表6-3可见,51.2%的农民工主要因为"A市教学质量比老家好"而将子女接入城市,42.4%的则是为了"照顾孩子"而将子女接入城市。可见，几乎一半的农民工是考虑到子女能够受到更好的教育与生活而将他们带入城市的。

表6-3　将子女接入城市的主要原因

单位：%

| | 频数 | 百分比 | 累计百分比 |
| --- | --- | --- | --- |
| A市教学质量比老家好 | 602 | 51.2 | 51.2 |
| 照顾孩子 | 499 | 42.4 | 93.7 |
| 帮着父母干活 | 11 | 0.9 | 94.6 |
| 出来见见世面 | 13 | 1.1 | 95.7 |
| 就算不上学，也能找份比老家好的工作 | 9 | 0.8 | 96.5 |
| 其他 | 42 | 3.6 | 96.4 |
| 总计 | 1187* | 100.0 | 100.0 |

资料来源：国家社会科学基金项目"流动儿童与城市社会的融合"调查中涉及的飞翔中学家长样本情况。

＊有11个缺失值。

如表6-4所示，农民工对子女有着较高的教育期望。81.6%的农民工希望孩子以后能够"上高中，考大学"，另有9.1%的农民工希望能够"上技校，学技术"，只有1.6%的农民工认为"初中毕业就足够，早点出来工作"。大多数农民工怀揣"大学梦"，希望子女将来能够成为"天之骄子"。此外，有6.7%的农民工表示"自己不了解，孩子自己拿主意"，也体现出农民工对子女教育的无力感。

表6-4　农民工对子女的教育期望

单位：%

| | 频数 | 百分比 | 累计百分比 |
| --- | --- | --- | --- |
| 上高中，考大学 | 965 | 81.6 | 81.6 |
| 上技校，学技术 | 108 | 9.1 | 90.7 |
| 初中毕业就足够，早点出来工作 | 19 | 1.6 | 92.3 |
| 自己不了解，孩子自己拿主意 | 79 | 6.7 | 99.0 |
| 其他 | 12 | 1.0 | 100.0 |
| 总计 | 1187* | 100.0 | |

资料来源：国家社会科学基金项目"流动儿童与城市社会的融合"调查中涉及的飞翔中学家长样本情况。

＊有4个缺失值。

农民工对子女有着较高的教育期望的前提是对教育分层机制心存某种信任，认为通过教育能够使子女在城市找到更好的工作，实现向上的社会流动。如表 6 - 5 所示，高达 97.5% 的农民工相信"教育能够改变命运"。

表 6 - 5　对教育是否能够改变命运的认知

单位：%

|  | 频数 | 有效百分比 | 累计百分比 |
| --- | --- | --- | --- |
| 能 | 1151 | 97.5 | 97.5 |
| 不知道 | 26 | 2.2 | 99.7 |
| 不可以 | 4 | 0.3 | 100.0 |
| 总计 | 1187 * | 100.0 | |

资料来源：国家社会科学基金项目"流动儿童与城市社会的融合"调查中涉及的飞翔中学家长样本情况。

* 有 6 个缺失值。

相信教育能够改变命运并对子女寄予较高期望时，家长又会如何做呢？近些年，学界对农民工子女的家庭教育关注也较多，且普遍认为受传统观念、自身文化程度和工作的影响，家庭教育中既有严厉的控制，也有过度的保护（答会明，2002：483；关颖，2002：8~14；糜薇，2008：282~283），并具有"低期望"、"高控制"、"少情感理解"的特征（徐浙宁，2008：68~72）。在实地调查中，笔者也发现在家长中存在控制与忽视并存的教育方式。在学业上，尤其还体现出过程忽视、结果控制的特征。

所谓过程忽视，是指农民工对子女的实际投入不足，既缺少物质性的投入，例如辅导班、学习资料、用品等，又缺少行为上的投入，例如陪伴、辅导功课、主动与子女谈心等。所谓结果控制，是指家长只看重子女的成绩，认为成绩好学习就好，就能考上好的学校，成绩差就是学习差。当学生成绩不好时，家长经常使用的方式又是简单粗暴型的，以打、骂为主，有的调查对象还用"皮带加肉丝"来形容父母的惩罚。在周记或访谈中，很多孩子都表示非常害怕教师联系家长、开家长会，因为家长如果听到有关孩子不好的评价或糟糕的成绩，就会对孩子进行惩罚。

### （二）优先：男孩偏好

父母对子女受教育的态度和偏好非常重要，尤其是在家庭经济资源短缺的情况下。有学者对第二次妇女社会地位调查数据进行分析后发现，父母对子女教育的态度存在着明显的性别偏好，而这种偏好限制了女孩的受教育机会（宋月萍、谭琳，2004：21～27）。受传统观念的影响，在生育意愿上农民工家庭也有着明显的性别偏好，希望能够生儿子传宗接代。如果第一胎是女孩，他们便会生第二胎、第三胎，因此农民工家庭多为多子女家庭。在笔者参与观察班级的 39 个学生中，独生子女只有 6 个，且均为男生，其他学生均有兄弟姐妹。

虽然当前借读费、学杂费的减免以及城市各项优惠政策的执行，大大降低了农民工子女在城市上学的难度，但来自家庭内部的阻碍可能并未消除。在家庭经济条件有限的情况下，农民工倾向于牺牲女孩的上学机会。小华是笔者所调查班级中的优等生，但是这种学习上的努力更多来自濒临辍学的危机感。

> 我有一个哥哥，现在在洛阳上体校。我妈偏心，早就不想让我上了，每次就和我吵，我就是要上。但是以后估计是要上技校了，一个是我成绩考高中都是问题，就算考上了也不是什么好学校，另一个是因为我户口还不在 A 市，到时候高考还是麻烦。我妈说了只要我考上好高中，成绩好的话，就给我买一个 A 市的户口。
>
> ——课间时间与小华的交谈（日志 090514）

小华已经在 A 市与老家之间辗转了几次，在上小学时，父母做生意不顺，就把她带回了老家，初中的时候又来到了 A 市。经过努力，小华成为差班中的优等生，并最终考上了高中。但父母的承诺并没有兑现，在 A 市上了一个学期的高中后，小华又要回到老家继续上高中。

小华：下半年我就要回老家上高中了。

访：你妈不是说要给你买 A 市户口吗？

小华：家里有些变动，说不给我买了，再说上高二的时候就开始要户口了，各种考试什么的。不过，我适应性超强，在哪里都是一样的。

访：你自己回去，还是父母都和你回去？

小华：我自己回去，那边有亲戚，反正也是住校。

——2010 年暑期与小华的电话交谈

对小华来说，哥哥上大学似乎不是什么问题，而到自己却有了很多的交换条件，要"考上高中"、"成绩好"，所以她认为家长很偏心。当家庭发生一定变故时，原先的交换条件也消失了，又需要她回老家继续上高中。其实，这种偏心正是缘于农民工针对教育所体现出的性别偏好。

即便女孩和男孩一样能够接受教育，农民工对他们的要求也是不一样的，女孩做家务、照顾家人的时间要远远多于男孩。有些父母对男孩过于溺爱，纵容他们的不良行为。

有些家长对男孩太宠着，前面生了几个女孩，好不容易生了个儿子，不知道该怎么宠了，给好多钱不说，学校里是什么样子根本不管。把家长叫到学校来，告诉他们小孩不好好学习、逃课什么的，人家根本就不听你那套。孩子照怎么样，还怎么样。更有些家长，孩子说不上学就不上学了，说大不了和自己做塑窗什么的，能挣钱就行。

——与韩老师的交谈（日志 090423）

相比之下，农民工对子女教育的性别偏好，实质上对子女的教育产生了不同性质的负面影响。一方面，不仅限制了女孩的受教育机会，还增加了其做家务、照顾家人的时间。面对升学，女孩可能承受着更大的心理压力。另一方面，虽然农民工将更多的受教育机会留给男孩，但是由于对孩子不良行为和辍学的纵容，更可能使其在教育成就中处于劣势，并提前离开学校。

**（三）无效：有心无力**

如果说工作使农民工没有时间和精力去和孩子相处的话，那么较低的文化程度使他们不具备对孩子进行学习辅导的能力。家长受教育程度偏低，无法对孩子的学习进行有效辅导和正确引导（李红婷，2008：23~26）。大多数家长能做的仅仅是过问孩子学习成绩，检查孩子作业是否完整，而这种关注方式往往起不到多大的效果。在交谈中，身为班主任的金老师就透露出对于这种家长的无奈。

> 很多家长你根本就指望不上，他们很多都不识字，怎么辅导孩子学习呢？我们班有个孩子作业倒是每次都填满了，但都是瞎填的。我很生气，就把他的家长叫来了，问问家庭作业是怎么写的。他妈妈说每天只要有空就会监督孩子把作业做完，但是她不识字，所以监督不过是看着孩子把所有的空都填满了，就认为作业写完了，至于对错，她哪懂啊？（日志090423）

因此，对于这些工作繁忙又经常变动、本身文化程度较低的农民工来说，很多时候他们在孩子的学习上处于一种爱莫能助的状态。

从表6-6可见，几乎所有的农民工在辅导孩子学习方面都存在困难，认为"文化水平低，没有能力辅导"的农民工占47.0%，认为"工作忙，没时间辅导"的农民工占26.3%，认为"既没有时间，也没有能力"的农民工占20.0%。工作的艰辛和文化知识的有限，大大限制了农民工与子女学习上沟通的时间和效果。在家庭教育过程中遇到的困难，说明很多家长不知道通过什么好的方法教育子女，或者感觉与子女无法沟通，同时又没有学习科学的教育方法的意愿（潘丹、王新，2010：255~258）。

表6-6 目前辅导孩子学习面临的最大的困难

单位：%

| | 频数 | 百分比 | 累计百分比 |
|---|---|---|---|
| 工作忙，没时间辅导 | 311 | 26.3 | 26.3 |
| 文化水平低，没有能力辅导 | 557 | 47.0 | 73.3 |
| 既没有时间，也没有能力 | 237 | 20.0 | 93.3 |
| 没有困难 | 56 | 4.7 | 98.0 |
| 其他 | 23 | 1.9 | 100.0 |
| 总计 | 1187* | 100.0 | |

资料来源：国家社会科学基金项目"流动儿童与城市社会的融合"调查中涉及的飞翔中学家长样本情况。

* 有3个缺失值。

农民工对子女日常生活与学习时间的占用，也成为这种"无效"家庭教育的重要原因。由于大多农民工所从事的工作要消耗大量的精力与时间，有时农民工子女便成了不可缺少的劳动力，不仅需要协助父母操持家务、照顾家人，还要和父母一起工作。

今天我和妈妈一起去妈妈工作的地方，妈妈去拔大瓶子，我也要去拔半天。来到妈妈工作的地方，妈妈给了我一个小刀，教我怎样拔大瓶子，最后我会了，我就没让妈妈教了。我刚开始时，拔得还是很带劲的，但是过了一会儿我的新奇劲就没有了，我就开始东张西望不专心拔了。最后我就不拔了，去找奖了。

——学生周记

今天来了许多煤，爸爸一个人干不了，太多。于是，我便帮他干活。一开始，我还没有起床时，怎么喊我都不起，最终，爸爸妈妈不再让我起来了。起初，我一点都不想去，因为太累了，一个车皮60吨货，两个人至少也得干4~5个小时。由于我爸爸差不多已经干了一半了，于是，我们俩开始比赛，他下两个门（大约有10吨），我下一个门，看谁快，但后来他追上我来。我便说你赖皮，你看，你比我多，我和你换换。最后不管怎么努力还是输了……

——学生周记

以上两篇是学生的周记，记录的是农民工子女的校外生活，可以看到，他们的闲暇生活有时会被父母的工作占用，而且多为"拔瓶子"、"卸煤"等繁重的体力劳动。城乡教育的差异、自身频繁的流动已导致农民工子女的学习基础较差，他们本应将更多的时间和精力放在学习上，但农民工在城市的现实处境继续牵绊着这些孩子的学习投入。可以说，农民工不但无法为子女提供"有效"的家庭教育，还可能起到相反的作用，对子女的学习产生不利影响。

### （四）旁观：毕业后的抉择

家庭社会资本越高，越有助于家长参与家校合作，越有助于子女拥有更多的教育资源，更有利于子女的学业成就和身心健康发展（王敏捷，2005：20~23）。在美国的华人移民中，父母还替子女选读父母所认定的有用的课程和专业，而从不考虑子女的兴趣爱好，并力阻子女主修历史、文学、音乐和任何其他无法导向高薪稳定职业的专业（周敏，2012：25~33）。在中国城市居民也会为子女报许多辅导班，培养子女的其他才艺，希望子女能够脱颖而出。而农民工除了对子女抱有较高教育期望外，对于子女的未来，他们却是以"旁观者"的身份出现。这种旁观，有时限于现实环境和自身原因，但也有些家长将初中毕业后的去向抉择视为子女自己的事情。

小华：烦死我妈了，天天就知道打麻将。

小雨：我妈也是，有的时候我都两三天见不着她。问她考什么，她说高中，再问还是高中，问说考技校考什么专业，说不知道，也不想给我说，说万一以后找工作不好找，她才不愿意担责任。

——午餐时的闲聊（日志090523）

从小华与小雨的交谈中可知，家长并非绝对没有时间与子女相处、督促其学习，而是将教育视为子女自己的事情，既不参与也不干涉。面对初中毕业后的流向和就读专业，农民工子女无法从家长那里获得太多的支持与信息，迫使其独立面对初中后的流向选择，而这种选择对于这些孩子来说，却有些过于提前。

## 四　被动的家校合作

受客观环境与自身文化程度的限制，农民工大多无法为子女提供有效的家庭教育以协助提高子女学习水平。同时，对教育的有限认知还会进一步阻碍农民工子女的行为表现以及其与学校、教师之间的互动。

### （一）责任在学校和教师

农民工倾向于将教育的责任归于学校和教师，既看不到家庭教育的重要性，更看不到家校合作的必要性。如表6－7所示，有38.1%的农民工认为提高孩子学习成绩关键在"学校管得严、老师教得好"，39.6%的农民工认为"孩子自己努力学习"是关键，只有10.3%的农民工认为"家长关心、督促孩子学习"具有关键作用。

表6－7　对提高孩子学习成绩的关键因素的看法

单位：%

|  | 频数 | 百分比 | 累计百分比 |
|---|---|---|---|
| 学校管得严、老师教得好 | 450 | 38.1 | 38.1 |
| 孩子自己努力学习 | 468 | 39.6 | 77.7 |
| 家长关心、督促孩子学习 | 122 | 10.3 | 88.0 |
| 其他 | 141 | 11.9 | 100.0 |
| 总计 | 1187* | 100.0 | |

资料来源：国家社会科学基金项目"流动儿童与城市社会的融合"调查中涉及的飞翔中学家长样本情况。

＊有6个缺失值。

在农民工眼中，子女学习成绩的好坏更多的是与学校、教师以及孩子自身有关。正是对教育的这种有限认知，进一步限制了家长与教师之间的互动。在与教师的交谈中，一涉及农民工子女，他们几乎都会提到农民工身为家长的不负责任。

> 韩老师：他们根本就不相信你说的，他们就相信他们那些老乡的话，你和他说什么都不管用的。孩子就考个二三十分，连毕业都成问题。一说就是要孩子考高中，光说考，平常都不管，怎么考？

> 田老师：这些家长，把学校就当成是保险箱了，一放到学校就不管了，出了问题，就找学校，好像他们一点责任都没有。

> 金老师：原来的学生（指当地的学生）虽然质量也不高，但是家长还是很配合的，你家长重视，老师教得也有劲。现在的学生（指农民工子女），家长很少有主动露面的，你打电话，不是不接，就是说忙。光顾挣钱了，孩子都不管了。

> 甘老师：有些家长一点都不知道尊重别人，来学校穿着拖鞋就来了。

对农民工的上述不满可谓在飞翔中学教师群体中达成了共识，虽然教师也知道这些家长在城市生活的艰辛，但仍会对他们"光说不管"、"把学校当成保险箱"、"光挣钱不管孩子"、"不知道尊重别人"等种种行为表示不可接受。在教师的眼中，农民工子女的许多不良行为和较差的学习表现，与孩子自身的关系不大，主要的问题在于家长责任的缺失和家庭教育的滞后。

### （二）家长会上的沉默

随着教育改革的不断推进，家校之间的联系日益受到人们的关注，飞翔中学也先后通过"家校联系卡"、"教师集体家访"、"家校短信平台"等形式加强与家长之间的联系，但收效甚微。在飞翔中学，家长会成为正式的家长与教师就子女的教育问题所进行的面对面沟通。每学期飞翔中学会举办两次家长会，分别是期中、期末考试后，主要是根据学生考试成绩与日常表现和家长交换意见。然而，家长会仅成为各科教师的报告会，如金老师所说，大多数家长能来参加已经很不错。笔者参与了所调查班级的一次家长会，会上只能听到各科教师的汇报，却听不到家长的任何话语，即便散会后也少有家长与教师进行沟通。

1. 教师：科学、合理地汇报

家长会前，身为班主任的金老师做了充分的准备，把期中考试的成绩，进步、退步的学生，当前学习和校园生活中存在的问题都做成了PPT。会上，金老师首先以排名的形式将学生成绩展现了出来，还将每位学生有进步的科目用黑体表现出来（见表6-8）。

表6-8　飞翔中学某班期中考试成绩汇总

| 姓名 | 语文 | 数学 | 英语 | 物理 | 思想品德 | 历史 | 生物 | 地理 | 总分 |
|---|---|---|---|---|---|---|---|---|---|
| ZQY | 75 | 77 | 73 | 93 | 42 | 48 | 48 | 39 | 495 |
| WKW | **83** | 65 | 73 | 86 | 47 | 45 | 49 | 40 | 488 |
| WR | 69 | 73 | 75 | **82** | 47 | 48 | 45 | 38 | 477 |
| LJH | 69 | 66 | 80 | 84 | 48 | 42 | 48 | 38 | 475 |
| WF | **80** | 60 | 60 | 92 | 41 | 50 | 47 | 40 | 470 |

资料来源：根据班会PPT内容整理。

在展现的过程中，金老师多次强调希望家长能够将自己孩子的成绩抄下来，并看看孩子在班级中的位置。由于时间有限，金老师重点对前15名的学生成绩进行了点评，并对进步、退步的学生分别进行了说明。

金老师在会上还总结了几点学生在学习和校园生活中的问题。学习方面主要包括上课不注意听讲，开小差，甚至影响他人；懒惰，作业不能按时完成；抄作业现象比较严重。校园生活方面主要涉及不按要求穿校服、戴红领巾；上学迟到；吃零食现象比较严重；男生中依然存在玩游戏、上网的问题；喜欢结交不良朋友；放学在外流连，不按时回家；撒谎，不能准确传达老师信息；周末或假期自由无度；语言不文明。可见，无论是学习方面，还是校园生活方面，都反映的是农民工子女行为习惯上的问题。

除此之外，金老师针对当前学生存在的问题，给家长提供了一些建议，主要包括：①全力支持学校工作，能和教师站在统一的战线，多与老师沟通，理解老师的立场，以免产生不必要的误会；②给孩子良好的家庭教育，不放纵、溺爱孩子；③在家庭中创设良好的学习氛围，多与孩子谈谈未来、人生，少谈一些世俗的话题；④培养孩子成为一个明礼、诚实、守信的人，多给孩子正面教育和引导；⑤安排好孩子的周末和假期生活。

上述金老师所提出的建议，也正是针对子女教育农民工所欠缺的。希望家长能够多与学校、老师沟通，不溺爱子女，和子女多谈人生，对子女正确引导，安排好假期生活，从而构建良好的家庭教育环境。但是，这仅仅是教师站在自身与学生的角度，为家长构建的一种理想状态，这种状态与农民工的现实生活与自身认知相去甚远。

2. 家长：被动、沉默地出席

家长会上，在教师从学生考试成绩到日常表现，再到对自己的一系列建议面前，家长并未做出回应，而大多作为沉默的被动者，机械地听着教师的汇报。

的确，并不是所有的农民工都来参加家长会，而来的几乎都是空手而来，没有打算在家长会上做任何记录。即便当老师反复强调家长应该将子女的成绩记下来时，也少有人行动。

虽然在家长会开始时，金老师要求家长将手机设置为静音，但是其间还是频频有手机铃声响起，有的匆匆跑到外面接听电话，有的直接在教室里面接听，有的甚至连招呼也没有打就直接离开了学校。

家长会结束后，仅有两个家长留下来与金老师进行交谈，并且让孩子在外面等候，而其他家长都未与金老师打招呼，如路人般匆匆离开学校。留下的两个家长，一个是英语成绩很差的小晔妈妈，一个是刚从农村转到飞翔中学的小然妈妈。

小晔妈妈：老师，你说他的英语怎么办啊？其他成绩都挺好的，就是这个英语，我们又不懂，回去有的时候问他有作业没有，他说没有，也不知道他是不是撒谎了。说要什么学习资料，还要买电脑，说买了电脑，保证把英语学好了。

金老师：你别听他的，现在不需要买电脑。以他现在的水平，能把老师讲的消化了，作业做完了，已经算是很大的提高了。有时间把字练练，太难认了，一判他的作业我就头疼。

……　……

金老师：这孩子估计是刚转来的原因，性格比较内向，不爱和别人讲话。现在普通话说得也不好，老师和学生有的时候都听不懂。现在让她坐第一排，不懂的可以随时问老师。而且现在还没有交校服的钱吧？

小然妈妈：谢谢了，这孩子一直在老家上学，我们让来，就是不来，非要在老家上学，脾气犟得很。

小晔妈妈虽然文化程度不高，无法很好指导小晔做功课，也不知道如小晔所说的"电脑"是不是当前所必需的，但通过与老师的交谈，她大致了解了孩子当前的学习状态。同时，与小然妈妈的谈话，也使金老师了解了小然不爱说话的原因。但是对于一个班级来说，仅有两名家长主动与教师进行信息的交流，足以说明家长对家校关系的关注度较低。

### （三）缺乏信任

农民工普遍相信教育是实现向上流动的有效途径，并对子女抱有较高期望。但是，高教育期望下，家长所关注的仅仅是孩子的分数，认为分数高，成绩自然好。至于如何得到客观的、能够代表学生真实水平的分数，他们并不太在意。尤其是那些由民工学校转到飞翔中学学生的家长，面对子女分数的巨大变化，往往无法理解，而将责任归咎于校方和老师，对他们缺乏信任。在与韩老师的交谈中，她就向笔者诉说了这种困扰和委屈：

　　这些家长就认分数，有的孩子原来是在民工学校上的，那些学校各方面条件都不行，为了生源，每次考试给孩子们的分数都很高。现在来到我们学校了，一考就是二三十分，这些家长就来学校找我们闹事了，说我们怎么教的小孩，在原来的学校能考八九十分，来这里考这么点。你和他们解释，他们根本就听不进去，其实他们孩子的真实水平就是二三十分，弄得好像是来我们学校给糟蹋的。（日志091107）

　　分数是衡量学生学习成绩的重要指标，但在对孩子学习成绩的认识上，农民工和教师存在差异。对于农民工来说，其对孩子学习的关注仅限"过问成绩"和"检查作业的完整性"，因此分数可以说是孩子学习水平的全部体现，他们无法看到成绩背后的质量。一旦子女从民工学校转入公办学校，成绩从原来的八九十分跌落到二三十分，他们自然无法接受且认为是公办学校和教师的失职。对于韩老师这样的教师来说，他们能够客观地看待农民工子女成绩的变化。民工学校为了生源，确实存在用高分伪造高质量的情况，进入公办学校这种假象随即消失。家长缺乏对学校的信任，造成二者无法理解对方，大大影响了家校之间的互动。农民工对学校缺乏足够的信任，还表现在对教师建议的质疑上，与之相比，他们更愿意相信同为农民工的经验：

　　这些家长根本就不相信老师，他们有自己的圈子，他们就相信他们老乡的那些话。就说转学吧，我们说你孩子现在不要转学了，人家根本就不听，认为反正高考这里是受限制的，什么时候回去都行。有的家长根本就不管孩子的成绩如何，都考了20多分了，还说我们的孩子以后要考高中的，拿什么考啊？（日志090317）

　　家长将教育的主要责任交给学校，却不太相信教师的建议，在是否要转学、上高中面前，他们所依据的并非孩子的成绩，而是其他农民工的建议。在教师看来，家长的抉择都是盲目的、不切实际的。

# 五　本章小结

流动家庭从农村移居城市，原有乡土网络中所发挥的子女看护、情感支持等功能无法在城市网络中延续。职业与居住上的隔离使得流动家庭的城市网络同质性较强，然而缺乏血缘、亲缘纽带，加之流动性较大，使得他们的城市网络脆弱且难以建立。因此，当流动家庭遇到困难时，难以从城市网络中找到支持，还需要重返乡土社会，也就造成了农民工子女学业的中断，需要再次适应新的环境。同时，当基本教育权满足后，家长很少有意识主动了解教育政策，现有支持网络中能够提供的信息也非常有限。

除支持网络的变化外，亲子关系也发生着变化。在乡土社会中，"父慈子孝"是理想的互动模式，表现为重视等级性、父辈的付出和子辈的服从，且亲子互动较为含蓄。"日出而作，日落而息"的生活节奏，也使亲子之间有很多的陪伴。然而，在城市社会中，亲子关系注重平等性，甚至子女地位高于父母。受城乡文化影响的流动家庭，可能存在亲子隔阂，进而折损家长权威。同时，流动家庭快节奏的生活，大大降低了亲子互动频率，使得彼此都无暇走进对方的内心。在城市社会中，父母原有的乡土经验难以奏效，接受新事物的速度与能力要明显低于子女，有时还需依赖子女。原有经验的失效、地位的反转，势必导致家长权威下降。

存在亲子隔阂的家庭好比"高压锅"，家庭冲突爆发的可能性加大。然而，流动家庭自身也存在解压装置，使得冲突的程度不会过于激烈。家长在"高压锅"中进行的教育实践具有以下特征：①高教育期望下只注重成绩，而不太关注日常表现；②在家庭子女有限的情况下，男孩的上学机会与教育投入优先；③家长所能提供的教育有限且无效；④面对毕业后的抉择，缺乏经验的父母成为"旁观者"。

家长对家校合作存在两种认识：一是认为教育的主要责任在于学校与教师；二是家校如果联系太多，会打扰学校与家长。无论哪一种认识，都使家长以被动的姿态进入家校互动。同时，家长对学校教育缺乏信任也会使家校合作的效果大打折扣。

在了解了流动家庭所面临的支持网络与亲子关系的变化，以及在此变化下的家庭教育实践与家校合作之后，还需要深思以下问题。第一，仅将高教育期望之下农民工家庭教育实践中的上述特征归为认知有限、忙于生计、资源匮乏所致是否合适？第二，家庭教育实践与学校教育实践之间又存在什么样的关系？笔者在此尝试对这两个问题进行回答。对于第一个问题，笔者赞同曾守锤、章兰根的观点，即无论教育期望的高低，其背后隐含的思想都是非常朴素、个人化和功利的，他们很少将接受大学教育与提高素质联系在一起，这其实就是教育价值狭隘的工具化（曾守锤、章兰根，2008：31～35）。联结教育期望与教育实践的正是流动家庭对现实处境的思考，例如在教师看来，家长只相信同为打工者的经验而"不听劝"、重男轻女等，可能对于流动家庭来说，打工者的经验更加务实。对于第二个问题，看似匮乏、无效的家庭教育与学校教育却有诸多一致和相悖的地方。有人将流动家庭的教育实践分为干预性教育、非干预性教育和情境性教育三种模式，认为每种模式互动中都彰显出人们对教育目标的理解、社会资本的局限和自我经历的复制（刘谦等，2012：22～28）。家庭中粗暴的教育方式虽然有时也会受到教师的否定，但是与教师的"凡人"控制有着异曲同工之处，目的都是追求分数、效率。然而，有些家庭教育实践，例如忽视日常学习、消极参与家校互动与学校教育目标背道而驰，这既影响子女学业成绩的提高，也打击了教师投入教学的热情。

总之，在相互制约、相互联系的教育系统中，家庭教育与学校教育缺乏应有的配合和协调，家长、教师不能搭建起相互沟通、交流的桥梁，造成了家庭教育的孤立和封闭。这一孤立、封闭的状态造成了家庭教育效率低、质量差，致使学校教育工作很难取得成效（沈茹，2006：96～100）。

# 第七章  游走于城市角落：农民工子女

以往理论大多是从教育与社会结构的关系出发来探讨教育的分层功能，这种分析视角关注的是教育的结构及影响教育分层功能发挥的结构性因素，相对忽视了教育过程和教育分层形成机制。因此，学校教育的具体运作经常成为盲点，学校中个体的各种行为表现也常常被忽略不计。随着关注点由对影响因素逐渐转向对教育分层机制的探讨，学校教育也受到了相应的重视，然而这种重视又具有一定的片面性。即便是在最关注行动者能动性的抵制理论那里，除工人阶级的"小子"外，也很少看到诸如教师、家长等其他能动者的身影。本研究中，不仅学校本身具有行动者特质，同时其也是行动者进行互动的策略空间，学校的日常运作、功能发挥与目标实现，均离不开学校内部不同行动者之间的互动。同理，在考察某一行动者能动性的发挥时，也要同时考虑其所面临的现实处境及其他行动者对其可能产生的影响，即行动者能动性的发挥是在特定的环境中通过与他人互动得以实现的。

在对学校、教育实践者和家长进行系统分析的基础上，本章将继续就学校空间中另一个重要行动者群体——农民工子女进行全面研究。学校是学生社会化的重要场所，农民工子女本身处于被教育、被管理、被控制的弱势地位，加之户籍身份的影响，这种劣势地位尤为突出。在此，笔者将首先展现农民工子女在多面夹击下的生存境遇及其对学校和教育所持的态度，在此基础上进一步探讨农民工子女如何发挥自身的能动性以形成其在学校空间中的应对策略。

# 一 "多面夹击"下的生存境遇

在学校中,农民工子女虽处于弱势地位,但还是以积极的行动者身份参与具体教育过程中。然而,不同的生活处境对行动者能动性发挥有着不同的影响,或者说,农民工子女在学校空间中所形成的应对策略是在具体现实处境下的一种能动性发挥。在此,笔者将围绕农民工子女的日常生活,从生活空间、家庭、学校三个方面来全面展现农民工子女在"多面夹击"下的生存境遇。

## (一)角落化的生活空间

农民工子女从农村流入城市,将面对完全不同的生活空间,城市社会的分化程度要远远大于乡土社会,这种分化,表现在收入、居住等多个方面(夏建中,1998:47~53),对于农民工子女来说,则表现在居住环境、学校及娱乐场所等生活空间的边缘性。

首先,受家庭经济条件的限制,飞翔中学的农民工子女大多居住在比较偏远的城乡接合部。在调查期间,笔者曾以开放题的形式收集了发生在农民工子女身边的重要事情,其中,凡涉及与城市居民相关的事情,均是发生在公共场所的偶然接触与摩擦。在这些远离城市中心地带的居住空间里,农民工子女大多还是进行着群体内部的交往,与城市居民的交往甚少。因此,在居住空间上他们处于城市的角落。

其次,如前所述,诸如飞翔中学这样招收农民工子女的公办学校,在地理位置上并不在具有明显"城市性"的空间范围之内;以办学能力与师资力量来衡量,其又处于城市教育系统的底层。因此,农民工子女不仅大多居住在城市的角落,还就读在处于城市角落、基础教育系统底层的学校当中。

最后,在城市社会中,充斥着浓烈的消费文化,诸多娱乐方式均已成为一种象征性的消费品,与人们经济收入、社会地位等联系在一起。对于农民工子女来说,父母较低的经济收入,无法为其提供高质量的物质生活,更难以满足他们消费型的娱乐。因此，即便是在学校之外，这些孩子仍旧是在城市的角落中寻求各种需要的满足。

## 廉价的大市场

游游说 FZM 大市场是搞批发的，东西比较便宜，她们都会来这里买。跟着她们进去，发现这里什么都卖，大部分是来上货的，拿着大大的袋子选货、和老板讨价还价。小雨和游游一边走一边商量着买什么，说阿大、宝宝都要过生日了，所以要买两样礼物。在卖工艺品的地方，她们停了下来，这里的商品不仅做工粗糙而且质量也很差，小台灯要价 15 元，工艺品杯要价 15 元，还价后一般 12 元左右能够成交。衣服也都非常便宜，短袖上衣 10~40 元不等，款式新颖，但质量极差。由于主要是搞批发，这里的售货员对零买者的态度都很不耐烦，而且没有试衣间，但游游和小雨似乎已经习惯了在这种不耐烦中讨价还价，并只看款式就决定是否购买。（日志 090511）

## 昏暗的溜冰场

溜冰场在 ZHM 地铁站附近的一个小巷子里，如果一般人来找根本就看不到，周围都在拆迁。游游带了 2 张优惠券，给了我一张，拿优惠券的话门票是 6 元，不拿是 10 元，而且出来的时候还会再给优惠券，所以只要来过这里的人，都能够得到优惠待遇。刚进入溜冰场，空气非常闷热，加上厕所的恶臭，简直让人感到窒息。这里的空间不大，最多容纳 100人，靠墙的三面都摆着沙发和茶几供人休息，但由于时间太长，沙发都非常破，露出了暗黄色的海绵。在场地的正前方是个舞台，上面有 3 个人——两个音乐师、一个 DJ，一边放着劲爆的音乐，一边随着场上人的表现说着什么，烘托气氛。舞台旁边挂着一个很大的屏幕，放着所播歌曲的 MTV。木质的地板，也因为时间太长，很多地方都已凹凸不平，不时有人滑倒。在溜冰场的入口旁边有两个很大的风扇，是室内唯一的通风设施，很多人都站在风扇下面聊天。在黑暗之中，我渐渐认清了每一张脸，大多数都是飞翔中学的学生，此外，还有很多年纪相仿，但打扮比较时尚的女孩子，乱蓬蓬的头发，韩式上衣与裤子，有的还穿着超短裤和黑色丝袜，更有些坐在角落中和男生抽烟、聊天，做着亲密的动作。游游她们非常看不惯这样的女生，但是男生们，尤其是小石却很积极地与这些'古惑女'纠缠在一起。借助昏暗的灯光，在学校躲躲闪闪的情侣们会拥在一起，说着悄悄话，仿佛这个空间之内只有他们的存在。（日志090511）

### 免费公园

今天是阿大和游游的生日，我订了一个大大的蛋糕，算是送给她们的生日礼物。作为庆生也作为班级活动，游游班大约20个学生先是到溜冰场溜冰，之后就到附近的一个免费公园庆祝生日。路上，阿大说去年她过生日的时候，就是在路边买了一个小蛋糕和好朋友吃吃就完了；游游说这个公园她们经常会来，虽然里面没有什么好玩的，但是大家还是可以坐下来聊一聊。（日志090528）

在长期的调查中，笔者与飞翔中学的一些农民工子女建立了稳定的关系。随着交往的深入，对农民工子女的观察由校内逐渐走向校外，笔者逐渐走进他们的世界，发现这些经济条件有限的孩子，只能在城市的边缘、角落中寻找那些低廉、免费的娱乐方式。廉价的大市场，满足着农民工子女的各种需求；仅消费6元，便能在昏暗、恶臭的溜冰场换来一天的娱乐。他们同样可以买到时尚的衣服，同样有着劲爆的音乐、潇洒的舞姿，但只是在城市的角落中游走。在封闭、有限的生活空间中，对农民工子女而言，学校不仅仅是接受教育的地方，更是他们寻求娱乐的重要场所。在此，他们能够和境遇相仿的同辈群体在一起，共同创造着不同的娱乐方式。

**（二）网络"非主流文化"的影响**

当现实生活中，农民工子女游荡在有限且封闭的城市角落时，网络却为其提供了"全面融入"城市生活的一扇窗。在这个向所有人开放的虚拟世界中，一切户籍、经济、家庭等现实社会的特征都被抹去，人们成为独立、平等的个体。同时，盛行于网络中的"非主流文化"，通过各种方式对农民工子女产生潜移默化的影响。

《劲舞团》等低龄网络游戏所带来的漫画风格非主流文化逐渐成为青少年的精神寄托之一，一批批新生代网友开始将此非主流文化改变为一种独特的网络现象，并创造出各类表达方式。这种非主流文化强调的是个性的张扬、另类，而这种张扬与另类不仅具有浓烈的颓废色彩，还具有对"成人"权威的挑战——"我的痛苦，与你无关"。在笔者所接触的农民工子女中，颓废的非主流文化影响也是清晰可见：学校之外的哈韩、哈日着装，24小时手机QQ在线，疯狂互踩空间，火星文写成的伤感、绝望签名与日志，PS过的大头女生可爱头像，消极、混乱的歌曲等，充斥着这个虚拟世界。当笔者询问"什么是非主流"时，小雨她们觉得无法用语言来回答，而是让我搜索一个叫CK的女孩，认为她是非主流的典型代表。以下笔者便摘抄了CK自创歌曲《已经过去》的歌词，在这首小雨她们都能够轻轻哼唱的歌曲中，透露着对教育的失望，对未来的茫然。

### 已经过去

总是在回忆里孤单，

那时纯真模糊暗淡，

过去的过去总逃不开，

还记得在小学的时候每天上课/老师就教我们要好好学习天天向上/上课的时候不要总和同桌小明讲话/小刚考试考了一百分要拿他做榜样/坐在课堂却不知道老师讲什么东西/透过玻璃窗心里向往着外面操场/从练习册上撕下写满草稿的纸张/折成纸飞机让它满载着童年的梦想/又忘记了写 昨天课

堂布置的作业/老师叫我拿着课本到教室外罚站/放学以后还要留在学校不许吃午饭/妈妈领我回家然后送我一座五指山/那时候　总是想借一张大大的翅膀/飞到一个可以自由自在呼吸的地方/只是一篇篇的课文　一张张的数学/告诉我　不要做不切实际的幻想

　　　泛黄的日记本记忆都开始斑斓翻开心情忘记体会那一页的感觉/天真的笑颜放肆的纯真都已渐渐隐藏他们笑着哭者沉沦在回忆/或者有过的伤心曾经的哀愁都早已经麻木我们长大什么时候开始学会了坚强/同桌那个小男孩曾经笑着对女孩说我长大了可以保护你　让你不再哭泣/告别仓促的童年　走进了中学的门槛/中学憋闷的生活一样让我无力承担/不切实际的幻想已经不复存在/只能像只无辜的鸭子被课程填满/不能有什么所谓自己的思想/什么情窦初开　什么个性主张/有的只能是每天两点一线不变的生活/为什么　这样的生活　我只能说我很迷茫/在中学的一切只是为了面对高考/以为高考结束以后就能得到解放/一直以为到了大学就像上了天堂/可是事情的真相根本就不是这样/难道考卷上的分数就是衡量人的标准/我只知道这些成绩不停让我变得愚蠢/12 年的教育让我变成今天的模样/为什么还是看不清明天的方向

　　　原本无忧无虑纯洁天真的童年/却只有在梦里才能看着纸飞机飞翔/美丽的梦　就像是一个绚丽的肥皂泡/梦醒之后依然还是习题考卷陪伴在身旁/大人总是说　只有读书才是你唯一的方向/难道天性的抹杀就是成长和知识的代价/从小到大　都在一直怀疑/我变成了什么模样

　　歌曲中，来自家庭、学校的压力，成为他们无法自由呼吸、无法张扬个性、无法拥有自己理想的元凶，他们质疑大人的教导、质疑教育和知识的意义。这种对教育甚至人生的消极态度并非特例，如农民工子女所言，可作为网络非主流文化的典型代表，也成为他们虚拟空间中的主旋律。

### （三）家庭教育的缺位

为了便于照顾和接受优质的城市教育，农民工纷纷将自己的子女接入城中，然而，在实际生活中，如第五章所进行的分析，农民工无法为子女提供有效的家庭教育，其时常处于一种缺位和旁观的状态。一方面，农民工没有太多时间与子女进行沟通、交流；相反，子女要帮父母分担家务、照顾弟妹，虽然生活在一起，但他们之间的实质性沟通甚少。另一方面，迫于经济和自身文化水平有限，农民工不仅无法为子女提供太多的教育资源，也无法指导他们的日常学习。同时，农民工对教育片面的理解，不仅给教师的日常教学带来各种压力，更将其子女置于"自作主张"的境地。

### （四）校园中的"弱者"

学校作为一个既承担特定社会功能，又相对自主运行的行动者，在其内部通过各种方式，不断强化着农民工子女的"弱者"身份。从学校的办学目标、校训到不同形式的校园活动，都试图在学校空间内凸显农民工子女的户籍身份。在此，农民工子女不仅仅是需要接受教育、社会化的对象，同时还是学习成绩差、行为习惯差的从农村来到城市的孩子。农民工子女的起点永远都是"弱者"，需要通过自身的努力，逐步转化为好学生、优秀的城市人。同时，随着教师权威回归"凡人"，师生关系演变为赤裸裸的控制关系，且迫于科研的压力，为了寻找差异与创新，教师可能将农民工子女的刻板印象无限放大，使这些孩子的任何表现都与其户籍身份直接挂钩。此外，为了追求较高的升学率，学校和教师通过"隐性淘汰"联手塑造着农民工子女的分化道路。那些成绩差、中考无望的农民工子女，提前成为学校的"弃儿"。

综上可见，边缘、封闭的生活空间，家长的缺位以及学校和教师基于自身发展而对农民工子女"弱者"身份的强化，相互作用并影响着农民工子女在城市社会的生活境遇。在此，笔者同样以图的形式试图清晰展现农民工子女在这种"多面夹击"下的生存境遇（见图7-1）。

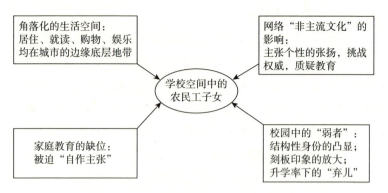

图 7 - 1    "多面夹击"下的生存境遇

**（五）初中毕业：重要的转折点**

从 2005 年开始，A 市对农民工子女在中考中实行与本地户籍考生相同的政策，规定"就读于 A 市初中的农民工子女，如在 A 市继续升学的，应在就读学校报名、填报志愿"。可见，与熊易寒所说的上海市农民工子女相比，A 市的这些孩子还是比较幸运的，可以在流入地继续上高中，然而，高考的藩篱仍未打破。在教育部发布的《2009 年普通高等学校招生工作规定》中明确规定：要在两地试卷相同的前提下，并满足其他相关条件方可申请借考，而 J 省高考属于自主命题，因此 J 省以外的农民工子女仍需要回原籍参加高考；由考生向工作或学习单位所在地及户籍所在地的省级招生办提出申请并经同意后，可在考生工作或学习所在地的省（区、市）办理借考手续，参加考试；考生答卷的评阅及录取事宜由其户籍所在地省级招生办处理。对于 A 市以外的本省考生虽然有申请"异地借考"的机会，但烦琐的程序仍阻碍其通过"异地借考"留在 A 市参加高考。在笔者与 M 区教育局相关人员的访谈中，他也是仅仅知道农民工子女可以通过这项政策在 A 市参加高考，但对程序如何进行不是十分清楚，可见农民工子女鲜有使用这一途径的。

在高考多受限制的同时，面向全国招生的职业学校却"无条件"地向农民工子女敞开了大门。《A 市中考指南》中也强调：农民工子女如在 A 市继续升入职业学校学习的，则享受与 A 市考生一样的待遇，不受户籍的限制。

一面是上高中，最终回原籍参加高考，一面是不受户籍限制，和本地考生一样就读职业学校。对于农民工子女来说，临近初中毕业便是其人生当中一个重大的转折。成绩较好的学生为了最终高考冲刺，考取理想的大学，可能选择在初中时就回原籍上学，以提前适应并备战中考。这些学生并不是等到初中毕业后才走，很多在初二后陆陆续续离校，而且这种形式的离开，经常是突然的、静悄悄的。调查中初二的教师就抱怨，一个星期之内学生走了六七个，而且有几个没打招呼就"人间蒸发"了。在此，笔者通过对飞翔中学2007年、2008年两年的毕业生大致流向进行统计分析，发现飞翔中学考取高中的农民工子女并非群体的大多数。①

从表7-1中可见，2007年考入高中的为53人，占学生总数的27.0%，2008年考入高中的为42人，占学生总数的28.4%。从飞翔中学初中毕业生大致流向可见，初中毕业的确是农民工子女人生的重大转折点，有些人继续考取高中，有些人则选择进入职业学校求学，或是直接进入社会。下面，笔者将全面分析农民工子女对学校教育的认知以及所采取的为改善自身在学校空间中的弱势地位的各种应对策略。

表7-1 飞翔中学2007年和2008年初中毕业生考取高中情况

单位：人，%

| | 2007年 | | | | | 2008年 | | | | |
|---|---|---|---|---|---|---|---|---|---|---|
| | 一班 | 二班 | 三班 | 四班 | 总计 | 一班 | 二班 | 三班 | 四班 | 总计 |
| 高中（百分比） | 29 (63.0) | 8 (16.0) | 9 (18.4) | 7 (13.7) | 53 (27.0) | 13 (36.1) | 10 (27.8) | 10 (26.3) | 9 (23.7) | 42 (28.4) |
| 学生数 | 46 | 50 | 49 | 51 | 196 | 36 | 36 | 38 | 38 | 148 |

① 据学校老师表示，飞翔中学2007年的中考成绩是可喜的，但2008年又是很糟的，在这可喜和很糟之间，我们却能够看到农民工子女初中毕业后的大致流向。当然，很多农民工子女虽然考上了高中，但退而求其次选择了职校，还有的在职校上学没几天，就选择辍学。因受学校所采取的"后台策略"影响，职校的比例数据失真。因此，笔者在此仅仅参照高中的比例。

# 二 对学校教育"空洞性"的片面洞察

威利斯认为，英国工人阶级的"小子"已经看透了精英阶层的意识形态，并通过调侃、进攻以及无时无刻制造课堂问题来中断课堂秩序，并通过打架、集会等方式彰显男子气概，还欺负女孩、嘲笑少数族裔群体，并在学业上失败（Collins，2009）。在此，笔者首先探讨农民工子女对学校教育所持的态度，不同的态度将促使其在与学校、教师互动过程中，采取不同的策略方式。

## （一）学校教育的虚伪

### 1. 形式化的特色活动

面对学校大张旗鼓宣扬的各类特色活动，农民工子女并没有完全按照学校宣传的加以理解，而是从这些形式化的活动中看出了实质性的端倪：

> 你不知道我们学校，为了给某高中拉赞助，让学生去那里上学，去那里上学的，给奖电动车的。
>
> ——对游游的访谈（日志090308）

对考取某高中进行物质奖励，是作为学校特色活动加以宣传，突出的是学校对农民工子女的关怀。然而，农民工子女并未将这种行为仅仅视为一种奖励，还认为这是一种学校之间的合作，即飞翔中学为某高中"拉赞助"，他们看到了奖励作为"隐性策略"的一面。

> 笔者：这次是不是只有品学兼优的人（学生）才能够出来玩呢？
>
> 初一女生：也不是，其实就是老师们想出来玩了，叫上学生就是一个摆设，我们是上周五下午才知道要出来玩的，其他的同学都不知道的。（日志090518）

同样，当学校组织节假日老师和部分品学兼优的农民工子女代表"师生游"，并将其赋予"帮助农民工子女融入城市生活"的实际意义时，农民工子女即便是在一同游玩，也没有将这种游玩视为学校的"眷顾"，而认为他们只是摆设而已。

2．"隐性淘汰"下的"明白人"

为追求较高的升学率，学校通过"隐性淘汰"的策略，将那些中考无望的农民工子女提前排除在中考行列之外，让其无法给升学率"拖后腿"。但作为一种交换，学校将会进行"校内中考"，确保这些"弃儿"能够拿到毕业证。对于学校的这种"隐性策略"，农民工子女看得十分清楚：

> 学校做这些也不是白做的，我们不用参加中考，学校的升学率都上去了，对学校也好。不过对我们也是好的，起码我的初中毕业证不用愁了。
>
> ——对小青的访谈（日志090401）

在农民工子女眼中，学校与学生之间的关系，不仅仅是实施教育和接受教育的关系，同时还存在一种交换关系，即通过"隐性淘汰"，学校能够获得高升学率，而农民工子女得到了毕业证。正是看到了与学校的这种交换性，有些农民工子女对中考更加无所顾忌。

> 韩老师在课堂上通知：中考英语的卷面成绩需要达到45分，才能拿到毕业证，否则只能拿到一个九年义务教育的结业证。听到这个消息，身旁的小文并没有任何反应，仍旧看着自己的小说。
>
> 笔者：你该看看书了，不担心以后拿不到毕业证啊？
>
> 小文（打算'签约'）满不在乎地说：我觉得应该能拿到吧，我们这么多人，它（指教育局）不可能不管的，应该能够拿到的。

　　笔者：那你得做好万一的准备，万一就是用这个分数卡人呢？

　　小文：万一？万一，那我就不知道了。（日志090508）

　　打算"签约"退出中考的小文，因为将要参加的是校内中考，所以认为老师所讲的最低分数与他没有太大关系，作为交换条件，学校会让他拿到毕业证。

　　**（二）成绩作为认知参照**

　　笔者认为，农民工子女对学校教育"空洞性"的洞察具有一定的片面性，或者说，针对学校教育，农民工子女具有复杂的认知特征。一方面，基于自身生活经验和学校的各种行为，他们看到了学校所传授知识的无用性、特色活动流于形式，并体验到与学校之间的交换关系；另一方面，学校教育又深深地影响农民工子女对自身的看法，成绩成为他们重要的认知参照，他们也将教育视为实现向上流动的重要途径。

　　笔者：你想学什么专业？

　　小文：学汽修，就是搞汽车维修的那种。

　　坐在附近的小超听到后立刻说：学汽修挺不错的。不过咱们这种水平估计进不了太好的店，像那些奔驰、宝马的经常会有外国人来，那得外语特别好。

　　小文：好的地方咱们学历也不够啊。有的大专需要念5年的，我哪能撑得住？就念个3年中专就行了。

　　笔者：我看小青打算选计算机专业。

　　小超：学计算机那得英语好，英语不好的连基本的操作都看不懂，怎么学啊？

　　小文使劲摇头：我英语很烂，我不学计算机。我觉得那个汽车美容就挺赚钱的。

　　笔者：那你打算学这个吗？

　　小文：不，这个需要美术很好，我美术不行。

笔者：那你选什么学校啊？

小文：现在学校还没有下来。到时候四五月份的时候会有很多学校来招生，在这里摆个台子什么的，到时候就知道了。

从上面农民工子女的对话中可见，在考虑专业的时候，他们是以自己当前的成绩为参照。当英语成绩不好时，他们就不太会考虑计算机专业，或是好一些的汽车维修店；而当美术成绩不好时，就算看到汽车美容行业赚钱，他们也不会选择。因此，在他们眼中，教育仍旧是实现向上流动的有效途径，高学历能够带来高收入。然而，枯燥的学习让他们认为自己"撑不到"获取高学历的时候，是对高学历的主动放弃。

### （三）对"凡人"教师的认可

当教师逐渐由抽象的"圣人"回归具体的"凡人"时，当师生关系逐渐演变成赤裸裸的控制关系时，当频繁的惩罚已成为师生日常生活的频发事件时，大部分农民工子女也逐渐认可了教师这种来自个人的权威。

小石：上午刚被老师叫去抽了7棍子。

笔者：为什么是7棍子？

小石：因为老师说离中考及格还差7分就抽7棍子了，上次说我差1分就抽了1棍子，这次抽了7棍子。

笔者：老师为什么认为你差7分呢？根据成绩？

小石：谁知道他因为什么呢？反正他自己心里有谱，说你差几分，就差几分。

笔者：哪个老师呢？

小石（支支吾吾，不愿意说）：反正就是他们老师。

笔者：其他学生也挨抽了？

小石：很多，我们是学生互抽。

笔者：啊？这样的啊？那你抽的谁啊？

　　小石：我谁也没抽，就是我们老师那些小跟班，给老师干活的，替老师抽我们，他不敢多抽，该抽多少下就抽多少下。他要抽多了，我就要收拾他了。（日志090401）

　　在笔者所接触的农民工子女中，小石算是一个比较有个性的男生，追求时尚与网络非主流，嘲笑班里那些埋头苦学的"书呆子"，并与社会青年还有着密切联系。即便是这样的学生，在频繁的惩罚中，也认可了教师这种来自个人的控制权。只要是教师制定的惩罚规则，他都认为是教师"心里有数"，即便是学生来执行这种惩罚，也认为"该抽多少下就抽多少下"是合理的。

### （四）对学校空间的复杂情感

　　在分析农民工子女对学校教育"空洞性"的洞察时，还要关注他们对学校空间与学生身份所具有的复杂情结。如上所述，城市社会充斥着浓烈的消费文化，使得本身生活在城市角落的农民工子女很难在学校之外拥有一片属于自己的天地。

　　小林4岁便来到A市，每年过节都会回老家，在电话里我听不清他说的话，他说现在他自己都不知道说的是哪里的话，虽然在这边生活了这么多年，但是对哪里都不熟悉。放了假天天就待在家里看电视，有的动画片都看了好几遍了，要不然就是和堂哥他们出去玩玩。原来上小学的时候，父母都不让轻易出来玩，好不容易出来一次都千叮咛万嘱咐的，说万一找不见回来的路，就打个的到家门口，我出去给付钱。这次出来玩，我妈很高兴，她现在巴不得我不要在家里的。（日志091114）

　　小林这种虽然在城市居住多年但仍感到陌生，并非特例，而是农民工子女的一种普遍状态。他们的生活空间更多地局限在家庭与学校之中，一旦放假，大多待在家里。因此，对农民工子女来说，学校不仅是接受教育的场所，更是娱乐的场所。金老师在向笔者抱怨小水对她的管教充耳不闻时，也提到：

> 我就跟他（阿水）说，你天天都是这个样子，还来学校干什么？他反倒问我，老师，我不来学校，我能去哪里呢？

正因为对学校有着这样的复杂情感，即便是洞察到学校教育的"空洞性"，即便是体验到自身与学校之间的某种交换关系，获得"自由"的农民工子女仍旧会选择继续逗留在学校中。虽然在一定程度上，这同样是一种煎熬。

> 笔者：你不是都不用参加统一的中考了吗？老师也说不用来了，到时候直接来考试就行，你怎么还来学校啊？
> 老蒋：不上学，在家待着也很无聊，还不如在学校待着，学校里有同学的。（日志090523）

在此，和学校"签约"的老蒋，毕业证已有了保证，也选择了学校指定技校的面点专业，学校也允许他们不来上课；然而，离开学校，也意味着要离开重要的娱乐场所，将全部的时间都压缩到家庭中。因此，即便不再关注学习，老蒋还是选择留在学校，充分说明学校能够满足农民工子女的娱乐需求。

由此可见，农民工子女对教育"空洞性"的认知更多地是针对学校所传授的知识与学校活动，并未扩展到对教育实现向上流动这一观念的质疑。因此，在这些孩子眼中，高学历对应着高收入、好生活。

## 三　生活于权威之内

农民工子女的"空洞性"洞察主要针对的是学校层面，他们认可教育实现个体向上流动的功能，加之他们对学校空间的复杂情感，致使绝大多数的农民工子女不会像威利斯笔下的"小子"

毅然离开学校，投入工厂，以示对学校教育的抗拒，而是在学校权威之内寻找生存策略。同时，由于日常互动更多地发生在师生之间，因此在学校权威之内的各种生存策略也主要是农民工子女针对教师的应对策略。

**（一）"赶工游戏"**

迈克尔·布若威（Michael Burawoy）将车间内操作工们努力工作挣得激励性工资的一系列行为称为"赶工游戏"，并认为这种超额的赶工游戏为评价从工作组织中引发的生产性活动和社会关系提供了一个框架（布若威，2008：67）。在此，笔者也将学校空间内，农民工子女为完成诸如课堂练习、试卷、家庭作业等学习任务而采取的一系列措施也称为"赶工游戏"。这场天天上演的"赶工游戏"，似乎已经与知识的获得没有太多关系，"赶工"的直接目的是为了免受"凡人"教师无处不在的惩罚。同时，这种"赶工游戏"还为开拓自我空间腾出了更多的时间，"很多学生只需要花很少的时间就能完成学校要求的作业（或者干脆从别人那里抄袭），这样他们就有大量的时间去参加他们自己的集体性文化活动，学生只是完成了学校要求的相对不多的一点作业，不过的确也不会再多了"（Everhart，1979：218）。

1. 见缝插针

在黑板的右下角，由班干部将每天各科的作业写在上面，只要学生一抬头，就能看到自己当天要完成的任务，没有完成，就会面临惩罚。所以，作业布置下来，农民工子女便开始充分利用所有的时间"赶作业"。尤其是在一些副课上，后几排的学生很多都将书立起来，挡着老师的视线，私底下或写或抄着作业，偶尔抬头看看老师在做些什么。当看到老师走下讲台时，则迅速将作业塞到桌洞里，然后将书放倒，装出一副认真听课的样子。

这节课讲的是判过的卷子，老师在上面讲，下面做什么的都有。前阵子估计还顾及我的存在，这些天相处下来知道我并不向老师'告状'，也就不在乎我的存在了。小石把卷子放在自己垒得高高的书堆上，书下面摆着作业本，因为错了的题要写好多遍，所以小石一边在跟着老师的进度改卷子（听到老师说正确答案是什么，赶紧放下写作业的笔，拿起红笔在卷子上改起来，改完再放下红笔，拿起写作业的笔继续写），一边写作业，嘴里还在说："真是忙，不过我已经习惯了这种生活。"（日志090401）

小石这种充分利用时间的方式很普遍，无论成绩如何，之所以要跟上老师的步伐，是因为老师可能检查；同时，作业更是需要完成的，因为要上交，哪边未完成都会面临惩罚。农民工子女课上课下忙碌的"赶工"表现，正如小石所言"已经习惯了这种生活"。

同时，第二课堂也成为农民工子女"赶工"的场所。小华和小雨就直言之所以选择校本课程《走进城市》，不是对这个课程感兴趣，而是因为可以在这个课堂上写作业。

2. 多笔罚抄

除了"见缝插针"地充分利用时间外，农民工子女还会选择提高效率的方式。笔者在课下看到小汪握着两支笔在写作业，是被语文老师罚抄：

> 小汪：无所谓的，这个好写，一会就写完了。
> 小石：你可以再拿五支笔写。
> 笔者：五支笔怎么写？
> 小石：用透明胶把它粘起来，就这样写喽（还自己通过动作表演给我看）
> 笔者：那写出来的字岂不是歪歪扭扭的，不好看啊。
> 小汪：我才不管呢，任务是写完就好了。
> 小石：我上次也是用两支笔写的。（日志090317）

对于教师而言，本着"好记性不如烂笔头"的想法，经常会使用多遍抄写的惩罚方式，既能增强记忆力，又达到了惩罚的效果。然而，对于学生来说，他们关注的主要是采用什么方式最快地完成惩罚任务。因此，这种惩罚方式不但没有威慑力，反而会在不断的罚抄中，逐渐助长农民工子女的厌学情绪。

3. 互相合作

课堂之上，教师经常采用各种方式达到教学效果，包括通过言行不断催促学生理解、做题的速度。为获得教师的认可，很多学生采取互相合作的方式以提高"效率"，仅仅是为了达到教师要求的速度。

> 今天的历史课主要是做试卷，可以看书，老师说只看前5名学生的试卷，其他人的不看。时间紧、任务重，小石和前排的老蒋决定进行合作，老蒋找问答题，小石找填空题，写好后互换卷子继续抄写，而这种合作关系不仅仅局限在他们俩之间，很多同桌也是这样相互合作着。一节课的时间，只听到哗哗的翻书声音。快下课的时候，老师问道："谁做完了？交过来。"几个同学站起来，交上了试卷。小石抬头看了看，更加飞快地翻书，看样子他也想交卷子。只听这时老师说："好啦，我已经收到5份了，其他同学的不用现在交给我了，谁现在做完了？"小石没有做完，但是把手举得高高的，生怕老师看不见。又过了一阵，老师根据交上来的试卷，讲解了出错多的几道填空题，并要求学生自己订正试卷后，全部上交。下课后，小石伸了伸懒腰，仿佛完成了一项大任务，没再多看一眼没有完成的试卷，和老蒋勾肩搭背地走出了教室。（日志090401）

虽然是开卷练习，但是教师"前5名"的规定表明只有那些做题速度快的学生能够受到老师的关注。坐在后排的小石和老蒋虽然成绩很差，但是仍旧通过相互合作的方式积极地参与老师制定的游戏规则当中，飞速地将试卷填满。在无法进军前5名的时候，小石还高高地举起手以引起老师的注意，以示自己的学习态度。然而，当下课后，教师离开，即便试卷没有完成，似乎也与自己无关。

**（二）装模作样**

如果说"赶工游戏"主要体现的是农民工子女通过各种方式完成文本性的学习任务与惩罚，那么，这里要说的则是农民工子女在课堂上所表现出的一种对绝对服从学校常规、认可教师权威的"模范生"神态。

每当眼保健操音乐响起时，学生们都会迅速停止"赶工"，安安静静地做眼保健操，因为他们知道这时班主任绝对会来教室检查。在第四章笔者已提到，检查两操已成为教师绩效工资收入的考核标准之一，因此每当两操的时候，教师确实会迅速"到岗检查"，然而这种检查更多地是为了"捉拿"不做操的学生，而不在乎学生的做操动作是否规范。在长久的互动中，学生已逐渐认识到教师的"捉拿"本质，因此在做眼保健操的时候，他们大多只是闭着眼睛，将手放在眼睛上不动，仅仅是装样子给老师看。

此外，在有些课堂上还有很多学生，虽然实质上也是在抄袭，但坐得直直的，并与老师进行眼神交流，当老师提问的时候，把手举得高高的。农民工子女的这一系列动作，主要目的是通过自己积极、认真的表现与老师形成互动，并给老师留下良好的印象。

**（三）猫鼠游戏**

在此，将老师与学生的关系比作猫鼠之间的关系再恰当不过。老师总是不经意地出现在教室外的某个角落监视着学生的一举一动，随便拿起某个学生的作业或试卷检查完成情况，发现违规或未按要求完成的则立刻进行惩罚，而这种来自"凡人"教师的惩罚具有很大的随意性。

如果说"赶工"、抄袭行为主要是指向教师的话，那么在上课之前向别的班级借书和材料则完全是指向教师的。每当下课时，很多学生便开始根据课程表到别的班级借课本和资料，别的班级的学生也会过来借，用借来的书籍暂时应付老师的检查。

或者，将所有的书都摆在桌子上面，高高的书堆俨然一道坚固的城墙，挡住了课堂上老师的目光和教室外不知何时出现的监视。这里成了农民工子女自己营造的一片小天地，他们可以看小说、折纸、玩手机、睡觉，或者窃窃私语。在临近毕业的时期，"签约"的孩子们更是在后排悄悄打起了扑克。"书墙"使老师的行动在学生的视线之内，学生可以根据老师的行为迅速调整自己的表现。

"赶工"、抄袭、借书都是确保手头有能够应付老师检查的文本，还有很多学生选择"铤而走险"，不做任何准备，单凭判断参加这场惩罚与被惩罚的游戏。

> 韩老师上课的第一件事情还是检查学生对布置作业的写作情况，检查了第一排男生的，发现没有写，就用书直接往这个人脸扇了好几下，其他没写的学生看到这种架势，都开始在书上胡乱地写着，这种举动也没有逃过老师的眼睛。"阿磊，不用在那里写了，有什么用啊？"阿磊低着头，站了起来。
>
> 紧接着韩老师说："没有写的自觉点，都站起来。"听她这么一讲，很多学生都站了起来，韩老师就没有一一进行检查，开始上课。有趣的是，在要下课的时候，韩老师又让没写的人站起来，有五六个人没有站，韩老师让站起来的11人将今天没有写的部分抄写15遍。阿大便开始奋笔疾书地抄了起来，小石用嘲笑的口吻说："像你这种傻子，站起来干什么？像我就没有站，管她呢，看到就看到了，看不到不就蒙混过关了。"阿大一边抄，一边说："你不诚实，就是因为有你们这些人在，我才会这么倒霉。"（日志090421）

从沾沾自喜的小石和郁闷无比的阿大的对话中可知，在逃避惩罚的过程中，胆小的、诚实的学生成了受惩罚的对象，而胆大的、不诚实的学生则蒙混过关，既不用写作业，又免受抄写15遍的惩罚。然而，正是因为惩罚来自"凡人"教师，具有很大的随意性且不稳定，所以部分农民工子女才会选择冒险。而且，当惩罚成为一种常态时，其威慑力也将逐渐降低。

**（四）树立良好形象**

周记，既培养学生的写作能力，同时也是教师进行管理、科研的工具。通过周记，教师能够了解到教师不在时教室的情况以及学生的校外生活，还可以发现学生态度上的变化和存在的困惑，而后者构成了教师科研的重要经验材料。但是，农民工子女并非机械被动地遵从教师的安排，而是将周记作为向教师"树立良好形象"的展现工具。在周记中，有些学生展现的是努力学习的决心、对老师教导的深切理解、对班级情况的如实汇报，以获得教师的关注、表扬与信任。

**以后，我一定要……**

在这个星期三上的这节班会课，让我好好地反省了一下自己，当听完×××读完这篇周记后，我愣住了，我突然想身为班级中的语文课代表我的责任有没有尽到？我有没有像她那样？听完她读了这篇周记后，我惭愧不已，我惭愧我没有尽到作为语文课代表的责任。但是，我会从现在做起，我要以×××为榜样，尽力做好语文课代表应该做的事，努力学习，作为班中的班委，我要给同学们做表率。我今后一定会努力去做我应做的事，尽我应尽的责任。

——学生周记

**老师，我错了**

老师，有些话在检讨书里我不好说，在这里我跟您谈谈。上个星期五我对不起您，冲您发了那么大的火，还打了办公室的门，我为此感到很抱歉，老师对不起。还有您跟我说的两个条件，我在家考虑了两天，我想明白了，您的第一个条件我可以答应您，我保证我尽快地跟××他们脱离关系，这也是我对一个人的承诺。第二个条件，让我以后不要跟您撒谎，这个条件我也可以答应您，但是有些事情我不方便回答，请您不要逼我。

老师评语：可以，但我不想听谎言。

——学生周记

### 老师，我想对你说

现在的班级比起以前那可是高得多，可是在班级的形象越来越达不到老师的要求。以前老师让我们系黑色的头绳，扎辫子；现在有的人却用花的，有白也有花的，男生的头发搞成"爆炸型"特别难看。女生有的将刘海放下来将卡子固定住，没有达到要求。现在课间比原来平静了许多，可还有个别人下课哄闹、追逐的情况出现，让人生气。希望老师能够多管一下他们。

老师评语：你是个很得力的小助手，谢谢你反映的情况。

——学生周记

……

老师我想告诉你，我同桌 HCF 她的数学作业有的是抄的别人的，老师你一定想知道抄的是谁的，我告诉您，是 LYH 和 WMF 的，但有的时候 LYH，没有给她抄。老师我有时也抄过 HCF 的，老师我保证，以后再也不抄她的了。老师您能答应我不告诉她吗？

老师评语：谢谢你告诉我这些情况，老师会保守秘密，也很高兴你对我的信任。希望你能诚实地对待自己，抄作业是骗老师也是骗自己，对吗？

——学生周记

周记中，农民工子女对自己"身为语文课代表没有尽到责任"、"冲您发了火，打了办公室的门"等行为进行反思，并感到"惭愧不已"、"对不起"老师，在此基础上表示"今后努力做好应做的事情"、"脱离关系"。与其说是周记，不如说是一份自我检讨书，记录农民工子女的各种违规行为、自我认识与改过的决心。或者说，周记充当了"眼线"的功能，在周记中说明班级中的情况，降低了教师的管理投入，也使绝大多数的农民工子女陷入了相互的监视当中。

# 四　生活于权威之外

在学校空间中，当对违规者的惩罚覆盖的是大多数农民工子女，惩罚是否还具有很强的威慑力？当农民工子女只将学校作为重要的娱乐场所，各种惩罚对他们是否还有作用？在此，笔者将进一步分析农民工子女在权威之外的各种生存策略。如果说权威之内的生存策略更多地是以农民工子女的顺从表现为主要特征，那么，权威之外的生存策略，则更多地表现为师生之间的冲突。

## （一）麻木的红色叉号

采用一背到底的填鸭型教学方式，必然需要通过频繁的测试来考查学生对知识的掌握情况，因此，老师经常会让学生准备一张纸，进行相关知识的测验。每一天、每个科目都会进行这样的测试，日积月累，办公室里堆着大大小小的测验纸，学生的桌上、桌洞里塞着满是红色叉号的测验纸，待老师检查完毕，也便成了废纸，学生将其随手投入垃圾箱，一次对知识的考察也就结束了。频繁的测验与惩罚，实际上使农民工子女的内心离学习渐行渐远，他们对学习和知识的获取失去了兴趣。

> 下课后，班干部发了语文背诵的情况，老蒋拿到了一张小小纸，上面满是红色叉号，但他只是笑一笑，与前排的女生说："哎，鸡姐，我8个（错号），你呢？"被称为"鸡姐"的女生笑道："我12个。"20个填空，错这么多，使我深切地体会到，果然以当前农民工子女的学习成绩，很多人都将面

临惩罚。面对着红色的叉号，大多数人都没有拿出课本进行校对。（日志090310）

在此，红色叉号已经完全失去了原有的警示作用，在农民工子女的内心，一个叉号不再代表某个知识点没有掌握，而是要面对着什么性质的惩罚，或是多遍数的抄写，或是变相的体罚。

### （二）自甘堕落

农民工子女可能采用各种方式躲避惩罚，也可能心甘情愿地接受惩罚并开辟自己的娱乐空间，或通过不求上进来表达自身对学校教育的否定。

#### 1. 有意被"发配边疆"

无论是"一日常规"，还是班规上都明确规定，上课铃一响，学生们都要进入教室并做好上课准备。对于迟到的学生，老师一般会让其拿着课本到教室的最后站着听课，以示惩罚。然而，有些农民工子女为了成为课堂上的"局外人"，则有意违规。

> 上课铃早就响过了，冯老师也打算开始上课，这时小涛和另外一个男生站在门口喊"报告"。身旁的小石立刻诡异地对我说道："你知道他们为什么上课要迟到吗？（我还以为会说去抽烟了，因为之前有过学生上课迟到是在厕所抽烟的）他们是为了站在后面。"听了小石的话，我还比较疑惑，但是随后小涛和那个男生拿着书果真站到了后排，可能这是冯老师惯用的惩罚方式。小涛他们并没有完全站到教室的最后，而是站在最后一排男生的桌边，将书往桌子上一放，弓着身子聊了起来，课堂上发生的事情似乎已与其不再相关。（日志090403）

在教师的"差别对待"教学模式下，农民工子女在教室中的座位分布，代表着教师对其的关注程度，前三排一般是主要关注对象，而最后几排则是"弃儿"。然而，部分农民工子女正是通过制造被惩罚的机会来自己的"自由空间"。

2. 就是不去快班

在学校内部，根据学生学习能力的不同将其分为不同的班级并配以不同的教师，是学校提高生源质量、取得高升学率的常用方式。飞翔中学也根据成绩将农民工子女分成不同的类别，进入不同的班级则代表着不同的学习状况，在学校处于不同的地位，或是重点关照的种子选手，或是濒临隐性淘汰的中考"弃儿"。

小华原来是快班的学生，因为一次考试被分到了平行班，等着下一次考试的时候她又考了106分，全年级第一，把快班的老师快气疯了，但是她并没有选择进快班。在交谈中，她对我说："那天听到'老芋头'（快班班主任）说他们一班'也就是比平行班稍微好那么一点点'（还用手比画着），当时我一听别提多高兴了，当时他们班的高材生就在旁边。"（日志090324）

一次考试，小华被精英群体排除在外，落入平行班当中，再一次考试后，当有机会再次进入精英群体时，小华选择了放弃，通过放弃进入快班、放弃较好的学习条件以示对这种分班方式的反抗。在此，农民工子女已将自己物化，认为自己的学习表现与教师的个人利益直接相关，通过"自我放弃"的方式表达对老师的不满。

3. 甘愿失败

面对每周一次学校的常规表现公告、班级的例行班会以及无处不在的监视与"凡人"教师的各种惩罚，部分农民工子女会选择自愿做学习成绩差、行为习惯差的学生，即通过自身的实践有意放大教师已有的刻板印象，以表达自己对教师权威的不认可，以及对学校管理的不屑。在这方面，木木和阿水可作为典型代表。

木木是个很聪明、活跃的孩子，但是因为转了好几个学校，英语成绩一直很差，与英语老师的关系十分紧张，面对英语老师处处针对自己的言行，木木不仅公然在课堂上与英语老师顶撞，而且拒不认错。最后，面对英语老师的"忽视"态度，其更加将英语放到一边，也有意忽视了英语老师和自己的英语成绩。

阿水一直是金老师最头疼的学生，因为他一直沉浸在自己的世界里，无论是课上还是课下，都在看小说，先是厚厚的纸质小说，后来又将电子书下载到手机里，往桌子上一趴，根本不管周围发生什么。看累了，往桌子上一趴，睡醒了继续看。他永远位居旷课、不穿校服、不交作业名单的榜首，对于教师各种形式的教导，总是一副很不屑的表情，无奈的金老师认为他心理上有问题。

由于成绩的缘故，当来自教师的各种刁难、惩罚更加频繁时，当学校在农民工子女眼中仅发挥娱乐功能时，他们可能有意以取得低分、放弃学业或甘做学习、行为习惯差且心理有问题的差等生的方式来向教师或学校宣告各种控制与管教的无效。

### （三）直面权威

在学校空间内，虽然教师对农民工子女有着绝对的控制权，但没有将其驱逐出学校的权力，只要农民工子女没有犯过于恶劣的错误，他们便可以留在学校中。因此，当学校在农民工子女眼中不再是学习知识的场所，而是打发时间的娱乐场所时，农民工子女就可能直接挑战教师的权威。这种挑战，既可以通过温和、调侃的方式表达对教师管教的不屑，又可以在激烈的冲突之后，通过辍学主动中止与学校、教师的关系。

1. 温和调侃

同样是周记，教师不仅将其作为监控的工具，同时也是重要的科研资料；农民工子女则可能将其作为"取悦"教师的工具，表达对错误的反思、改过的决心，也有可能作为一种调侃途径，传达着农民工子女对学校教育、教师权威的不屑。

今天，这篇周记，不应该叫它周记应该叫它补记。唉！好嗅（糗）！上周周记没写以致现在要补。我当初怎么就不随便找一本书，早上抄……险！幸亏没做，要不我就惨了。

唉！学习苦不苦，科科及格好辛苦。作业累不累，不到
10点别想睡。

——学生周记

"昨天瞌睡过度，眼皮打架无数，至终扛不住，误入梦境
深处。呼噜！呼噜！惊起乘客无数。"以上便是我坐公交车的
真实写照。在此我将这首《入梦令》献给广大与我有着相同
经历的同学们。最后提点意见上课能不能晚点儿，天冷了早
上6点我们便要顶着寒风等车。我容易吗我。

老师评语：吃得苦中苦，方为人上人！

——学生周记

上述周记中农民工子女所表达的"学习苦"、"起床早"、
"寒风中等车"以及对写周记的消极态度，是他们中大多数人的
共同生活体验与内心感受，但为树立良好形象，很少有人将这种
真实想法写入周记中。以上周记不仅表达了这种真实的想法，而
且以文本的形式与教师进行"讨价还价"。这是一种温和的挑战
形式，未针对教师本人，却间接表达了对学校、教师管教的
不屑。

2. 辍学事件

在以往有关农民工子女教育的研究中，高辍学率似乎成为一
个共识性的特征，学者更多地将辍学的主要原因归结为农民工子
女一方。笔者认为，师生的日常互动以及对彼此的态度也是构成
农民工子女辍学的重要因素之一，在频繁的消极互动中，农民工
子女可能最终选择辍学的方式，以表达对教师的直接反抗。

语文老师让我们念课文，小吕不好好坐着，把凳子晃来
晃去的，语文老师之前已经说过其他同学了，他们都听话地
坐好了，到了小吕这里，老师说："你不要晃了，坐好了，这

都是公家的东西，你晃坏了，赔得起啊？"老师还很好心的把
椅子给他放好了，让他坐下，但是小吕根本就不管老师，继
续坐下来使劲地晃，语文老师非常生气，就拿书戳了他一下，
说他态度不端正，不好好学习语文。语文老师说："你不好好
学习语文，以后上厕所连个男女都分不清楚。"说着说着两个
人就吵了起来，语文老师很生气让小吕滚，他居然回敬了老
师一句"你滚"。吓得有的学生去找班主任，有的学生去找德
育主任。

——事后和其他学生的交谈（日志091214）

从事后其他学生的讲述中可见，小华"晃凳子"可以算是违
反"一日常规"的行为，但小吕并没有服从教师的管教，并在教
师"赔得起"、"用书戳"、"态度不端正"、"滚"中将冲突逐步升
级，并最后回敬"你滚"，彻底打破了师生间的控制关系。

把他的家长也叫来了，让他写检讨，但是写了两句就是
不写了，说自己就是不想上学了，他妈也在。当时让他给语
文老师认个错，他死活就是不认，就说自己不上了。这个孩
子成绩一直以来都很差，二三十分，说句不好听的话，就是
反应慢，有点傻，上课就那么点成绩，你说他能听进去吗？
孩子早就不想上了，但是他妈妈非要他上，其实他这样也是
一种解脱，对他自己，对老师都是一种解脱。（日志091214）

当师生之间发生冲突时，经常是以学生向教师道歉、写检讨
的形式结束。小吕拒绝向老师认错、写检讨，并最终以"主动辍
学"的方式，否定学校、教师的控制权力。然而，在班主任看来，
这些成绩很差、听不懂讲课的农民工子女，最终辍学无论是对其
自身还是老师都是一种解脱。

（四）虚拟世界中的宣泄

信息社会的开放性为学生提供了更多的文化选择，作为新生

代的学生也更容易接纳这些新选择背后的新思维、新意识，如网络文化和大众流行文化所带来的平等、自由、调侃和反叛等意识。在这些新意识的影响下，学生看待教师的眼光也发生了重大变化，传统上的尊师、敬师的意识淡了，取而代之的是旁观、戏谑、反讽、调侃、恶搞甚至是反叛（余清臣，2009：3）。在农民工子女"多面夹击"的生存境遇中，网络所提供的虚拟空间，一方面为他们的宣泄提供了途径；另一方面，也影响他们对学校教育和教师的看法。

在这个虚拟的世界里，无须太多的投入，农民工子女便可以扮演"时尚达人"、"音乐达人"、"爱车达人"。其中，QQ空间中的转帖在一定程度上能够折射出农民工子女所关注的话题，以及受何种观念的影响。在威利斯那里，"成人世界，尤其是工人阶级男性的世界，成为抵制与排外的重要材料来源"（Willis，1977：19）；对农民工子女来说，对学校教育的排斥则主要缘于网络"非主流文化"。

## 我们90后就是不一样　帅

上课一排全睡，考试全都不会，成绩基本个位，抽烟打牌都会；

打饭从不排队，逃课成群结队，短信发到欠费，上街花钱干脆；

穿越如痴如醉，地下忘记疲惫，炫舞手骨敲碎，问道闭眼都会；

飞车百战不退，魔兽砍人无罪，垃圾学校万岁。

——来自农民工子女QQ空间

以上帖子出现在好几个农民工子女的QQ空间里，宣扬的是一种"90后"的生活状态，表达了对学校教育和秩序的不屑，对网络世界的疯狂迷恋与追捧，其中"穿越"、"地下"、"炫舞"、"问道"、"飞车"、"魔兽"都是网络游戏的名称。当然这不是农民工子女群体所特有的，而是弥漫在整个"90后"群体中的一种网络文化。"90后"群体的划分没有城乡之别、学校之别、成绩之别，反而是要将原有的划分标准打破，在"90后"的世界里，农民工子女已不再是劣势群体，他们可能成为非主流文化的积极拥护者。

QQ空间为农民工子女提供了隐秘的交流空间，在此没有教师和"小跟班"的监视，无论是生活在权威之内，还是权威之外的农民工子女均可以在此发泄心中的不满，还能够得到来自虚拟世界的支持。

### 受不了⁻⁻小陈了

今天真不爽……

明明不是我的错，冤昂！！

凭啥啊。被叫到办公室被昏天黑地滴批我一顿不说，还罚了偶三块钱，偶滴钱啊，最近本来就金融危机，还……不管，偶么钱啦，交了三块钱偶就么钱坐车回家赖！！

呜呜呜呜……

回复1：。

主人回复：真不爽，气死我不偿命昂！！无缘无故被罚，飞来横祸啊……衰！

回复2：哈哈！

主人回复：唉……这世上还有比我衰的人吗？

回复3：晕！

——农民工子女QQ空间

虽然虚拟世界中的这种宣泄无法对教师产生任何直接影响，但在这样的宣泄环境中，可能不断助长学生对学校、教师的不满情绪。可见，威利斯的"小子"们通过彰显工人阶级的男子气概来反抗学校教育的虚假性，安吉拉·麦克罗比"Working Class

Girls and the Culture of Femininity" 中的女孩则通过彰显女性特质和性特征来反抗学校对好女孩过分规矩的期望（Collins，2009）。而农民工子女则是通过对网络文化的追捧，以表达对学校教育、教师管教的不满和反抗。这种方式更为隐蔽，更多的是在群体内部的一种宣泄。

## 五　本章小结

虽然学校空间中的农民工子女处于被社会化、被控制的弱势地位，且户籍身份使这种弱势地位更加突出，但其还是以能动者的身份进入学校空间，与他人共同建构教育过程。同时，城市社会中"多面夹击"下的生存境遇影响农民工子女对学校教育的认知，还影响其能动性的发挥，即在学校空间中的应对策略。具体分析过程，如图 7 - 2 所示。

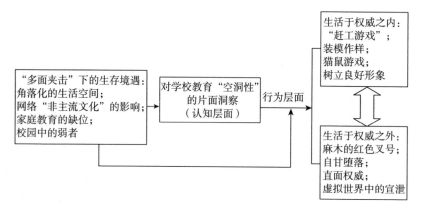

图 7 - 2　学校空间中的农民工子女

首先，城市社会是一个分化明显、充斥着消费文化的空间。受经济条件的限制，大多数农民工子女是在城市的角落居住、上学，即便是购物、娱乐也是在廉价的批发市场和昏暗的溜冰场进行的。这个城市角落的世界，更多的是农民工子女群体内部的世界。与封闭的生活空间相对，网络却为农民工子女提供了"完全融入"城市生活的途径，然而网络文化也影响农民工子女对教育、学校和自我的看法。处于社会化阶段的农民工子女，无法从父母那里得到充分的教育资源（无论是对教育的经济投入，还是实质性的学习辅导），父母对教育的看法以及有限的工作、生活经历，也无法给予农民工子女必要的支持，而将这些懵懂的孩子置于"自作主张"的境地。此外，同样具有行动者特质的学校和教师，基于自身的发展与利益，又在学校空间中有意凸显农民工子女的户籍身份，并将其"弱势化"。

其次，当现实生活事件不断冲击着学校所传授的知识，当学校宣扬的特色活动成为一种摆设、形式，当学校的"隐性淘汰"策略使农民工子女与学校之间的关系具有某种交换性，农民工子女已经洞察到了学校教育的"空洞性"。然而，这种洞察又具有片面性，即大多数农民工子女所洞察到的仅仅是学校教育的某种虚假性，并没有将对学校教育的质疑延伸至对教育实现个人升迁功能的怀疑。他们不仅认为高学历与高收入相对，还以成绩作为衡量日后所学专业的标准。同时，农民工子女也逐渐认可了教师的"凡人"身份，即教师不再是神圣的知识传授者，而仅仅是一个在学校有权控制、管理、惩罚自己，通过教学获得收入的普通人。此外，虽然农民工子女意识到学校教育的"空洞性"，但封闭的生活空间又使他们对学校有着复杂的情感，学校不仅仅是他们接受教育的场所，更是重要的娱乐场所。

正因为对教育的片面洞察和对学校的复杂情感，在学校空间内农民工子女更倾向于在学校和教师的权威之内，寻找应对不利处境的策略。例如，通过不同形式"赶工"以高效率地完成学习任务，或采取各种方式逃避惩罚；通过表现出认真、积极的神态，或在周记中进行自我反思、表决心、反映班级情况，以在教师面前树立良好形象。

然而，当惩罚覆盖的是大多数农民工子女且频繁出现在日常生活当中时，其威慑力就会下降；同时，惩罚更多地来自"凡人"教师，具有较大的随意性，也可能促使农民工子女在学校、教师的权威之外寻找应对策略。他们通过有意受罚、不进快班和自甘堕落作为对教师的惩罚；通过在周记中温和地调侃而向教师宣布所有教导的无效；通过冲突后主动辍学，以示对学校和教师的最后反抗。同时，虚拟的网络世界不仅为农民工子女提供了宣泄渠道，以此来表达对学校和教师的不满，而且以反叛、挑战成人权威为主的网络文化本身又进一步影响了农民工子女对学校教育的认知。

# 第八章 毕业后，何去何从

## 一 问题的提出

当前，无论从规模还是居住模式上来看，农民工子女逐渐在城市生根、发芽，成为长期定居的"流动"居民。与此同时，随着"两为主"政策的制定与实施，借读费、择校费的取消，中小学学籍的统一管理，以及地方具体化措施的制定实施，户籍身份给农民工子女接受教育所带来的客观阻碍已得到明显缓解，他们不但能够接受公办学校的正规教育，而且开始享受与城市儿童一样的"同城待遇"。那么，当教育机会获得在某种程度上已不再成为主要问题时，我们还需要继续关注哪些方面？笔者认为，在关注教育机会获得的同时，要关注教育过程与结果。当前，初中毕业成为农民工子女重要的分流点。有的选择继续上高中、考大学，有的选择上职校，有的则直接步入社会，成为打工族。因此，从教育结果的角度来看，农民工子女初中毕业后的出路必须受到足够的重视。但是，目前学界对这一问题的关注相对较少。

武汉大学"感悟爱·折射爱"生活团队曾对武汉市即将毕业的农民工子女进行了毕业流向意愿的调查，发现选择继续上高中[①]的占18%，选择上技校或职高的占72%，剩下的10%选择出去打工（甘丽华，2009），但是其倾向于将这种状况归因于家庭与农民工子女自身。杨东平、王旗发现在初中毕业的农民工子女中，存

---

[①] 高中包括普通高中、职业高中、中等专业学校、技工学校等。本书中的高中是指普通高中。

在教育意愿与实际流向的不一致：教育意愿中绝大多数孩子选择继续上学（高中、职校），但实际中大多数直接走上社会，或从事父母的职业，或在城乡接合部游荡（杨东平、王旗，2009：49~54）。然而，由于其研究重点在于厘清教育意愿、中职学校供给能力与劳动力市场需求三方的关系，因此即使看到了这种不一致也未做进一步的深究。同时，该研究是针对农民工子弟学校展开的，未涉及在公办学校就读的农民工子女。当前公办学校已逐步成为农民工子女接受教育的主要场所，因此需要全面了解公办学校农民工子女的初中毕业流向，才可能进一步探讨公办学校教育对这些孩子的意义。对于农民工子女来说，无论是毕业流向意愿还是实际选择，都不是瞬间形成的，而是一个动态的过程。无论农民工子女是继续接受教育，还是直接步入社会，并非仅仅通过其家庭与自身因素就足以解释，还需要考虑其他层面因素的可能影响。

本章将全面展示农民工子女面对毕业、专业/职业选择时的茫然无措，并在此基础上进一步剖析农民工子女初中毕业流向的影响因素。在调查过程中，笔者以"友人"身份参与农民工子女的现实生活，充分体会他们面临初中毕业时的复杂心境与无奈选择。在分析过程中，笔者尽量避免以"研究者"的视角对其选择和行为进行评价，而是通过农民工子女自己的声音讲述他们自己的故事，以凸显研究问题的动态性与情境性。访谈对象的基本情况如下：

> 青青：女，18岁，人缘很差，经常说脏话，讨厌老师，初中毕业后辍学，做超市收银员；
> 老蒋：男，19岁，将学校作为游乐的场所，初中毕业后进入职校学习面点专业，经常上网；
> 阿大：女，20岁，年龄较大，假期会出去打工，就读职校一周后辍学，开始在美容院做学徒；
> 小汪：女，17岁，想好好学习，但是成绩很差，非常想

上高中，但是知道考不上，初中毕业后在职校学习。

小雨：女，17岁，父母离异，跟着父亲、奶奶和叔叔一家住，本身很好学，但成绩总是很差，毕业后在职校学习医药专业；

小朋：男，17岁，聪明，但是认为学校的东西没有用，初中毕业后辍学，跟着别人装空调，做学徒。

## 二　临近毕业：即将来临的痛

初中毕业不同流向的人数比例只能反映出农民工子女的最终选择（其中大多数人选择结束学习生涯，直接步入社会），从中我们无法获悉他们在选择过程中的各种苦楚。实际上，从初三的最后一学期开始，大多数农民工子女都开始思量自己的出路，是继续上学还是直接工作，如果是上学，是回家乡上学，还是留在城市，是继续上高中，还是上职校？如果是直接工作，从事什么职业？这种思量必将夹杂着对现实的种种考虑，使其在理想与现实之间摇摆不定，直到毕业。

**（一）面对高中：想考，不敢考**

如果单纯从个人意愿来看，在实地调查的过程中，很多农民工子女都表示愿意继续上高中，但是成绩、家庭条件、是否能考上与高中学校的质量，均牵绊着他们。

在交谈的过程中，农民工子女存在"想考又不敢考"的顾虑：

> 我现在很彷徨，说心里话自己是想考高中的，但是又不敢试，以现在的成绩怕真的考不上，那样的话连初中毕业证都成问题了，而且就算考上的话也只能上一个一般的高中，也没有什么用（应该是针对考大学来说）。但是就这样不上的话又很不甘心，觉得现在每天就像混日子一样的难过。
>
> ——对青青的访谈（日志090401）

　　"想考"是青青内心最真实的想法，理想状态下她也想上高中，上大学。但是考虑到当前的成绩可能只能勉强考上一般高中，对于上大学这个终极目标来说，可能就"没有什么用"了。然而，一旦选择了毕业的流向，青青学习的动力也大打折扣，毕竟职校与直接工作似乎均与当前学校的生活联系较少，"混日子"的内心感受表达了青青对自己选择的无奈。

　　同时，对于农民工子女来说，毕业后的选择不仅是流向问题，还与农民工子女对自我的认识与评价有着密切联系。


　　笔者：你打算上高中还是技校呢？

　　小汪：上高中。上技校总觉得那样的……怎么说呢，就是很多亲戚在一起的话，人家问你上什么，你说上技校，人家就会很瞧不起你的。

　　笔者：刚才在 S 班好像很多学生都选择上技校的。

　　小汪：是呀，我们班（慢班）除了我（用手指着自己），都是打算上技校的，但是我打算上高中（想起刚才与另一位同学交谈中，她说汪考高中有点"呛"）。

　　笔者：那有没有想过上什么高中呢？

　　小汪：没想过，但是我妈说了重点就不让我想了，因为那些学校太费钱了，家里承担不起（说话的时候，明显低着头，她不愿意承认自己的学习差，而是将个人能力方面的情况归到家庭方面），所以就打算考一个普通高中好了。

　　　　　　　　　　　　　　　——对小汪的访谈（日志090310）


　　自我概念是在成长过程中通过与周围重要人物的接触而形成的。卡尔·罗杰斯（Carl Ransom Rogers）认为个人只有满足了他人的要求、期望与规定时，个人才会被接受、尊重，受到关怀和赞赏，他将其称为"被认为有价值的条件"（罗杰斯，1990）。有时，人们可能会将这种条件作为自我需求来看待。此时"考上好大学才有出路"、"赚钱最重要，赚不到钱什么都是虚的"，类似这样的观点可能也就不仅仅是一种别人的看法，而成为评价自我的标准。在上述案例中，小汪认为"上技校"会被别人"瞧不起"，选择上高中似乎成为一种更有尊严的行为。同时，其也通过"上高中"这种选择将自己与慢班中的其他学生区分开来以体现个人能力。对于报考一般高中，小汪也并未从成绩方面找原因，而是归因于"重点学校太费钱"，家庭无法承担。小汪这种将上高中与自我认识、评价相联系的看法，在许多农民工子女中都有所体现，当迫于各种原因他们无法继续就读高中的时候，可能也会影响他们对自身的评价。

**（二）面对职校：茫然无措**

杨东平、王旗发现，打算毕业后就读中职院校的农民工子女倾向于选择以白领和灰领为特点的专业，如计算机/互联网络技术、外语等，占到74.6%；选择修理技术、酒店服务等以蓝领为特点的专业占13.5%；还有11.8%的学生选择医护、财务、销售、行政/人事、保安、美容等专业（杨东平、王旗，2009：49～54）。笔者认为，问卷调查的优点在于能够形成对社会事物与现象的总体性认知，但相对缺乏对事物与现象形成和变化的情境性考虑。因此，当农民工子女面对有固定选项的问卷时，即便对专业了解不多，也可能仅凭题项进行选择，却无法得知他们对所选专业的了解程度。这种想法在笔者的调查中也得到了证实，即便很多农民工子女在"心不甘、情不愿"的情况下打算初中毕业后报考职业学校，但是其对职校的类型及所学专业一无所知。

> 青青一直不吭声，笔者继续问：那你报的什么专业啊？
>
> 青青：报的计算机。
>
> 笔者：这不是挺好的吗？
>
> 青青：好什么啊？你看看，什么学校？三星级院校。你把那个拿出来给她看看（对阿大说），阿大从书堆里找出一个精美的宣传册，上面写的××旅游营养职业教育中心，是国家级重点中等职业学校、国家第二十技能鉴定所、J省首批三

星级中等职业学校。青青在意的正是三星级的称号，觉得比较烂。（日志090509）

根据《J省中等职业学校星级评估标准》，三星级职校无论从学校设施、师资配备，还是课程设置、实习实训方面来看，均可称为比较好的职校。但是，在青青的眼中，职校属于"三星级"却"比较烂"，这种对学校的认知来源于她对酒店星级标准的了解，如五星级酒店要好于三星级。可见，即便打算报考职校，对于就读初中、每天与各种学习资料打交道的农民工子女来说，对职校的了解可能并非清晰、准确。农民工子女除了对职校缺乏足够认识外，对专业类别也同样认识模糊，他们更多地是基于当前自己的学习成绩进行判断。

（三）面对社会：高不成，低不就

杨东平、王旗在调查中发现，70%的农民工子女最终会直接步入社会，笔者在实地调查中也发现大多数的调查对象决定在初中毕业后便直接工作。这些打算直接进入社会的农民工子女又处于高不成、低不就的困扰中。

> 小朋，男，安徽人，17岁，在初三最后一个学期的时候，他已经决定不再上学，直接工作了。在他看来，学校学的东西根本就没有用，这个社会要不然就有钱，要不然有权，其他的都没有用。比方说，书本上说"法律面前人人平等"，但现实生活中不是这样。毕业后具体做什么没有想好，但绝不会跟着父母做。父母是做面点生意的，起早贪黑的，太辛苦。

从上述分析可知，鉴于多方面原因的考虑，农民工子女虽然在个人意愿上倾向于上高中，但是在实际抉择中还是选择了职校或直接步入社会。这里小朋的情况体现了农民工子女的另一番情境，即直接步入社会是在认可"上学无用论"后的理智选择。因此，对于小朋这类农民工子女来说，直接工作并不会被人"瞧不起"，也不会不甘心，更似是一种解脱。但是对于毕业后的工作，其并无明确的计划。

> 阿大，女，江苏人，20岁，不打算继续上学，与其他同学相比，阿大的社会经验相对丰富些，寒暑假经常会做些兼职。但是，阿大对毕业后具体做什么工作还是没有明确想法，只是不想从事没有技术含量的工作，比方说饭店的服务员、导购之类的工作她是绝对不会考虑的。她想从事些有技术含量的，能够靠自己的技能提高收入的。在不上学的日子里，阿大会出去先找找工作，在看到一个茶叶店招聘启事中写着要求大学文凭时，阿大很困惑："你说这种工作用得着大学毕业吗？（一个卖茶叶的地方）你看看里面的那些人，有什么好的？"

对于同样认为上学无用的阿大来说，诸如服务员、导购之类的低技术含量的工作不是她的选择，她希望找有技术含量的工作。团上海市奉贤区委对辖区内5个镇8所农民工子女学校1634名学生进行调查发现，农民工子女的未来理想职业领域主要涉及教育、卫生和社会保障的社会福利业，文化和体育，法律和公证等，这与他们父辈大多从事工业、建筑业等工作大相径庭，因此认为，农民工子女的职业理想已基本与城市学生无异（团上海市奉贤区委，2011）。可见，阿大的择业倾向具有一定的普遍性，但是现实可能与阿大所设想的不一致，那便是文凭成为进入很多工作岗位的敲门砖。面对茶叶店的招聘启事，阿大在困惑的同时，带有些许的不满。

## 三  选择中的重要他人

当农民工子女面对初中毕业后的生活不知所措时，作为其学习、生活中的重要他人又将发挥怎样的作用？是能够使农民工女更加客观、明确地看待毕业后的各种道路，还是相反？在此，笔者将全面了解教师、家长与同辈群体对农民工子女选择所产生的影响。

**（一）教师：较低的定位**

师生互动是教育得以形成的重要环节，教师对农民工子女的认识与期望将直接影响师生互动，影响农民工子女对自身及未来的看法。调查发现，教师将农民工子女的"差"作为一种常态，同时对他们未来也给予较低的定位。

> 笔者：这些孩子的底子不是很好吧？
>
> 王老师：底子不好也不能怨他们，家里那么小，好几口人住在一个地方，有的时候交上来的作业本里还夹着两粒米饭，还有菜汤，你说好好的作业本，怎么弄成这个样子呢？有的时候看着他们真可怜哦。你说来这里干什么呢？
>
> ——对王老师的访谈（日志090326）

对教师的访谈中，提到最多的便是农民工子女各方面"差"的表现，但教师并未将这些情况直接在农民工子女身上找原因，而是更多的归因于家庭环境及条件的限制。然而，当教师将"差"作为一种常态时，对农民工子女的教育期望也就有所降低，其倾向于认为上职校、直接工作是适合他们的选择：

> 这些孩子根本就不知道学习是为了什么。我教的班里有个孩子，不学习，我就问他"你以后不学习怎么办啊？"他说他以后长大了想当厨师（无奈地笑了）。这些孩子以后进入社会也是进入底层，没有考上的就子承父业了，继续做农民工，就算考上高中大部分也是考的普通高中，上三流的大学，出来照样工作不好找。再说，他们关系都不在这边，工作也不是很好找。
>
> ——对毛老师的访谈（日志090310）

笔者：那他们毕业大部分选择上高中多，还是技校什么的多？

王老师：技校或中专的多，他们都要挣钱养家的啊，有弟弟妹妹的。我们学校也会给他们介绍、推荐一些工作，比方说在 XH 地铁站，拿个小锤，东敲敲、西敲敲的，一个月 3000 多块钱，对他们来说也可以了。

——对王老师的访谈（日志 090326）

毛老师虽然不了解本学校农民工子女毕业的具体流向，但是在她看来进入社会底层是必然的，由于低理想、成绩差、上普通高中、在城市没有关系，他们只能继续做农民工、上三流大学、毕业后不好找工作。在王老师看来，受家庭条件的限制，职校或中专应该是农民工子女毕业后最合适的选择。可见，教师在将农民工子女的诸多"差"表现归结于外部因素的同时也降低了对他们的教育期望。

### （二）家长：无心或无力

以往研究更多将家庭各项资本、家庭教育方式与子女学习状况相联系（郭良春等，2005：50~55；赵娟，2005：8~13；曾守锤，2009：25~28），来分析农民工子女的适应性与学习状况，关于家长对农民工子女初中毕业选择的影响却少有关注。笔者认为，对仍处于社会化阶段的农民工子女来说，家庭的态度与行为会直接影响农民工子女初中毕业的选择。在此，笔者以"无心"和"无力"两种状态来体现农民工面对子女毕业选择的态度。

有的家长本身也不重视孩子教育，他们本身就认为学习没有用。我们班有个孩子，他们家是开麻将馆的，她家长就和他说，上学有什么用啊？反正他挣的钱多，觉得不学习也能够赚钱。

——对张老师的访谈（日志 090415）

所谓"无心"，并非贬义，而是指由于农民工本身不认可教育的价值，而并不在意子女初中毕业后是否继续接受教育。上述案例中，家长将教育的价值等同于经济收入，当认为有其他途径能够达到较高的经济收入时，子女是否需要继续接受教育似乎并不是重要的问题。

> 学校有职校招聘的人过来，要开会。我爸专门请了假，（跟单位领导）说我们学校开会，需要去学校，请了一天的假。但是他根本就不来，说来了也听不懂，所以干脆不来了，在家待着。说让我自己看，自己觉得学什么专业就学什么专业，说不让我考虑学费，主要看这个专业以后有没有发展。我爸就是该管的不管，不管的瞎管，平常小事管得挺多的，不让干这个，不让干那个的，但是遇到这种大事，还是希望他拿个主意的时候，什么都不管了。
>
> ——对阿大的访谈（日志090506）

阿大对父母的上述抱怨是许多打算就读职校的农民工子女都有的。这种抱怨所反映的正是农民工的"无力"，即他们虽然意识到教育对子女日后立足于城市的重要性，但是由于自身经验无法化为有价值的建议，对职校与专业类型"不懂"，因此倾向于让子女自行决定，选择"有发展"的专业。然而，这种自行决定并非自主的表现，农民工子女是在对职校与专业未有清晰认识的情况下被迫自立的。

### （三）同辈群体：重要参照

同辈群体在青少年从家庭迈向社会的过程中扮演着重要角色，不仅是青少年获得生活经验和社会信息的重要来源，对其生活目标和价值观也有着重要影响，是青少年生活中的重要他人。对于农民工子女来说，同辈群体在其选择毕业流向的过程中也发挥着重要的作用。除教师与家长外，同辈群体与农民工子女的接触、交流最多。

笔者：打算选什么专业？

青青：没想好呢，看看别人是怎么选的吧。最好能跟现在班的同学在一起。

小雨：我觉得我是那种适应性特别强的人，学什么都行。我们班很多人都选择了××学校，我很可能也去那里。反正在哪都一样。（日志090526）

由于社会经验不足，对职校与专业类型缺乏足够认识，教师与父母又难以给予必要的支持，因此同辈群体的毕业流向选择就成为农民工子女的重要参考，在学校和专业的选择上农民工子女呈现较为盲目的"随大流"情形。除了在校的同辈群体以外，已步入社会的同辈群体对农民工子女的毕业流向也有着重要的影响。

笔者：（在校时）你不上学打算做什么呢？

阿大：我看我们朋友现在打工工资也挺高的。卖特步，就是在专卖店给人家卖鞋，一个月也能挣2000元呢。不过是干了挺长时间的了。

笔者：（辍学后）当时你怎么想起学美容了？

阿大：开始的时候，也没想一定是做这个的，但是还能做什么呢？和我一个朋友一起来找的，一块就来到这里了。（日志091006）

从阿大在校时的毕业打算到最终辍学后找工作的经历可见，已经步入社会的同辈群体的个人经历是其重要的参考，其中"工资高"是重要的参考信息。同时，阿大虽然不愿意从事低技术含量的工种，但对具体职业选择仍不明确。

## 四 毕业后：流动并未结束

从静态视角来看，农民工子女对高中、职校或社会的选择可视为初中毕业流向的直接表现。然而，从动态视角来看，他们毕业时所做的选择仅仅是一个流动的开始，可能既存在着从学校向社会的流动，也存在着从社会继续向学校的流动。以下是笔者对访谈对象毕业后生活的跟踪调查，从中可知动态的分析视角可能更适合于对农民工子女的分析。

## 老蒋：与想象中的不一样

初中毕业后进入 A 市的一所职业技术学院，面点专业。当初选择这个学校也是因为班里很多学生都选了，觉得学习面点专业，即便当不了大厨，也可能自己开个小餐馆挣钱。但是入学后，老蒋发现学习面点专业很多原料和材料都要自己去买，本来就交了不少学费，还要加上这部分开销，这个是他报餐饮专业的时候根本没有想到的。

## 阿大：失望后步入社会

阿大和老蒋在一所学校，上课不到一个星期就不上了，原来在上课的时候看到有女生照镜子化妆，老师也不管，比初中还乱，觉得花了钱什么都学不到。学费交了 1 年的，最后就给退了 1000 元。开始的时候，父亲还让阿大继续上学，但是阿大实在不想上了，父亲也就同意了。辍学后的阿大找到了一份在美容连锁店做学徒的工作，学习养生按摩、刮痧等。虽然每天都很累，但是阿大觉得生活有了明确的目标，那就是定高业绩，然后去完成。

## 小雨：我就是想体验下上大学的感觉

小雨毕业后选择了上职校，药学专业。小雨一直想上大学，因为初中的时候成绩不好，考高中根本没有希望，所以选择了上职校。在上学期间，小雨报了自考大专。临近毕业时，又在学校组织的招聘会上找到了一份同仁堂药店的实习工作。小雨考完大专，还想继续完成自考本科，如果可以她还想继续考研究生。她心里一直有一个大学梦，认为别人能上，自己也能上。

由于对专业没有明确的了解与认识，学习面点专业的老蒋在入学后除了学费，还需要承担材料费；由于对学校课堂秩序和老师的不满，阿大认为上职校是在浪费时间，进入社会却是明智之举；由于成绩差，小雨只能报考职校，但较高的教育期望使她通过自考的方式努力实现着自己的大学梦。可见，初中时的毕业流向仅仅是农民工子女现实生活中的一个片段，受现实环境中诸多因素的影响，他们的流向会发生变化。只有全面剖析农民工子女的生命历程，才可能对他们的流向有一个较为清晰的认识。

## 五 进一步的思考

通过上述分析可见，微观层面上的自身特征以及他们学习、生活中的重要他人，对农民工子女的毕业流向均会产生不同程度的影响，如图8-1所示。

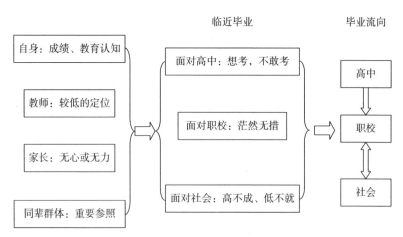

**图8-1 农民工子女初中毕业流向**

首先，在临近毕业时，夹杂着对现实的种种思考，农民工子女便开始思量初中后的生活，在理想与现实之间徘徊，直至初中毕业。考虑到成绩与家庭条件方面的原因，很多农民工子女面对高中都存在"想考不敢考"的复杂心情。

其次，在教育认知上，如果认可高教育成就能够获得较高的自我评价与发展，那么无论是上职校还是直接进入社会均被视为一种能力不足的表现，易形成负面的自我评价。同时，由于缺乏对职校与专业类型的了解，即便毕业后打算进入职校的农民工子女也处于茫然无措的状态。打算直接进入社会的农民工子女，倾向于选择技术含量高、有上升空间的职业，而受自身条件的限制，他们可能处于高不成、低不就的境地。

再次，农民工子女身边的重要他人也会对他们的毕业流向产生各种影响。在教师将农民工子女"差"的表现更多的归因于外在环境的同时，他们也倾向于将这种"差"视为一种常态，从而降低了教育期望，降低了他们对农民工子女毕业流向的定位。对农民工来说，受教育认知和自身经验与能力的限制，面对子女的毕业选择，其呈现一种无心或无力的状态。作为生活中的重要他人，同辈群体的态度与行为也相应地成为农民工子女毕业选择的重要参考。由于缺少社会经验、缺乏对职校与专业的了解，无论是选择职校、专业，还是选择步入社会从事的职业，农民工子女均呈现"随大流"的特征。

最后，农民工子女初中毕业后的流向具有动态特征，受诸多因素的影响，存在由学校向社会的流动，也存在由社会向学校的流动。

针对当前农民工子女初中毕业流向中存在的问题，我们可以采取以下措施进行合理调整，从而化解农民工子女理想与现实之间的冲突，达到合理分流。

第一，降低门槛、提高能力。虽然义务教育阶段，农民工子女已经初步开始享受"同城待遇"，但高中仍旧是横亘在他们面前一道不易翻越的围墙。要打破这道围墙，高中教育可以为农民工子女开设一定的"绿色通道"，即学校有权推荐一定比例的优等生，经考察合格后进入高中学习。或者，在录取分数上差别对待，降低农民工子女的录取分数。同时，努力提高农民工子女的学习能力。通过调动公办学校教师的积极性，使其在全面了解农民工子女实际教学中存在问题的基础上，开展各项有针对性的教学活动，以增强农民工子女的学习能力。这方面，在笔者所接触的公办学校中均有所开展，但是更多的只有形式，没有内容。

第二，全面介绍、兴趣选择。由上述分析可见，大多数进入职校的农民工子女在学校与专业选择上均具有盲目性。因此，需要加强对职校和专业的介绍，使农民工子女在全面了解的基础上，结合自己的兴趣与发展进行选择。当然，这里所指的介绍，并非以职校为主体，以招生为目的的介绍，而是以流入地专门分管农民工子女教育的部门负责组织，对农民工子女的需求进行前期了解，进而开展专题讲座以介绍不同职校与专业。加强招收农民工子女的公办学校社会工作方面的建设，使其能够及时解决农民工子女在毕业选择时所遇到的各种问题。

第三，校企合作、优化渠道。所谓校企合作，既包括招收农民工子女的公办中学与相关企业之间的合作，也包括职校与用人单位之间的合作，目的是降低农民工子女就业的盲目性。鼓励公办中学与相关企业合作，将此作为考核指标并给予一定的政策扶持，目的是为那些初中毕业后计划直接工作的农民工子女提供合理的就业渠道。同时，在呼吁职校"零门槛"的时候，还需要考虑当前职校的状况对农民工子女的影响。因此，要增大职业学校的开放力度，并使他们享受与流入地学生相同的政策，推荐农民工子女到合作企业实习，实习考核合格的农民工子女优先签订就业合同，全面优化就业渠道。

# 第九章　学校教育中的再生产旋涡

在本书的主体部分，笔者首先对当前我国城市基础教育系统所面临的挑战和特征，农民工子女教育在该系统中的位置进行了系统说明。为全面了解教育对农民工子女所发挥的作用，尤其是对其分层和流动可能产生的影响，笔者进一步将关注点聚焦在教育的具体过程上，分别对具有行动者特质的学校、教育实践者、家长及农民工子女的现实处境、应对策略及实际互动进行了深入剖析。因为，正是依靠上述行动者的共同参与和互动，学校教育才得以实现，而教育对农民工子女所产生的影响也逐渐形成。

在本章，笔者将首先对上述章节所做的分析进行简要的回顾与总结，以展现不同层面因素共同参与、塑造的教育过程。在此基础上，进一步剖析学校教育对农民工子女在城市社会的生存与发展所发挥的作用及形成机制，即是否有助于其实现向上的社会流动及如何实现向上流动。

## 一　教育过程的互动图景

经历了精英化发展道路的城市基础教育系统，形成了"宝塔"型结构特征，城乡、区域、校际之间均存在着巨大差异。虽然当前已进入均衡发展阶段，国家也加大了对弱势群体的关注力度，然而，"宝塔"形结构并不会在短期内改变，尤其是各学校之间的差异。一方面，基础教育适龄人口的减少，加剧了学校之间的生源竞争；另一方面，在人们仍旧将教育视为向上流动的有效途径时，劳动力市场的结构性变化、大学文凭的贬值，促使人们更加积极地向优质的教育资源靠拢，加大了对教育选择上的投入。因此，教育系统内部学校生源争夺与系统外部家长优质资源争夺，均不断强化教育系统结构与社会阶层结构之间的相关度。

随着国家政策的不断调整，农民工子女教育不再徘徊于城市社会之外，而是逐渐被纳入城市教育系统之中。这样，大多数农民工子女拥有了在城市公办学校接受教育的机会。然而，教育系统的分层特征以及其与社会阶层结构之间的相关性，在一定程度上又限制了这些孩子向城市优质教育资源靠拢。那些经济条件较差、缺乏社会资源的农民工子女只能在城郊地区、师资匮乏、面临生源危机的公办学校就读，而这部分人占在读农民工子女的大多数。作为推进教育公平的又一重要举措，"同城待遇"却由于设定的条件，使大多数农民工子女无法真正享受。由此可见，虽然农民工子女有了在城市公办学校接受教育的机会，但受多方面因素的影响，大多数的农民工子女就读"宝塔"底层的学校，且因为未符合享受"同城待遇"的条件，他们仍须缴纳一定的费用。

作为被指定招收农民工子女的公办学校，既是教育系统的有机组成部分，发挥着一定社会功能；也是相对自主运行的组织，有自身的利益追求与发展目标。农民工子女的大量涌入对学校本身有着复杂的影响。如果说由于教育资源有限原先这些学校处于"宝塔"底层的话，那么受区域发展总体规划和教育系统自身发展的影响，这一底层的地位继续边缘化，从而成为公办的"民工学校"。"农民工子女"成为学校的代名词，教学、科研也逐渐向这个特殊群体靠拢。生源的变化，使这些底层并边缘化的学校选择了全新的发展道路。具有行动者特质的学校，通过运用前台策略、隐性策略和后台策略，既完成着自身所承担的社会功能，又努力实现着自身的发展目标。前台策略通过将学校的秩序维持、发展目标与教师、农民工子女的个人生活密切相联，实现以个人对自身利益的追求带动学校整体的运行与发展。隐性策略则通过树立独特的校园文化，在"蜕变"教育哲学理念指导下的一系列活动，引起了社会的广泛关注，校本课程、第二课堂的开展，使其在基础教育改革中由原来的劣势，转为农民工子女教育中的优势。后台策略，则是学校在规范之外的能动性发挥，通过对差生的"隐性"淘汰、精英学生的内部拦截以及与同样面临生存危机的中职学校的合作，既保证了较高的升学率，又确保区域内生源的稳定。当然学校的策略选择在一定程度上又成为教育实践者与农民工子女生存境遇中的重要构成。

随着基础教育改革步伐的不断加快，学校生源由当地学生转变为农民工子女，学校的发展方向逐渐向这一群体靠拢，意味着这些学校教育实践者的生存环境也发生了重大变化。然而，这种变化对不同层面的教育实践者又具有不同的意义：对于校长，由于其个人利益和学校发展之间的密切联系，因此倾向于通过各种方式将农民工子女教育塑造为学校品牌；对于行政管理人员，双重的身份决定了其对农民工子女教育具有复杂的态度；对于任课教师，农民工子女教育给其带来的更多的是负面影响。基础教育改革要求任课教师不再单单是"教书匠"、传授者、执行者，还是研究者、参与者和开发者，这无不挑战着教师原有的知识储备、教育理念，尤其挑战着教师权威。农民工子女的进入、学校发展方向的变化，加大了教师的工作强度，打击了他们的教学热情与成就感，而且频频与农民工子女、农民工、民工学校相联系、相比较，使教师陷入了职业认同危机。作为积极的行动者，受影响最大的任课教师，会采取一定的应对策略以改善自身的不利处境。其中，教师的形象由"圣人"逐渐回归到"凡人"。教师权威更多地来自师生间的控制关系，而这种控制关系为教师自主性的发挥提供了更大的空间。课堂上，通过高效、准确及"人性化"的教学模式，以及常规工作的移交等方式，教师与农民工子女将课堂共同构建为游戏空间；课堂下，"赶工"、抄袭、最大限度的享乐、形式化的出勤考察及对领导层的调侃，继续塑造着规范之外的自主空间。

对于农民工来说，繁忙且多变的工作，使他们没有太多的时间和精力与子女沟通，较低的文化程度更加限制了他们为孩子所能提供的实质性辅导，有时由于工作的关系，他们还会占用子女的学习、娱乐时间。可以说农民工所提供的家庭教育具有一定的无效性。他们对教育的认知也具有一定的局限性，表现为：对子女有着较高的教育期望，但在现实中所看重的仅仅是考试成绩；存在一定的性别偏好，这种偏好对子女产生了不同的负面影响；认为教育的主要责任在学校、教师和子女自身，未意识到家校关系的重要性。正是这种有限认知，使农民工大多消极地进入学校空间，与教师、学生进行互动，成为家长会上的"沉默者"。对于子女的未来，他们也表现出一种有心力不足的"旁观"。这种被动的参与，不仅打击着教师对农民工子女教育的热情和责任心，也迫使农民工子女过早自主面对人生的选择。

在阶层分化明显的城市社会中，受家庭经济条件所限，农民工子女大多在城市的角落居住、上学、娱乐，且在初中毕业后就必须面临人生的重大选择。与封闭的现实生活空间相比，网络为农民工子女打开了"完全融入"城市生活的大门。家长的缺位促使农民工子女被迫在资源有限的情况下"自作主张"。当现实生活不断冲击着学校教育所塑造的美好蓝图，当学校所宣扬的特色活动更多成为一种摆设，当后台策略使学生与学校间的关系更具交换性，农民工子女逐渐洞察到学校教育具有的空洞性、无用性。同时，这种洞察又是片面的，仅限于对学校层面的洞察，他们还将教育视为向上流动的有效途径。对于学校空间，农民工子女有着复杂的情感，它既是受教育的地方，也是娱乐的重要场所。正是这种复杂的情感，促使大多数农民工子女选择通过"赶工游戏"、装模作样、猫鼠游戏及树立良好形象，以求达到学校及教师的要求。当惩罚更多的来自"凡人"教师，且具有较高的随意性，而对象覆盖又是群体中的大多数时，惩罚将不再具有较强的威慑力。农民工子女可能会选择甘愿堕落、直面权威或是在虚拟世界中宣泄的方式，宣告学校教育的无效。

为能够更加清晰地展现农民工子女教育过程的互动图景，笔者将上述研究发现以图的形式展示，见图 9 – 1。

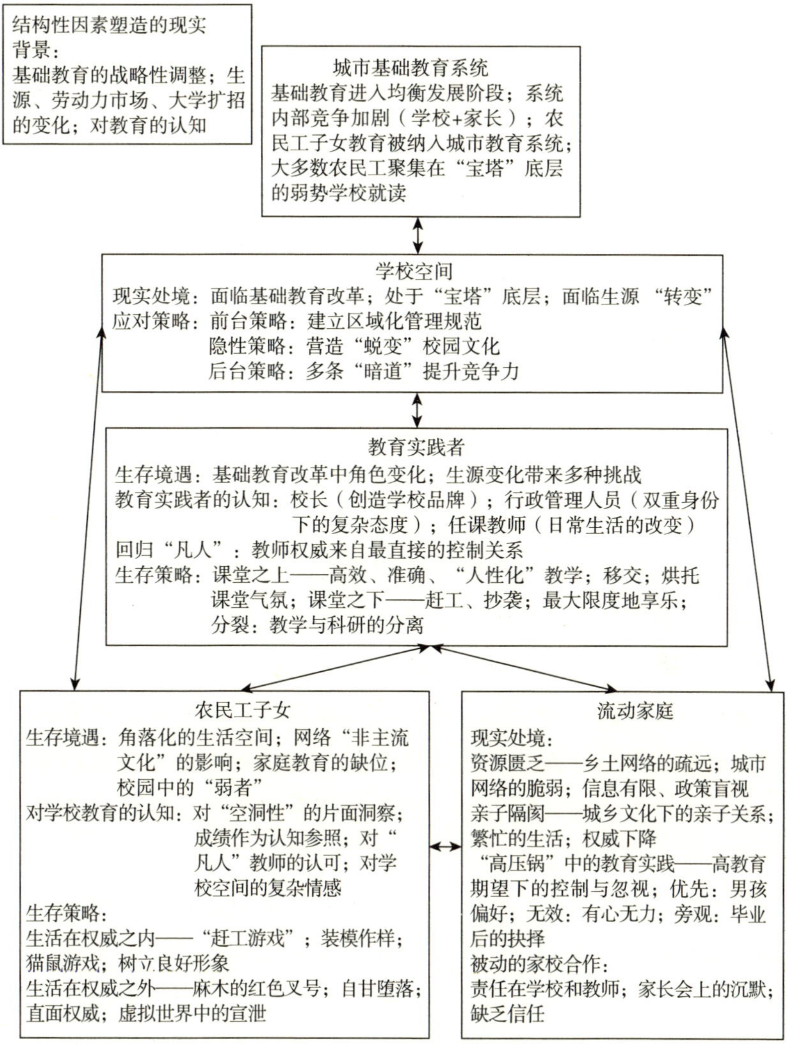

结构性因素塑造的现实
背景：
基础教育的战略性调整；生
源、劳动力市场、大学扩招
的变化；对教育的认知

城市基础教育系统
基础教育进入均衡发展阶段；系统
内部竞争加剧（学校+家长）；农
民工子女教育被纳入城市教育系统；
大多数农民工聚集在"宝塔"底层
的弱势学校就读

学校空间
现实处境：面临基础教育改革；处于"宝塔"底层；面临生源"转变"
应对策略：前台策略：建立区域化管理规范
　　　　　隐性策略：营造"蜕变"校园文化
　　　　　后台策略：多条"暗道"提升竞争力

教育实践者
生存境遇：基础教育改革中角色变化；生源变化带来多种挑战
教育实践者的认知：校长（创造学校品牌）；行政管理人员（双重身份
　　　　　　　　　下的复杂态度）；任课教师（日常生活的改变）
回归"凡人"：教师权威来自最直接的控制关系
生存策略：课堂之上——高效、准确、"人性化"教学；移交；烘托
　　　　　课堂气氛；课堂之下——赶工、抄袭；最大限度地享乐；
　　　　　分裂：教学与科研的分离

农民工子女
生存境遇：角落化的生活空间；网络"非主流
　　　　　文化"的影响；家庭教育的缺位；
　　　　　校园中的"弱者"
对学校教育的认知：对"空洞性"的片面洞察；
　　　　　　　　　成绩作为认知参照；对"
　　　　　　　　　凡人"教师的认可；对学
　　　　　　　　　校空间的复杂情感
生存策略：
生活在权威之内——"赶工游戏"；装模作样；
猫鼠游戏；树立良好形象
生活在权威之外——麻木的红色叉号；自甘堕落；
直面权威；虚拟世界中的宣泄

流动家庭
现实处境：
资源匮乏——乡土网络的疏远；城市
网络的脆弱；信息有限、政策盲视
亲子隔阂——城乡文化下的亲子关系；
繁忙的生活；权威下降
"高压锅"中的教育实践——高教育
期望下的控制与忽视；优先：男孩
偏好；无效：有心无力；旁观：毕业
后的抉择
被动的家校合作：
责任在学校和教师；家长会上的沉默；
缺乏信任

**图 9 – 1　教育过程的互动图景**

　　当笔者以时间为线索，展现初三女生阿大从初三最后学期的
心理变化到暑假打工，到去职校上学，再到辍学步入社会的一系
列变化后，能够更加清晰地看到学习基础差、缺乏家庭支持，并
成为学校"隐性淘汰"对象的阿大，最终选择辍学走向社会，是
多方因素共同作用的结果。

# 二　有限的向上流动

　　一些研究发现，城市政府在本地户籍儿童生源大量减少的情况下，主动开放了小学和初中的一部分空闲学位，并有限度地开放了一些中职学校让农民工子女就读，但这些学校的师资和条件较差，中职学校也是些如酒店、车床、烹饪等不包分配的专业，因此这种教育机会的让渡，本身也是国家对该群体实施控制的一种手段（邵书龙，2010：58~69）。笔者发现，城市社会中向农民工子女开放的公办学校确实条件较差，同时，面对高考的户籍限制，职业学校却向这些具有在城市长期定居倾向的农民工子女敞开了大门。然而，对于学校教育对农民工子女产生的影响，需要以客观、历时性的眼光来审视。

　　首先，从历时性的角度来看农民工子女教育时，其通过教育实现流动的可能性有所提高。从无学上到在民工学校上，到拿借读费在公办学校上，再到取消借读费、学杂费等在公办学校就读，不能不说这是一种进步。其次，与父辈相比，即便大多数农民工子女没有上高中，而选择了职业学校，但其将来所从事的职业与父辈相比已有了很大的差别。父辈的职业多为一些依靠体力的非技术工种，而农民工子女的职业则更可能是一些技术型工种（这里先不谈这种技术型工种的层次），这种工种使农民工子女在城市社会的上升空间要高于父辈。最后，从个人追求来看，虽然农民工子女对学校教育的价值可能持有否定态度，但他们对职业的选择受到学校教育的影响。在这些孩子眼中，他们更加倾向于从事技能型的行业，不仅考虑到经济上的收入，还考虑到个人在城市中的长足发展。

　　因此，笔者认为，无论从农民工子女教育历时性的发展变化，还是农民工群体内部的对比，抑或个人追求上，当前农民工子女所接受的学校教育具有促进其在城市社会向上流动的功能。当然，受诸多因素的影响，这种流动注定是非常有限的流动。辍学、初中毕业后直接工作的农民工子女，由于无技术、文凭很难获得体面的工作，他们大多跟随父母、亲戚工作，或进入无门槛的销售行业。即便获得职校文凭也无法显著提高他们的市场竞争力，超市收银员、美容院或美发店的学徒、空调修理工、业务员等次级劳动力市场的岗位成为他们的主要去处。

## 三　踏入再生产旋涡

当我们推开学校的大门，在丰富多彩的校园生活中寻觅学校教育与社会分层间的关系时，不难发现学校的生存之道以及多元互动下师生的复制策略使农民工子女具有"三低"特征：低学习能力、低教育期望、低劳动力市场竞争力。因此，笔者认为，即使进入公办学校就读，教育也并非农民工子女向上流动的有效途径，其中存在许多旋涡，使得农民工子女极有可能复制父辈的人生轨迹，落入社会底层。

首先，学校生存之道将学校教育塑造成再生产的空间。S. 鲍尔斯（S. Bowles）认为，经济资助的匮乏几乎就要求把学生当生产线上的原料来对待，因此它极为重视驯服和准时；而且学生也很少有机会进行独立的、创造性的工作或得到教师的个别关心（张人杰，2009：218~241）。对于飞翔中学来说，承担农民工子女教育不仅没有为其带来更多发展机遇，反而要面对本地生源流失和地位的边缘化。因此，强调纪律、追求效率成为其必需的生存策略。在学校区域化的管理模式下，抛开家庭、长期流动等因素对农民工子女人力资本积累的影响不谈，成绩不理想的孩子入学时便作为差生进入慢班，并成为"隐性淘汰"的主要对象。可以说，学习能力差的农民工子女在入学时就已被遗弃。同时，挖掘的多条"暗道"直接封堵了农民工子女的求学道路。那些被遗弃的差生只能进入生源存在危机的职校以换取无法获得的毕业证。内部拦截如同一道铁闸横亘在农民工子女面前，使其难以向优质教育资源靠拢。此外，"蜕变"文化向农民工子女传达着双重教育内涵：一是接受教育的过程也是实现户籍身份转变的过程；二是当前城市社会为其提供了平等的教育机会，如果学业失败只与自身有关，这与经济再生产与文化再生产的观点一致。鲍尔斯认为，"因为学校从表面上看是向所有人开放的，这样一来就可以把一个人在社会分工中的地位描绘成不是其出身所造成的结果，而是由于他努力和才能造成的结果"（张人杰，2009：218~241）。

教师成为农民工子女踏入再生产旋涡的催化剂与导火索。学校发展与教师个人利益之间存在天然依附关系，学校又将这种关系进一步强化，对教师来说，维护自身利益的有效方式就是服从学校规范。监视、惩罚为主的日常管理，速度与效率为主的具体教学，致使农民工子女失去对学习的兴趣，以抵触、厌烦取代对知识的渴望，完成学习任务逐渐异化为逃避惩罚。同时，农民工子女对学校教育的认知与态度既源自师生控制关系，也作用于这种控制关系，在他们眼中，教师俨然是学校的代言人、同谋，不会全心全意为学生的未来着想，因此，激烈的师生冲突有时会成为学生辍学的导火索，加速农民工子女进入社会。然而，如同威利斯形容汉默镇男校的教师，"他们都很专注、诚实和坦率，他们满怀耐心和仁慈地做一份很吃力的工作。把任何恶毒动机，诸如教坏、压迫工人阶级孩子归于他们身上都是非常错误的"（威利斯，2013：88）。同样，我们也不能否定公办学校教师对农民工子女教育所做的贡献，而且仅停留在对其教学行为与态度进行评价，也绝非本研究的初衷。

多层互动中铸成的"反学校文化"是他们踏入再生产旋涡的直接表征。威利斯认为"小子"们盛行的抵制学校权威的"反学校文化"使他们主动放弃了向上流动的资格，自愿从事工人阶级的体力劳动。笔者认为，农民工子女当中也盛行一种类似的文化，所不同的是农民工子女认可教育的价值，只是看透了所接受的学校教育的空洞性。在他们看来，无论自己如何努力，也很难获得优质的教育资源，所谓的"蜕变"教育只是学校的形象工程而已。因此，在学校关乎学习的一切投入似乎都是"不理性"的。赶抄作业、调侃、睡觉、看小说、打扑克、有意违规……，他们打造属于自己的娱乐空间，更有甚者提前辍学以"不浪费时间与生命"。然而，这都是以放弃对知识的追求，甘愿做差生为代价的，提前辍学更是直接放弃了通过教育改变命运的可能性。

## 四　再生产旋涡的形成机制

社会不平等有诸多生成机制，教育是其中非常重要的一环。在现代社会中，受教育程度与所能获得的经济收入、社会地位间存在高度相关性（Blau and Duncan，1967），学校是教育与社会不平等关系构成中最基本的元件。当然，不同理论对学校所发挥功能的理解也有不同，笔者试图基于上面对农民工子女教育过程的阐释进一步推进，以安迪·哈格里夫斯提出的理论模式为基础，进一步探讨学校教育中的再生产旋涡如何形成。

教育是阶层再生产链条上非常重要的一环，既受到已有教育与社会结构的影响，又有其自身的运作逻辑。与以鲍尔斯和金蒂斯为代表的经济再生产理论不同，笔者认为，教育会受到外在社会结构尤其是权力结构的影响，但并非完全无法改变。布迪厄加入"文化资本"、"符号暴力"等概念使教育与经济结构之间的对应关系更加可视化，学校教育过程成为内化统治阶级价值观的过程（Bourdieu and Passeron，1977）。然而，实际的教育过程远远要比此过程复杂多变，学校不仅仅是社会控制的代办处，同时还是"符号暴力"的执行场所，学校本身内部的师生都应被视为具有能动性的行动者。教育与社会分层之间的关系不仅受到宏观结构性因素的影响，还依靠微观层面的具体运作得以实现（史秋霞，2013b：39～43）。因此，再生产逻辑存在于学校的生存发展中，存在于师生的多元互动中。

那么，外在社会因素是如何在此逻辑中发挥作用的呢？笔者同意哈格里夫斯的观点，他认为行动者的目标与定义来源于他们的经历，而经历则是其体验到的约束因素的限制，也可以理解为对自身处境的认识（布莱克莱吉、亨特，1989）。因此，结构性因素对教育的影响，是经由行动者对自身生活环境的理解并最终作用于行为来实现的，集中体现在学校、教师、学生各种复制策略的较量中。哈格里夫斯认为，约束因素来自社会，尤其来自教育制度的相互矛盾目标。农民工子女可以享受流入地教育资源本身体现了教育的公平性，但所开放的学校大多是教学设施、师资力量相对薄弱的学校。特定的教育规划与教育理念也是重要的制约因素，在 M 区"高起点、高标准和高水平"的教育现代化建设下，飞翔中学必将处于边缘地位。面对这些变动，飞翔中学在原有经验基础上发展应对策略，如区域化管理。当然，也有在经验之外自我摸索的策略，如依托"蜕变"文化将农民工子女教育打造成校园品牌。还有"阳奉阴违"的应对策略，如挖掘的多条"暗道"。师生在多元互动中所发展出的复制策略也具有上述的特征，当师生认可学校的发展规划与要求，农民工子女认可教师的管理与控制时，他们可能会选择遵守规则、服从管理的复制策略。当师生不认可学校规范时，他们可能会选择内部合作、悬置规则的复制策略。当否认学校的管理与要求时，教师可能会选择较温和的抵制策略，如调侃校领导；农民工子女还可能会选择更为激烈的抵制策略，如提前离开学校。

学校、教师、农民工子女均是在自身体验到的外在约束中发展复制策略，并在随后的多元互动中根据策略的成效而不断对其进行调整，不同的复制策略对制约因素的回应也是不同的。学校的区域化管理、"蜕变"文化以及师生的遵守规则、服从管理可视为学校、师生对各自外在约束的服从，此类策略的存在实现了外在约束的控制，不同层级的教育理念与规划也能够得到真正落实。相比之下，学校挖掘的多条"暗道"，师生的内部合作、温和抵制，表面"照章办事"，实则并未服从，此类策略会消解外在约束的控制，而农民工子女的自我放弃直接宣告学校、教师控制的失败。

还需要说明的是农民工子女的"反学校文化"与威利斯笔下

的"小子"们有诸多不同。首先，"小子"们通过继承父辈的车间文化，蔑视学校教育，投入工人大军表达反抗，最终虽以失败告终（难以逃脱再生产的宿命），但是尽显"小子"们行为的能动性。有人认为，农民工子女与"小子"们相似的行为——对学习知识的拒绝，对学校规范的反抗是一系列社会结构和社会条件作用下的渐进式自我放弃，是被迫放弃向上流动的机会（周潇，2011b：70~92）。笔者认为，农民工子女的一系列行为既非主动反抗，也非被动放弃，而是其依据对自身生活情境的理解所做出的生存选择。他们懂得通过服从规范、"赶工"完成任务以与学校、教师建立良好的关系，懂得同意"隐性淘汰"以换取通过个人能力无法获得的毕业证，懂得在高考无望的情况下辍学、提前工作。其次，"小子"们对知识、文凭彻底不屑一顾，崇尚父辈粗犷、富有阳刚之气的车间文化，农民工子女却仅仅是否定自己所接受的学校教育，他们仍然认可知识和文凭的价值，对于子承父业的未来充满无奈。他们没有彻底否定知识和文凭，即便初中毕业后的农民工子女也未放弃任何可以积累知识与经验、学习的机会，还是相信通过个人的努力能够在校园之外改变自己的命运。

## 五　进一步挖掘："反学校"生存模式的再生产意义

既然农民工子女的"反学校"生存逻辑最终似乎仍以增加阶层再生产的风险而落幕，那么，突出来自底层的能动性意义何在？尤其当农民工子女认可教育与职业的对应关系，将底层地位归因于自身，用学习成绩评价自身能力时，是否我们应该再次回归布迪厄的研究范式？要回答这些问题，让我们再次从威利斯的抵制理论谈起。如果真正理解威利斯对"小子"们"反学校"行为来源的分析，就必须要看到有限"洞察"的群体性。当我们假设"小子"们站在群体层面去理解教育时，也就预示着他们的阶层意识可能由此萌生，否则我们又如何将他们的行为与阶层变革相联系呢?

卡尔·马克思(Karl Marx)认为,"自在阶级"(Class-in-itself)通过一个历史的、认知的和实践的觉悟化过程,才能产生阶级意识,才能转变为"自为阶级"(Class-for-itself)为共同的阶级利益来集体行动(李培林等,2005:1~21)。因此,农民不能算是一个阶级,没有共同的阶级意识,更像是"一麻袋土豆",处境相同但彼此分离(汤普森,2001)。汤普森(Thompson)认为工人阶级的形成是一种历史现象,其中资本主义生产方式的客观决定性与工人阶级的主体性相互作用(汤普森,2001)。在资本主义生产关系下"自在阶级"有了共同的经历,并通过文化生产的方式创造出阶级意识,进而转变为"自为阶级",即阶级是社会与文化的形成(李培林等,2005:1~21)。可见在"自在阶级"向"自为阶级"的转变过程中,阶级意识是非常重要的中间环节。阶层归属是获得阶级意识的基本要素,却并非唯一要素,有时甚至不发挥决定性作用,譬如种族、社会地位、被压迫程度等也非常重要。

社会行动者并不是意识形态的被动承载者,而是积极的占有者,只有通过斗争、竞争以及对那些结构的部分洞察,他们才将现存结构再生产出来(Willis,1977)。当我们想用静态的结构性因素去解释动态的行为意义时,还必须考虑一个环节,即阶层意识。在对研究对象的阶层意识不甚了解的情况下,就妄下定论说他们彼此同呼吸、共命运显然是不合理的,所以"小子"们的"洞察"是否真是来自群体层面的思考也就有待进一步商榷。同样,农民工子女虽然大多游走于城市角落与教育系统的边缘,但并未形成互为彼此的"我们感"。因此,农民工子女"反学校"生存逻辑应该在个体层面上进行理解,对其所发挥的能动性的关注则是结构与行动、社会与个人发生关联的重要纽带。

在群体意识未生成的情况下,又应该如何在农民工子女的生存逻辑中挖掘学校教育与阶层再生产的关系呢?一方面,如果真的想致力于处理再生产理论家批评的不平等的话,就必须更好地理解社会再生产在微观层面的策略,就像必须去注意那些没有再生产自己所属阶层的人们的经历和实践一样（Kaufman，2003）。因为，阶层关系社会再生产的制度性机制既存在于阶层关系的宏观背景中，也存在于社会的微观制度支持中（吕鹏，2006：230～242）。另一方面，微观层面上，人们对行为的理解应既考虑具体情境又考虑情境之下的多元互动，这一点非常关键。当不仅仅是在阶层层面上理解"小子"们对教育的"洞察"及其是否有限时，他们的行为也就可以被理解为特定情境中的经历和实践。只有大多数"小子"不再以自我、家庭而是以工人阶级群体来思考自己的处境时，我们才应该去继续思考其行为所具有的阶层变革性。因此，我们应该将文化生产置于更为宽泛的生存空间中去探讨，看在特定的生活情境与互动中，农民工子女通过何种方式来确定自己的身份，实践自己的人生。

　　所有行动者都按照他们的经历进行有意义的、创造性的活动，但是这种创造性会受到自身体验过的约束因素的限制。在解读学校具体教育过程时，需要明晓无论是学校的发展目标与规划，还是教师与学生的行为模式，都是基于学校、师生对其所经历的具体情境的自我体验。同理，促使农民工子女远离上述再生产旋涡的关键也在于清除具体情境中的各种障碍，改善学校教育中行动者的自我体验与互动，最终达到优化学校教育分层功能的效果。

# 参考文献

## 中文文献

Alford，Robert R.，2011，《好研究怎么做——从理论、方法、证据构思研究问题》，王志弘译，（新北）群学出版有限公司。

阿列克斯·英格尔斯、戴维·H. 史密斯，1992，《从传统人到现代人——六个发展中国家中的个人变化》，顾昕译，中国人民大学出版社。

白月桥，1996，《课程变革概论》，河北教育出版社。

保罗·威利斯，2013，《学做工——工人阶级子弟为何继承父业》，秘舒、凌旻华译，译林出版社。

彼特·布劳，1991，《不平等和异质性》，王春光、谢圣赞译，中国社会科学出版社。

布列克里局·杭特，1987，《教育社会学理论》，李锦旭译，台北：桂冠图书股份有限公司。

蔡昉主编，2009，《中国人口与劳动问题报告 No.10——提升人力资本的教育改革》，社会科学文献出版社。

常亚慧，2007，《沉默的力量——学校空间中教师与国家的互动》，南京师范大学博士论文。

陈信勇、蓝邓骏，2007，《流动人口子女平等受教育权的应然与实然》，《浙江大学学报》（人文社会科学版）第 6 期。

答会明，2002，《父母教养方式与孩子的自信、自尊、自我效能及心理健康水平的相关研究》，《中国健康教育》第 8 期。

戴维·布莱克莱吉、巴里·亨特，1989，《当代教育社会学流派——对教育的社会学解释》，王波、陈方明、胡萍译，春秋出版社。

戴维·斯沃茨，2006，《文化与权力——布尔迪厄的社会学》，陶东风译，上海译文出版社。丁小燕、陈洪岩，2005，《流动儿童学习适应状况研究》，第十届全国心理学学术大会论文，北京。

董立山，2008，《论和谐社会视域下农民工子女平等受教育权的立法保障》，《社会主义研究》第 1 期。

董泽芳、沈百福，1997，《试析农村初中学生教育分流意向》，《湖北大学学报》（哲学社会科学版）第 6 期。

董泽芳、沈白福、王永飞，1996，《初中学生家长教育分流意向的调查与分析》，《教育与经济》第 2 期。

段成荣，2008，《法国青年骚乱对我国流动儿童政策制定的警示》，《中国青年研究》第 4 期。

段成荣、梁宏，2004，《我国流动儿童状况》，《人口研究》第 1 期。

段成荣、杨舸，2008，《我国流动儿童最新状况——基于我国 2005 年全国 1% 人口抽样调查数据的分析》，《人口学刊》第 6 期。

E. P. 汤普森，2001，《英国工人阶级的形成》，钱乘旦等译，译林出版社。

费孝通，2007，《乡土中国》，江苏文艺出版社。

冯帮，2007，《流动儿童教育公平问题：基于社会排斥的分析视角》，《教育学术月刊》第 9 期。

弗朗西斯·福山，2001，《信任——社会美德与创造经济繁荣》，彭志华译，海南出版社。

甘丽华，2009，《近八成农民工子女初中毕业后弃读高中》，http://www.cyol.net/zqb/content/2009 - 12/27/content_3002201.htm。

高梅书，2004，《民工子女社会化问题研究——关于江苏响水、苏州两地典型调查的分析》，苏州大学硕士学位论文。

葛新斌、尹姣容，2014，《农民工随迁子女异地高考困局的成因与对策》，《华南师范大学学报》（社会科学版）第 2 期。

关颖，2002，《青年流动人口如何对下一代负责——天津市青年流动人口子女家庭教育状况调查》，《青年研究》第 5 期。

郭丛斌、闵维方，2006，《家庭经济和文化资本对子女教育机会获得的影响》，《高等教育研究》第 11 期。

郭良春、姚远、杨变云，2005，《流动儿童的城市适应性研究——对北京市一所打工子弟学校的个案调查》，《青年研究》第 3 期。

国家统计局，2011，《2010 年第六次全国人口普查主要数据公报（第 1 号）》，http://www. stats. gov. cn/tjsj/tjgb/rkpcgb/qgrkpcgb/201104/t2011042830327. html。

国家统计局人口和就业统计司编，2012，《中国人口和就业统计年鉴》，中国统计出版社。

韩嘉玲，2001，《北京市流动儿童人口义务教育状况调查报告》，《青年研究》第 8 期。

郝大海，2007，《中国城市教育分层研究（1949 - 2003）》，《中国社会科学》第 6 期。

胡宗仁，2005，《教育社会学研究的困境》，《南京师范大学学报》（社会科学版）第 3 期。

黄卉，2007，《"黑户"民工子弟学校"合宪不合法"吗？——试析〈民办教育促进法〉之立法失误及其补救》，《比较法研究》第 6 期。

黄锐，2013，《习近平：中国将努力发展全民教育、终身教育》，http://news. xinhuanet. com/world/2013 - 09/26/c_117522229. htm。

黄艳，2008，《"名校"收不到学区生很郁闷》，http://dz. xdkb. net/old/html/2008 - 11/18/content_65965809. htm。

黄盈盈、潘绥铭，2009，《中国社会调查中的研究伦理：方法论层次的反思》，《中国社会科学》第 2 期。

黄志法、傅禄建，1998，《上海市流动人口子女教育问题调查研究报告》，《上海教育科研》第 1 期。

江浪莎、崔译丹，2013，《担心所录专业就业难"新高考"首届复读生增多》，http://gaozhong.eol.cn/xxff_10948 /20130729/ t20130729_994285.shtml。

江立华、鲁小彬，2006，《农民工子女教育问题研究综述》，《河北大学成人教育学院学报》第1期。

蒋廷玉，2010，《技工难求生源贫血职校招生：难题背后的难题》，http://xh.xhby.net/mp2/html/2010-04/22/content_222091.htm。

教育部，2015，《截至2014年底全国80%随迁子女在公办学校就学》，http://society.people.com.cn/n/2015/0228/c1008-26612 401.html。

卡尔·罗杰斯，1990，《成为一个人——一个治疗者对心理治疗的观点》，宋文里译，（台北）桂冠图书股份有限公司。

卡罗琳·H.珀赛尔，2004，《公、私立学校中的价值、控制与产出》，载莫琳·T.哈里楠主编《教育社会学手册》，傅松涛等译，华东师范大学出版社。

科尔曼·S.斯托鲁莫夫、刘承礼，2006，《政府分权促进了政策创新吗》，《经济社会体制比较》第2期。

莱斯利·P.斯特弗、杰里·盖尔，2002，《教育中的建构主义》，高文等译，华东师范大学出版社。

赖特·米尔斯，2001，《社会学的想像力》，陈强、张永强译，生活·读书·新知三联书店。

李潮海、徐文娜，2014，《我国基础教育深化改革的动力因素与发展趋势分析》，《教育评论》第6期。

李春玲，2003，《社会政治变迁与教育机会不平等——家庭背景及制度因素对教育获得的影响（1940-2001）》，《中国社会科学》第3期。

李春玲，2014，《教育不平等的年代变化趋势（1940-2010）——对城乡教育机会不平等的再考察》，《社会学研究》第2期。

李红婷，2008，《农民工子女低学业成绩的人类学阐释——对A市农民工子女学业成绩的现状调查与归因分析》，《湖南师范大学教育科学学报》（社会科学版）第3期。

李龙福，2007，《农民工的恶性循环——对农民工子女的一些访谈与思考》，《法制与社会》第 3 期。

李培林等，2005，《社会冲突与阶级意识——当代中国社会矛盾研究》，社会科学文献出版社。

李琴，2012，《流动儿童家庭的家庭策略研究——以昆明市流动儿童家庭小学升初中的教育选择为例》，云南大学硕士学位论文。

李蕊，2013，《为子女上学办假证，该反思的不应只是母亲》，http：//focus. cnhubei. com/original/201312/t2784452. shtml。

李煜，2006，《制度变迁与教育不平等的产生机制》，《中国社会科学》第 4 期。

厉以贤，1992，《西方教育社会学文选》，（台北）五南图书出版社。

刘成斌，2007，《在中央与地方之间：民工子女教育政策的操作化——以浙江省为例》，《青年研究》第 10 期。

刘崇顺、布劳戴德，1995，《城市教育机会分配的制约因素——武汉市五所中学毕业生的调查分析》，《社会学研究》第 4 期。

刘鸿渊，2007，《多元利益格局下的城市流动儿童教育问题研究》，《社会科学研究》第 6 期。

刘精明，1999，《"文革"事件对入学、升学模式的影响》，《社会学研究》第 6 期。

刘利民，2015，《截至 2014 年底，全国随迁子女在公办学校就学比例保持在 80%》，http：//www. gov. cn/2015 - 02/28/content_2823053. htm。

刘谦，2014，《两种张力：城乡文明的并置与教育愿望的迟疑——随迁子女学校教育人类学民族志尝试》，载庄孔韶主编《人类学研究》（第五卷），浙江大学出版社。

刘谦、冯跃、生龙曲珍，2012，《家庭教育与学校教育互动的文化机理初探——基于对北京市农民工随迁子女教育活动的田野观察》，《教育研究》第 7 期。

刘庆、冯兰，2014，《留城，还是返乡——武汉市农民工随迁子女留城意愿实证分析》，《青年研究》第 2 期。

刘欣，2008，《基础教育政策与公平问题研究》，华中师范大学出版社。

刘兴民，2004，《基础教育课程改革下的教师角色转换》，曲阜师范大学硕士学位论文。

刘云杉，2001，《学校生活社会学》，南京师范大学出版社。

吕宁思，2014，《未来两年农民工工资水准或超本科生》，http://phtv. ifeng. com/a/20141223/40916027_0. shtml。

吕鹏，2006，《生产底层与底层的再生产——从保罗·威利斯的〈学做工〉谈起》，《社会学研究》第 2 期。

吕少蓉，2008，《1996—2007 年国家关于农村流动儿童义务教育政策的变迁》，《教育导刊》第 6 期。

吕绍青、张守礼，2001，《城乡差别下的流动儿童教育——关于北京打工子弟学校的调查》，《战略与管理》第 4 期。

马尔科姆·沃特斯，2000，《现代社会学理论》，杨善华译，华夏出版社。

马和民，2009，《新编教育社会学》，华东师范大学出版社。

玛丽·杜里－柏拉、阿涅斯·冯·让丹，2001，《学校社会学》，汪凌译，华东师范大学出版社。

迈克尔·布若威，2008，《制造同意——垄断资本主义劳动过程的变迁》，李荣荣译，商务印书馆。

迈克尔·W. 阿普尔，2008，《教育与权力》，曲囡囡等译，华东师范大学出版社。

糜薇，2008，《农民工流动子女的家庭教育问题与社会工作的介入——对成都市郊农民工家庭调查的思考》，《法制与社会》第 25 期。

南京市统计局，2012，《南京市 2012 年国民经济和社会发展统计公报》。

潘旦、王新，2010，《基于融合教育视角的农民工子女家庭教育研究》，《社会科学战线》第 4 期。

潘绥铭、黄盈盈，2007，《"主体建构"：性社会学研究视角的革命以及在中国本土的发展空间》，《社会学研究》第 3 期。

皮埃尔·布迪厄、华康德，2004，《实践与反思——反思社会学导引》，李猛、李康译，中央编译出版社。

钱民辉，2004，《教育真的有助于向上社会流动吗——关于教育与社会分层的关系分析》，《社会科学战线》第 4 期。

屈智勇、王丽，2008，《流动儿童义务教育问题和政策应对》，载张秀兰主编《中国教育发展与政策 30 年》，社会科学文献出版社。

全国妇联课题组，2013，《我国农村留守儿童、城乡流动儿童状况研究报告》，http://acwf. people. com. cn/n/2013/0510/c99013 - 21437965. html。

任运昌，2007，《我国农村留守儿童教育研究的进展与缺失》，《中国教育学刊》第 12 期。

邵书龙，2010，《国家、教育分层与农民工子女社会流动：contain 机制下的阶层再生产》，《青年研究》第 3 期。

沈茹，2006，《城市农民工子女家庭教育问题及对策》，《中国农业大学学报》（社会科学版）第 3 期。

沈小革，2008，《珠江三角洲流动人口子女教育公平问题的研究——一种文化再生产现象的分析》，中山大学博士学位论文。

史蒂文·赛德曼，2002，《有争议的知识——后现代时代的社会理论》，刘北成译，中国人民大学出版社。

史秋霞，2013a，《城市公办学校教师对农民工子女教育的认知与困境》，《重庆第二师范学院学报》第 4 期。

史秋霞，2013b，《互动机制下的教育与社会分层》，《河海大学学报》（哲学社会科学版）第 2 期。

史秋霞、王毅杰，2010，《试论相关群体对问卷调查资料质量的影响——以一次流动儿童调查为例》，《中北大学学报》（社会科学版）第 3 期。

宋月萍、谭琳，2004，《论我国基础教育的性别公平》，《妇女研究论丛》第 2 期。

谭光鼎、王丽云主编，2008，《教育社会学：人物与思想》，华东师范大学出版社。

田宝宏，2008，《学龄人口变动对基础教育发展的影响研究》，西南大学博士学位论文。

团上海市奉贤区委，2011，《上海奉贤区：农民工子女职业理想与城市学生无异》，《中小学德育》第 6 期。

王炳照主编，2009，《中国教育改革 30 年》（基础教育卷），北京师范大学出版社。

王甫勤、时怡雯，2014，《家庭背景、教育期望与大学教育活动——基于上海市调查数据的实证研究》，《社会》第 1 期。

王敏捷，2005，《社会分层在家校合作中的表现及其影响——美国家校合作的最新研究》，《外国中小学教育》第 1 期。

王世忠，2001，《当前我国普通中学的办学模式政策问题分析及其对策》，《教育理论与实践》第 5 期。

王涛、李海华，2006，《农民工子女学习适应性研究》，《中国特殊教育》第 11 期。

王燕青，2014，《北京学区房之痛：100% 的小学划片就近入学》，http://money. sohu. com /20140912/n404255957. shtml。

王毅杰、高燕等，2010，《流动儿童与城市社会融合》，社会科学文献出版社。

王毅杰、刘海健，2008，《家庭背景与流动儿童的留城意愿——意向基于家庭教育内容的实证研究》，《南方人口》第 4 期。

魏毅、杨国强、王瑞哲，2014，《农民工流入地学校接纳农民工子女初中后阶段教育意愿及影响因素分析》，《高等农业教育》第 12 期。

温辉，2007，《农民工子女义务教育平等权：问题法律保障》，《国家行政学院学报》第 2 期。

文东茅，2006，《我国城市义务教育阶段的择校及其对弱势群体的影响》，《北京大学教育评论》第 2 期。

吴康宁，1998，《教育社会学》，人民教育出版社。

吴世友，2010，《教育与农民工子女阶层再生产——基于北京市8位农民工子女的生命史研究》，《中国青年研究》第8期。

吴晓刚，2009，《1990—2000年中国的经济转型、学校扩招和教育不平等》，《社会》第5期。

吴愈晓，2013，《教育分流体制与中国的教育分层（1978—2008）》，《社会学研究》第4期。

夏建中，1998，《新城市社会学的主要理论》，《社会学研究》第4期。

谢安邦、谈松华，1997，《全国义务教育学生质量调查与研究》，华东师范大学出版社。

谢维和，2007，《教育活动的社会学分析——一种教育社会学的研究》，教育科学出版社。

谢宇、谢建社、潘番，2013，《教育公平视野下的异地高考新政思考》，《复旦教育论坛》第5期。

熊易寒，2008，《当代中国的身份认同和政治社会化——一项基于城市农民工子女的实证研究》，复旦大学博士学位论文。

熊易寒，2012，《农民工子女成为"回不去的一代"》，《三农中国》季刊。

徐浙宁，2008，《"90一代"城市新移民与当地青少年的家庭教育状况比较——以上海市为例》，《中国青年研究》第1期。

闫丽君，2007，《民工子弟学校的困境与出路——对某市三所民工子弟学校校长的访谈》，《青年研究》第7期。

杨春华，2006，《教育期望中的社会阶层差异：父母的社会地位和子女教育期望的关系》，《清华大学教育研究》第4期。

杨东平、王旗，2009，《北京市农民工子女初中后教育研究》，《北京社会科学》第1期。

杨善华、谢立中，2006，《西方社会学理论（下卷）》，北京大学出版社。

叶榆，2001，《新生代农民工，"无根的一代"？》，《南方周末》6 月 2 日。

尹伟民，2002，《均衡发展：基础教育可持续发展的基石》，《江苏教育》第 7 期。

余清臣，2009，《权力关系与师生交往》，北京师范大学出版社。

余秀兰，2004，《中国教育的城乡差异——一种文化再生产现象的分析》，教育科学出版社。

苑雅玲、侯佳伟，2012，《家庭对流动儿童择校的影响研究》，《人口研究》第 3 期。

曾恒，2008，《自办民工子弟学校的困境与出路——基于成都"都市外来工人口子女学校"的调查与思考》，《成都大学学报》（社会科学版）第 1 期。

曾坚朋，2003，《教育、社会分层与社会流动——以外来流动人口及其子女为例》，《广东青年职业学院学报》第 1 期。

曾守锤，2008，《教师对流动儿童入读公办学校的态度研究》，《教育导刊》第 7 期。

曾守锤，2009，《流动儿童父母的教养方式及其对干预的启示意义》，《教育导刊》第 5 期。

曾守锤、李其维，2007，《流动儿童社会适应的研究：现状、问题及解决方法》，《心理科学》第 6 期。

曾守锤、章兰根，2008，《流动儿童家庭教育的若干特点及其对社会工作的启示意义》，《华东理工大学学报》（社会科学版）第 4 期。

翟学伟，2013，《也谈儒家文化与信任的关系——与〈再议儒家文化对一般信任的负效应〉一文的商榷》，《社会科学》第 6 期。

张慧洁、姜晓，2008，《教育公平与和谐社会流动人口受教育权——城市流动儿童义务教育问题研究的文献综述》，《现代教育科学》第 12 期。

张柠，2005，《土地的黄昏》，东方出版社。

张人杰，2009，《国外教育社会学基本文选》，华东师范大学出版社。

张天雪，2004，《2004/2005 中国基础教育发展的回顾与展望. 中央教育科学研究所》，载中央教育科学研究所编《2004/2005 中国基础教育发展研究报告》，教育科学出版社。

张文宏，2006，《中国城市的阶层结构与社会网络》，上海人民出版社，世纪出版集团。

张云运、骆方、陶沙、罗良、董奇，2015，《家庭社会经济地位与父母教育投资对流动儿童学业成就的影响》，《心理科学》第1期。

赵娟，2005，《流动儿童少年学习困难的非智力因素分析——多次转学经历的个案研究》，《青年研究》第10期。

珍妮·H. 巴兰坦，2005，《教育社会学：一种系统分析法》，朱志勇、范晓慧译，江苏教育出版社。

植树广美，2006，《关于农民工儿童的学习上进心分析——与北京市当地儿童的比较》，《青年研究》第4期。

中央教育科学研究所教育发展研究部课题组，2007，《进城务工就业农民子女接受义务教育的政策措施研究》，《教育研究》第4期。

周海玲，2008，《论流动儿童教育公平化的策略——文化资本的视角》，《教育理论与实践》第25期。

周敏，2012，《代际关系与跨文化冲突——以美国华人移民家庭为例》，《河海大学学报》（哲学社会科学版）第6期。

周钦、袁燕，2014，《家庭基础教育投入决策"男孩偏好"的理论与实证研究》，《人口学刊》第3期。

周潇，2011a，《反学校文化与阶级再生产"小子"与"子弟"之比较》，《社会》第5期。

周潇，2011b，《劳动力更替的低成本组织模式与阶级再生产——一项关于流动/留守儿童的实地研究》，中国社会科学院研究生院博士学位论文。

周兴旺，2015，《农民工随迁子女入学如何均等化便捷化》，http://ldwb. workerbj. cn/content/2015 - 03/02/node_3. htm。

周雪光、侯立仁，1999，《文革时期的孩子们——当代中国的国家与生命历程》，载中国社会科学院社会学研究所编《中国社会学》（第二卷），上海人民出版社。

周拥平，1998，《北京市流动人口适龄儿童就学状况分析》，《中国青年政治学院学报》第 2 期。

周宗伟，2006，《高贵与卑贱的距离——学校文化的社会学研究》，南京师范大学出版社。

朱慕菊主编，2002，《走进新课程——与课程实施者对话》，北京师范大学出版社。

邹泓、刘艳、李晓巍，2008，《流动儿童受教育状况及其与心理健康的关系》，《教育科学研究》第 Z1 期。

## 英文文献

Ball, Stephen J. . 2000. *Sociology of Education*: *Major Themes*. New York: Roufledge Falmer.

Blau, P. M. , and Otis Dudley Duncan. 1967. *The American Occupational Structure*. New York: Wiley.

Blumer, Herbert. 1986. *Symbolic Interactionism*: *Perspective and Method*. California: University of California Press.

Bourdieu, P. , and Jean-Claude Passeron. 1977. *Reproduction in Education*, *Society and Culture*. Translated by Richard Nice. London: Sage.

Chubb, J. E. , and Moe, T. M. 1991. "Politics, Markets, and America's Schools." *British Journal of Sociology of Education*, 3: 381 – 396.

Collins, James. 2009. "Social Reproduction in Classrooms and Schools." *Annual Review of Anthropology* 38: 33 – 48.

Collins, Randall. 1979. *The Credential Society*: *The Credential Society*: *An Historical Sociology of Education and Stratification*. New York: Academic Press.

Cookson, P. W. Jr. , and Sadovnik, A. R. 2002. "Functionalist Theories of Education. " In *Education and Sociology*, edited by David.

L. Levinson, Cookson, P. W. Jr. , & Sadovnik, A. R. , pp. 267 – 271. London: Routledge Falmer.

Dan Finn, Neil Grant, Richard Johnson, and the C. C. C. S. Education Group. 1978. *Social Democracy*, *Education and the Crisis*. Birmingham: University of Birmingham Centre for Contemporary Cultural Studies, mimeo. 1978: 4.

Deng, Z. , and Treiman, D. J. 1997. "The Impact of the Cultural Revolution on Trends in Educational Attainment in the People's Republic of China." *American Journal of Sociology*, 2: 391 –428.

Everhart, Robert. 1979. "The In-Between Years: Student Life in a Junior High School." Santa Barba, California: Graduate School of Education, University of California.

Finn, Dan, Grant, Neil. , and Johnson, Richard. 1978. "Social Democracy, Education and the Crisis." *On Ideology*, 10: 144 – 180.

Foley, D. E. 1988. *From Peones to Politicos: Class and Ethnicity in a South Texas Town*, *1900 – 1987* (No. 3). Texas: University of Texas Press.

Foley, D. E. 1990. *Learning Capitalist Culture: Deep in the Heart of Tejas*. Philadelphia: University of Pennsylvania Press.

Hannum, E. C. , Wang, M. , & Adams, J. H. 2008. "Urban-Rural Disparities in Disparities in Access to Primary and Secondary Education under Market Reforms." In *One Country*, *Two Societies? Rural-Urban Inequality in Contemporary China*, edited by Martin King Whyte. Cambridge: Harvard University Press.

Kaufman, P. 2003. "Learning to not Labor: How Working-Class Individuals Construct Middle-class Identities." *The Sociological Quarterly*, 3 (44): 481 –504.

Lareau, Annette. 1987. "Social Class Differences in Family-school Relationships: The Importance of Cultural Capital." *Sociology of Education*, 60: 73 –85.

Li, B. , and Walder, A. G. 2001. "Career Advancement as Party Patronage: Sponsored Mobility into the Chinese Administrative Elite, 1949 – 1996. " *American Journal of Sociology*, 5: 1371 – 1408.

McRobbie, Angela. 1978. "Working Class Girls and the Culture of Feminity. " In *Women Take Issue: Aspects of Women's Subordination*, edited by Women's Study Group, pp. 96 – 123. London: Hutchinson.

McRobbie, Angela. 1991. "The Culture of Working-class Girls. " In *Feminism and Youth Culture*, edited by McRobbie, Angela. pp. 35 – 60. Oxford: Macmillan Education UK.

Parish, William L. 1981. "Egalitarianism in Chinese Society. " *Problems of Communism*, 29: 37 – 53.

Parsons, T. 1961. "The School Class as a Social System: Some of Its Functions in American Society. " In *Education, Economy, and Society: A Reader in the Sociology of Education*, edited by Halsey, A. H. , Floud, J. , & Anderson, C. A. , pp. 434 – 455. Glencoe: Free Press of Glencoe.

Stenhouse, Lawrence. 1975. *An Introduction to Curriculum Research and Development*. London: Heinemnn.

Veblen, Thorstein. 1918. "The Higher Learning in America: a Memorandum on the Conduct of Universities by Business Men Huebsch New York USA. " In *The Higher Learning in America: A Memorandum on the Conduct of Universities by Business Men*. Edited by B. W. Huebsch, pp. 202 – 204. New York: Sagamore Press.

Weininger, Ellit B. , and Lareau, Annette. 2003. "Translating Bourdieu into the American Context: The Question of Social Class and Family-school Relations. " *Poetics*, 5 – 6: 375 – 402.

Weis, Lois. 1990. *Working Class without Work: High School Students in a De-industrializing Economy*. New York: Routledge.

Wexler, Philip. 2000. "Structure, Text, and Subject: A Critical Sociology of School Knowledge. " In *Sociology of Education: Major*

Themes, *3*, edited by Stephen J. Ball, pp. 1312 – 1338. London: Psychology Press.

Willis, Paul. 1977. *Learning to Labor*. New York: Columbia University Press.

Zhou, Xueguang, Moen, P., and Al, E. 1998. "Educational Stratification in Urban China: 1949 – 94." *Sociology of Education*, 3: 199 – 222.

# 后 记

书稿完成后，细细回望几年来的点点滴滴，深刻体会到这项以实地调查为基础的研究并非我一个人的成果，它凝结着老师的谆谆教导、朋友的支持鼓励、调查对象的接纳信任、亲人的无私奉献。如果缺失任何一方，我很难想象在研究设计、实地调查和书稿撰写过程中将出现多少自身无法应对的困难。因此，在这里，我要对帮助过我的人们致以最真诚的谢意。

感谢两位导师——陈绍军教授和王毅杰教授——给予我的关心和指导。感谢陈绍军教授一直以来的鼓励——无论是在学术上还是在生活上，尤其是对我不断努力的认可，让我增强了坚持下去的信心。陈老师提供了很多难得的实践机会，从宁夏的农民工培训，到安徽的城市交通项目，再到宁夏、河北、山西的节水灌溉项目，正是对不同地区的比较，扩展了我的视野。

感谢王毅杰老师在硕士、博士阶段对我的细心栽培。如今仍旧清晰地记得刚入学时，当我将韦伯的《学术与政治》讲得很糟糕时王老师给予的鼓励；针对我"有劲没处使"的感慨王老师所发的邮件；当我对统计数据没有太高的敏感度时，王老师教我如何形成定量思维。无论是读书期间，还是工作之后，每次做完实地调查，王老师都会静静地倾听我们的所见所闻，和我们一起发掘其中的闪光点。近10年的相处，我觉得他不仅仅是严谨治学的导师，更是和蔼慈祥的长辈。

感谢施国庆教授、余文学教授对我的学业和论文写作给予的帮助与支持。陈阿江老师所教授的"中国社会研究"课程，通过小说认识中国社会、将课堂搬到现实生活的授课方式，使我受益匪浅。成稿时，他的一句"本来就是底层再生产了，为什么还要研究"让我倍感痛苦，也正是对这句话的反复思量，使我将研究侧重点最终定位于教育过程。感谢高燕老师给予我的启发，每次读书会她都能及时解答我们在调查中遇到的问题。感谢胡亮老师给予我担任校刊《河海社会学》编辑的机会，俗话说"文章是改出来的"，作为编辑，在不断修改别人稿件的同时，我的写作能力也有了很大的提高。

此外，还要感谢同门给予我的支持，已经毕业的师兄梁子浪、同级的史晓浩，2006 年便在一起做调查，其间有过很多欢声笑语，也有对某一现象、问题的争论。2007 级的孟维娜、刘海健、周现富，2008 级的李利浩、高岩、韩允，2009 级的栗治强、汪毅，都提出了非常宝贵的建议，没有他们的集体智慧，相信我的书稿进度将会大打折扣。

感谢南京大学余秀兰老师对书稿提出的建议，让我看到书稿架构方面的缺陷；感谢南京大学社会学院朱力老师对书稿提出的重要建议，使我将研究重点逐步向学校教育与社会流动靠拢，他提出的"旋涡"理论建议使我坚定了开展后续研究的信心。感谢南京大学社会学院陈友华老师、褚建芳老师，南京师范大学社会发展学院邹农俭老师，河海大学公共管理学院杨文健老师对书稿提出的宝贵意见。

在此，还需要郑重感谢的是书稿中所涉及的调查对象，如果没有他们的热心帮助和参与，本研究将是纸上谈兵。感谢 M 区教育部门的相关领导，飞翔中学的领导、教师和在校的学生们。很多情况下，我是他们日常生活的一个"闯入者"，通过打扰他们的平静生活来获得研究的经验资料，我是一个"自私"的研究者。在调查过程中，经常有老师问："某某孩子很有问题，你能不能帮帮他？"学生们经常问："能帮我们补课吗？""能帮我假期找份兼职工作吗？"我经常无言以对。面对研究个体的具体要求我经常是无力的。每当此时，总会有一种深深的愧疚感涌上心头。在此，我祝福他们能够逐梦而行，拥有美好的未来！

　　感谢养育了我 33 年的父母，正是他们无私的付出，让我能够安心坐冷板凳，完成书稿。如今，公婆相伴身旁，照料生活。今生，别无他求，最大的心愿便是让四位老人在我生活的城市定居，享受天伦之乐。我的先生王开庆博士既是生命中的 Mr Right，也是志同道合的合作者：每次调查结束后我都会在回程公交车上与他通电话，分享各种感受；每写完一章我都会先发给他阅读并探讨其中的不足；遭遇写作瓶颈时会与他一同分析，寻找突破口。2013 年，我们迎来了佑宝，活泼好动的小家伙经常在我们的书架上找乐子，希望他日后也能够在这一本本书中发现属于自己的宝藏。

　　正是有上面这些可爱的人的帮助，本书的调查才可能如期顺利完成，书稿才可能在各种肯定或质疑声中逐步完善。在此，再一次感谢所有帮助过、关注过我的人，祝他们健康、快乐！

**图书在版编目（CIP）数据**

农民工子女教育过程与分层功能研究 / 史秋霞著
. -- 北京：社会科学文献出版社，2017.4
ISBN 978 - 7 - 5201 - 0062 - 5

Ⅰ.①农…　Ⅱ.①史…　Ⅲ.①流动人口 - 教育 - 研究
- 中国　Ⅳ.①G52

中国版本图书馆 CIP 数据核字（2016）第 301179 号

农民工子女教育过程与分层功能研究

著　　者 / 史秋霞

出 版 人 / 谢寿光
项目统筹 / 杨桂凤
责任编辑 / 杨桂凤　吴良良

出　　版 / 社会科学文献出版社·社会学编辑部（010）59367159
　　　　　 地址：北京市北三环中路甲 29 号院华龙大厦　邮编：100029
　　　　　 网址：www.ssap.com.cn
发　　行 / 市场营销中心（010）59367081　59367018
印　　装 / 三河市尚艺印装有限公司

规　　格 / 开本：787mm × 1092mm　1/16
　　　　　 印张：15.25　字数：210 千字
版　　次 / 2017 年 4 月第 1 版　2017 年 4 月第 1 次印刷
书　　号 / ISBN 978 - 7 - 5201 - 0062 - 5
定　　价 / 69.00 元

本书如有印装质量问题，请与读者服务中心（010 - 59367028）联系